W0249055

Thomas Ring • Frühe astrologische Schriften

Thomas Ring

Frühe astrologische Schriften

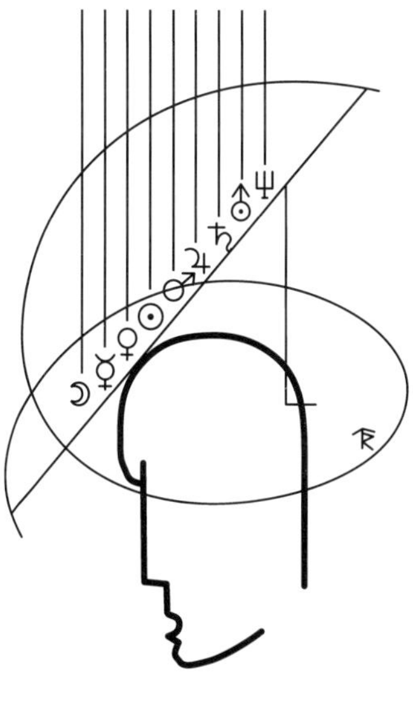

ASTRODIENST VERLAG

© 1995
Alle Rechte vorbehalten
Astrodienst AG, CH-8702 Zollikon

Gesetzt aus der Bodoni Book
Satz & Design: Klaus Köhler
Herstellung: Spiegel-Buch, Ulm

Umschlag und Frontispiz
nach einer Zeichnung
von Thomas Ring

ISBN 3-905255-01-4

Inhalt

VORWORT

Wer sich etwas eingehender mit Astrologie befaßt, wird bald überrascht feststellen, wie stark das Horoskop eines Menschen mit seiner persönlichen Wirklichkeit korreliert. Spätestens dann stellt sich die Frage, wie und warum Astrologie überhaupt funktionieren kann, und weiter, wie ein moderner Mensch dieses so offensichtliche „Funktionieren" verstehen kann.

Viele astrologische Autoren behandeln diese zentrale Frage nur oberflächlich und konzentrieren sich lieber auf die praktische Anwendung als auf den geistigen Hintergrund; Erklärungsansätze esoterischer Schulen ordnen das Wirken der Astrologie einer transzendenten Wirklichkeit zu, die, wenn überhaupt, nur innerhalb ihrer eigenen Begrifflichkeit verstanden werden kann; vorwiegend psychologisch orientierte Autoren schließlich bieten oft ein synchronistisches Erklärungsmodell, das jedoch nur allzu leicht über eine Verkürzung des Jungschen Konzepts wieder zu einer letztlich esoterischen Erklärung der Astrologie führt.

Demgegenüber hat sich Thomas Ring wie kaum ein anderer um ein zeitgemäßes Verständnis astrologischer Grundlagen bemüht, das ohne dogmatische Glaubenssätze auskommt und dazu dient, die Reichweite und Gültigkeit astrologischer Aussagen zu definieren – die Ergebnisse sind in seinem umfangreichen Hauptwerk, von der „Astrologischen Menschenkunde" bis hin zu dem posthum veröffentlichten „Grundgefüge", niedergelegt. Allerdings stellen Rings eigenwillige Gedankenführung und seine tiefgründige Durchdringung des Stoffs beträchtliche Anforderungen an den Leser, was manchen davon abhalten mag, sich überhaupt mit diesen Büchern zu beschäftigen.

Die vorliegende Wiederveröffentlichung der – inzwischen nicht mehr greifbaren – frühen astrologischen Schriften Thomas Rings versteht sich hier einerseits als eine kleine Einführung in sein Werk, andererseits will sie aber auch als Einführung in die Astrologie dienen können. Deshalb wurden die Vorworte der ursprünglichen drei Schriften leicht gekürzt, die Schreibung dem heutigen Gebrauch angepaßt und eine Reihenfolge gewählt, die von den Planeten über die Zeichen zur Deutung fortschreitet. Die Titel der ursprünglichen drei Schriften waren: „Die Überwindung des Schicksals durch Astrologie“, Berlin 1925 (hier Teil III, Die Deutung); „Planeten-Signaturen“, München 1938 (hier Teil I, Die Wesenskräfte); und „Menschentypen in Bildern des Tierkreises gespiegelt“, Leipzig 1939 (hier Teil II, Die Typologie der Tierkreiszeichen).

Getreu seiner auf Revision durch eigene Erfahrung und Erforschung beruhenden Vorgehensweise hat sich Thomas Ring lange Zeit nicht zu dem damals neu entdeckten Planeten Pluto geäußert. Um diese, für eine „revidierte Astrologie“ typische Zurückhaltung zu dokumentieren und nicht zuletzt auch, um nicht über Gebühr in die ursprünglichen Werke einzugreifen, wurde auf eine etwaige Ergänzung von Texten zu Pluto verzichtet; das gleiche gilt für die Texte zu Neptun in den Zeichen Jungfrau bis Fische. Der geneigte Leser sei hier auf die späteren Werke Thomas Rings, besonders auf die „Astrologische Menschenkunde, Band III“, sowie auf die einschlägige Fachliteratur verwiesen.

Wir hoffen, mit der vorliegenden Wiederveröffentlichung der frühen astrologischen Schriften Thomas Rings dazu beizutragen, daß dieser wichtigste deutschsprachige Astrologe des zwanzigsten Jahrhunderts auf breiterer Ebene rezipiert wird und auch Menschen erreicht, die erst am Anfang ihrer Auseinandersetzung mit einem überaus faszinierenden Wissensgebiet stehen.

Klaus Köhler

I. Die Wesenskräfte

Der organisch-kosmologische Grundgedanke sieht die Ursache der entsprechenden Erscheinungen nicht im wirkenden Gestirn, sondern nimmt an, daß das Leben seine Bildungen einpaßt in die umfassende Gesetzmäßigkeit, der auch die Bewegung der Gestirne folgt. Die in Zusammenhang mit einer bestimmten Gestirnstellung beobachtbare Lebensäußerung ist keine mechanisch von den Gestirnen erzeugte Wirkung. Das schaffende Leben selbst greift die kosmische Bindung auf als das alle irdischen Erscheinungen zusammenfassende Maß.

Die einbeschlossene Ganzheit Lebewesen ist determiniert durch die umschließende Ganzheit Gestirnsystem. Wir haben dabei immer in Ganzheiten und in Strukturen zu denken und in den Einpassungen der einzelnen Geburten an rhythmische Vorgänge, die den astronomischen Vorgängen gleichlaufen. Als Strukturbild des einzelnen Menschen und im kosmobiologischen Sinne gewertet enthält das Horoskop entwickelbare Anlagen, keine fertig entwickelten Eigenschaften. Diese Anlagen werden in ihrer Entfaltung durch die eigene Entscheidungswahl abgewandelt und durch Umweltsbedingungen gefördert oder gehemmt.

Der Zusammenstand der Gestirne des Sonnensystems im Verhältnis zum Ort einer Geburt spiegelt sich im Menschen in einem bestimmten Verhältnis elementarer Bildekräfte zueinander ab. Diese Bildekräfte äußern sich auf allen Ebenen des Seins, in der Ausdrucksform abgewandelt durch die Natur der Ebene. Doch trägt jede Kraft eine grundlegende Qualität der Äußerung, wodurch jeweils die eine Kraft klar von der anderen unterscheidbar ist. Die Gestirne des Sonnensystems treten in der Deutung als Symbole für solche elementaren Bildekräfte ein. Wie aber kommt die irdische Erscheinung zustande? Anzunehmen, daß der Mars Strahlen aussende, die dem von ihm Beeinflußten hakige Gesichtszüge und eine hervorspringende Nase geben, die den scharf gewinkelten

Duktus seiner Schrift bestimmen und eine aggressive Note seines Charakters hervorrufen, dies wäre eine allzu naive Auffassung. Die Ursächlichkeit solcher Erscheinungen liegt im schaffenden Leben selbst. Es sind Auswirkungen der Gestaltungsfähigkeit, die der lebendigen Substanz innewohnt. Diese Gestaltungsfähigkeit schließt verschiedene Strebungen in sich, eine davon ist jene Strebung aggressiv gerichteter Energie, die unter dem Symbol Mars begriffen werden kann und die, wenn sie sich gegenüber den anderen Strebungen vordrängt, physiognomisch, im Schriftbild und charakterologisch mit elementarer Durchschlagskraft zum Ausdrucke kommt. In irgendeiner Weise hat zwar jeder Mensch die Fähigkeit zur Richtung der Energie, aber es gibt Individuen, bei denen gerade diese Fähigkeit als angeborene Charakternote besonders markant hervorsticht. Bei ihnen zeigt sich im Gestirnstand der Geburt eine hervorgehobene Stellung des Planeten Mars als individuelle Einstellungsform. Wo immer das Leben eine betonte Gerichtetheit von Energien in eine fortpflanzbare Wesensstruktur eingebaut hat, darf man das Bau- und Bildegesetz dieser Struktur in Beziehung sehen zur Marsstellung am Himmel. Dies gilt in gleicher Weise auch für die anderen elementaren Bildekräfte. Da es sich um Voraussetzungen für wesenhafte Bildungen handelt, werden diese strukturbestimmenden Kräfte zum Unterschied von mechanischen Kräften hier Wesenskräfte genannt.

Niemals wird uns als Chimäre im Weltraum zur Sache der Erkenntnis, was wir nicht aus irdischen Lebensbedingungen begreifen. Die reale Quelle der Kräfte, die den Lebensprozeß durchführen, liegt im Körperbestand, in den Zellen, Molekülen, Atomen, die zur organisierten Gesamtform aneinandergefügt und vereinheitlicht in Beziehung gebracht sind. Wollten wir uns dies aber mechanisch vorstellen wie das Ingangsetzen eines Motors, und würden wir die im Gesamtprozeß waltende Zweckbeseelung übersehen, so kämen wir schon nicht zur Vorstellung des nach jeder Befruchtung vorsichgehenden embryonalen Wachstums (☽). Substantiell in den Keimzellen niedergelegt ruht millionenjahrelange Lebenserfahrung, konstituiert zu einem Formplan (♄), gemäß dem nun die Bildung anderer Zellen und ihre zweckentsprechende Zusammenfassung zum Zellenverband angeregt wird. Bald nach der Verschmelzung der männlichen mit den weiblichen Keimfäden setzt die Zellteilung, die fortgesetzte Spaltung der sich neu bildenden Zellen und die Spezialisierung der Zellgewebe ein, die Wirksamkeit der im einzelnen Form und Aufgabe zuweisenden Ökonomie (☿). Die Funktionswerte, die Maßverhältnisse, Gliederung und Schichtung im Zellgefüge müssen ferner aufeinander abgestimmt sein im Sinne der Gesamtharmonie und des organischen Gleichgewichts (♀). Weiterhin werden schon beim Embryo Energien für die motorische Bewältigung der Körpermasse frei; deren Grundlage ist die Entwicklung chemischer Energien in der Nahrungsaufbereitung, es werden Fermente hierfür vorgebildet und alle Anstalten zum späteren aktiven, leistungsfähigen Fürsichleben getroffen (♂). Dieser Gesamtprozeß des Ausreifens eines für sich lebensfähigen Wesens folgt den optimalen Möglichkeiten, er rechnet mit aufzuspeichernden Überschüssen, stellt die Reserven angeerbter Formen der Daseinsbewältigung bereit, um späteren im Leben gestellten Höchstansprüchen genügen zu können (♃). All diese Momente ordnen sich einer organisierenden zentralen Kraft unter (☉) und vereinigen sich durch sie im Prinzip der Einheit des Mannigfaltigen, wie die prismatischen Farben im Sonnenlicht in eins zusammengefaßt sind.

Es handelt sich mithin um die Aufteilung des organischen Gestaltungswillens in qualitative Färbungen, in einander ergänzende Strebungen. Ihre Wirksamkeit bezieht sich auf die Hervorbringung, Erhaltung oder Abwandlung einer inneren Ordnung, der Struktur. Aus dem Zusammenstrom der sieben unter Planetensymbolen begriffenen Wesenskräfte erwächst die sinnvolle Beziehung der einzelnen Teile und aller mechanischen Vorgänge im organischen Ganzen. Im embryonalen Wachstum leiten sie den Aufbau des lebensfähigen Wesens. Aber der praktische Daseinsbeweis dieses Wesens im Augenblicke seiner Geburt setzt eine weitere Wesenskraft voraus. Der stetige Fortgang der Prozesse, die auf das Versorgtwerden aus dem mütterlichen Organismus eingestellt sind, wird plötzlich unterbrochen, sofort hat selbsttätig die eigene Atmung und bald darauf die Umstellung auf eigene Ernährung einzusetzen, die Umwälzung des Gesamtzustandes (⛢). Auf die unbewußten Rückverbindungen der Instinkte und auf die Imagination des Kommenden angewiesen, wird sich das Wesen nun erst allein fühlen in einer ihm unbekannten Welt, in der es Orientierung und Beziehung suchen muß (♆). Die über die Schwelle vom vorgeburtlichen, unselbständigen zum selbständigen Leben hinwegführenden Wesenskräfte machen die sieben Kräfte des elementaren Körperaufbaues nicht überflüssig, sie setzen ihnen nur mit dem erweiterten Kontakt zum Umraum einen neuen Aufgabenkreis.

Eine auf analytische Methoden sich beschränkende Wissenschaft wird von diesen Wesenskräften unmöglich mehr entdecken als die stoffliche Durchführung der Vorgänge. Lebendige Ganzheit kann aus der Zerstückelung in Teile und ihre mechanische Beziehung nur im Negativ begriffen werden. Eine synthetisch denkende Wissenschaft hingegen, die aus experimentell ermitteltem Einzelwissen die allgemeinen Grundvoraussetzungen des Lebens herauskristallisiert, kommt unter verschiedenen Begriffen und von wechselnden Ausgangspunkten aus zur Umschreibung stets der gleichen Inhalte:

1. Veränderung (funktionales Prinzip). Das dem Lebewesen innewohnende Bestreben, aus sich selbst und in Benutzung äußerer Gelegenheit Funktionen in Gang zu bringen; Formen der stofflichen Vermehrung, Wachstum und Gefügeverschiebung: Mond – ☽.

2. Haushalt (ökonomisches Prinzip). Das Bestreben, Wirkungen mit dem geringsten Aufwand an Mitteln zu erreichen; durch sparsamstes Wirtschaften im einzelnen erzielte Anpassung und Zweckentsprechung, Formen der Intelligenz: Merkur – ☿.

3. Maß (harmonikales Prinzip). Das Bestreben, Gebilde nach einer in Zahlen ausdrückbaren Ordnung aufzubauen und in dieser Ordnung zu erhalten; in Beziehung setzen von Teilen nach Symmetrie und Gleichgewicht, Formen der Gesellung: Venus – ♀.

4. Ganzheit (Entitätsprinzip). Das Bestreben, verschiedenarti-

ge Formen und Funktionen einem im Wesen selbst liegenden Sinn unterzuordnen; einheitliche Gesamt-Organisation und Wesenhaftigkeit: Sonne – ☉.

5. Auslese (selektives Prinzip). Das Bestreben zur Herausbildung technisch tauglichster Leistungsformen, Wehrhaftigkeit des Einzelwesens im Lebenskampfe und Maßnahmen, sich durchzusetzen; Formen aktiver Gerichtetheit, zur Verfügung stellen von Energie im entscheidenden Zeitpunkt: Mars – ♂.

6. Wohlbefinden (optimales Prinzip). Das Bestreben zur Erreichung des höchst zuträglichen Ausmaßes; Formen der Expansion, Verwaltung und Speicherung von Überschüssen, sinnvoll eingebaute Höchstleistungen: Jupiter – ♃.

7. Dauer (Integrationsprinzip). Das Bestreben, innerhalb der durch allgemeine Naturgesetze festgesetzten Grenzen den Fortbestand zu verlängern; Formen des Widerstands und Schutzes, Tektonik, Vererbung: Saturn – ♄.

8. Umformung (revolutionäres Prinzip). Das Bestreben, eine durch Veränderung früherer Bedingungen untauglich gewordene Existenzweise mit der Ausbildung einer neuen zu überbieten; Formen der radikalen Umstellung, höhere Zweckhaftigkeit des Hinüberführens von Resultaten und Überschüssen in eine neue Phase: Uranus – ⛢.

9. Schau (imaginatives Prinzip). Das Bestreben, Formen und Funktionen so einzurichten, daß sie einer im Moment noch nicht gegenwärtigen Möglichkeit entsprechen; Voraussicht von Übergangsbedingungen und Eingehen auf sie, Witterung des Verborgenen und Tarnungsmanöver, kollektive Gleichgewichtserfordernisse: Neptun – ♆.

Die hervorgehobene Stellung eines bestimmten Planeten im Horoskop korrespondiert mit bestimmten Eigentümlichkeiten des Gestaltbaues und Gesichtsausdrucks. Am stärksten kommt die physiognomische Eigenart der Planeten-Signatur bei der Stellung des betreffenden Planeten am Aszendenten zur Geltung. Für Statur, Blick und Stimme ist gleichfalls ausschlaggebend eine Stellung an den übrigen Eckpunkten des Horoskops, während die dynamischen Ausdruckselemente, die individuelle Färbung der Körperbewegung und Sprechweise mehr durch Planetenstellungen im 1. und 6. Haus bestimmt sind und das persönlichste Werk der menschlichen Hand, die Handschrift, außerdem durch Planeten im 3. Haus. Hier liegt der Übergang zu Form, Farbe, Linie als künstlerische Ausdruckselemente. Soweit ein Werk als Handschrift und persönliche Temperamentsäußerung des Künstlers zu werten ist, zeigen dieselben Horoskopstellungen, die für das physiognomische Bild gelten, eine instinktive Bevorzugung der entsprechenden Ausdruckselemente an.

Die hier gebrachten Signaturen beschränken sich auf das organische Sein, die nach anderen Gesichtspunkten zu wertende Mineralwelt wurde ausgeschaltet. Die Angabe bestimmter Pflanzen oder Tiere ist immer beispielhaft gemeint in Hinsicht auf das an ihnen charakteristisch hervortretende Kennzeichen der elementaren Bildekraft, von der jeweils die Rede ist. Innerhalb einer solchen Vertikalordnung kann ein und dasselbe Wesen in mehrfacher Hinsicht betrachtet und eingereiht werden. In der astrologischen Tradition stößt man oft auf die Auffassung, daß eine bestimmte Pflanze oder ein bestimmtes Tier ausschließlich und ganz einem bestimmten Planeten unterstellt zu denken sei. Doch die Natur tut uns nicht den Gefallen, die elementaren Bildekräfte säuberlich gesondert und katalogartig aufgereiht in Formen der Einkörperung zur Schau zu stellen. Es gehört vielmehr zu den Grundeinsichten des organisch-kosmologischen Denkens, daß bei jeder organischen Ganzheit sich alle Wesenskräfte beisammen finden, nur jeweils in anderer Anordnung. Aus diesen Kräften konstituiert sich die Lebensordnung der Pflanzen- oder Tierart, und beim Menschen sind es die treibenden Kräfte der Individuation.

*

☾

1. Signatur des Gewöhnlichen, Fruchtbaren aber Schwachen, Massen-Verschwendenden

Form, Farbe, Linie, Handschrift

Naiv und zwanglos aus den Umständen geborene Form, massig und doch weich, unbestimmt, locker, veränderungsfähig. Ungefüge kugelige Massen und platte Flächen. Vielgestaltig und wahllos hervorquellende Formenfülle; Flächenbelebung ohne Konzentrationspunkt, ohne Spannung und Richtung, bis zur Belanglosigkeit. Nachbildende und in Bedingungen sich einfühlende Formphantasie, von Eindrücken der Umwelt abhängig und leicht in der eingeschlagenen Tendenz beirrt. Rhythmisch-stimmungsmäßiger und das Atmosphärische wiedergebender Ausdruck. Spielerische Variation gegebener Formgedanken. – Helle, lichte Tönungen, vage ineinanderfließende Farben, schlichte Grundstimmung. – Unregelmäßige Kurven, unstarre und vom leisesten Anhauch der Empfindung wie verwehte Linienkrümmungen, Formenwucherungen, teigiges und aufgelöstes Schriftbild.

Pflanze, Landschaft

Saftreiche und schnellwachsend am Boden dahinkriechende, einjährige Pflanzen, großblättrig oder mit übermäßig großer Frucht, wie Kürbis, Melone, Gurke. Salatpflanzen, Endivie, Lattich, Brunnenkresse. Schmarotzer (ohne selbständige Wurzelung!), als solcher Mistel; Schling- und Rankengewächse (ohne eigenen Halt!), als solches Bohne. Trichterförmige, rasch welkende Blüten wie bei der Winde, dickfleischige Wasserblüten, wie Seerose. – Dichtes Formengemisch feuchter Wiesen und Wälder mit fettem Boden, Seeränder, Quellgebiete, feuchte Täler, Aulandschaft. – Tendenz der Zellenwucherung, Geschwulstbildung, aufgeschwemmte Substanz. Wasserhaushalt aller Pflanzen, Lösung von

Mineralsalzen. Tendenz des wahllosen Sichverstreuens und Anwucherns in der Ausbreitung durch Seitentriebe und Abstecker, wie bei Quecke, Gartenerdbeere. Allgemeines Abhängigsein von Naturelementen, besonders vom Wasser, bei der Fortpflanzung.

Tier

Protoplasma. Allgemeiner Gestaltwandel, Anpassungsformen aller Tiere. Madenzustand der Fliegen und anderes im Verwesenden neu entstehende Leben, Bakterien, Tierschmarotzer. Wassertiere und Kaltblüter allgemein, allgemeine Bedingtheit durch das Wasser. Fischfressende Vögel. Wechsellebige, wie Frösche (besonders Froschlaich), Krebse, Robben in ihrer Nahrungsbedingtheit. Weichtiere ohne ihr Gehäuse, wie Muscheln, Schnecken (besonders Wegschnecken). Das Schwein als Masttier und andere Tiere im Zustand der Mästung. Hauskatze. Tiere in der Brutzeit und Trächtigkeit, alle nicht sich selbst versorgenden Jungtiere, das säugende Lamm und Kalb, der geatzte und unflügge Vogel. Fruchtbarkeit der Kaninchen. Wanderratten u.a. als Nomadenlebige, große Wanderzüge ohne bestimmtes geographisches Ziel, Zug der Lemminge, Heuschreckenschwärme, wandernde Ameisen.

Menschliche Physiognomie

Bleiches, rundes „Vollmondgesicht“, auch wäßrig-rosige „Melonenköpfe“, im Verhältnis zum übrigen Körper zu groß und meist nach vorn hängend oder zur Seite geneigt; mit kleiner, bisweilen knotenartig aufgestülpter Nase, verschlafenem und ausdruckslosem Blick. Außer diesem gewöhnlichen Typus edlere Formen, schlanker, mit schlichtem Ausdruck, breiter Stirn und gleichfalls blasser, durchscheinender Haut. Meist helle und verträumte oder auch sentimental schwärmerische Augen. Selten ist das Haar tiefschwarz oder hochblond, außer einem fahlen und fast glanzlosen Aschblond findet man Zwischenschattierungen. Körper von durchschnittlicher Größe, eher klein, vor allem Hände und Füße relativ klein gebildet. Abgerundete Körperformen, oft aufgeschwemmt, zumindest schlaffe Muskulatur. Lymphatische Anlage, wetterempfindlich und leicht frierig, sensitiv. Im Gesamtgehabe etwas Schwächliches oder Kindliches; sehr unterschiedliche aber insgesamt fahrige Bewegungen, die ungefähren Vorstellungen nachfolgen, quabbelig oder naiv, meist kommt in Stimme, Gang und Haltung etwas Unsicheres, Zaghaftes und Anlehnungsbedürftiges zum Ausdruck.

*

☿

2. Signatur des Klugen, Zweckgebundenen, Raum- und Zeit-Nutzenden

Form, Farbe, Linie, Handschrift

Intelligent zweckhafte und enggegliederte Form, schmächtig, doch fest und rank, elastisch federnd. Strebepfeiler und Schaft, Verbindungsseil, Gitterwerk, Schlinge. Mit sparsamem Gebrauch von Mitteln erreichter Nutzeffekt. In das Detail verstrickter und mit technischer Ausfeilung beschäftigter Formausdruck. Intensität der Beziehung von Punkt zu Punkt, also Vorwalten des Linearen. Auf der Fläche unverbundene Stücke, Mosaik. Aus der Logik kürzester Verbindung zwischen Kleinformen ein klar gesondertes Nebeneinander, ein sachlich sich abwickelndes Hintereinander zweckbezogener Darstellungen, daraus Tendenz zur Überfüllung mit Einzelheiten ohne großen, verbindenden Zug. – Relativ farblos, unbestimmte Tönungen, hell-dunkle Kontrastwirkungen, lichtgraue Grundstimmung. – Dünnkurvige, säuberlich gezogene oder auch zitterige Linien, deren unruhig gespanntes Hin und Her eine an den Gedankenablauf gebundene nervöse Beweglichkeit zum Ausdruck bringt, zarte, feine Krümmungen und Häkchen. Logische Disziplin des sich abspinnenden Fadens, der laufenden Kette von Worten im Schriftbild.

Pflanze, Landschaft

Dünnstielig aufstrebende, grazile Formen von der Tendenz, mit einem Minimum an Substanz lange Strecken zu bewältigen, wie Gräser und Getreidearten. Stengel mit Faserstoff wie bei Lein (Flachs) und Hanf. Rankenseile, Fasern, Gespinst. Gefiederte Blattform wie bei Möhre und Petersilie, Schirme aus Blütensternen wie bei Feldkümmel, Pastinak, eng am Stiel sitzende Rispen wie bei Erika. Sträucher mit hartschaliger Frucht, Haselnuß. Staudenpflanzen allgemein, besonders gewürzige, Dill, Majoran, Fenchel. – Trockene Wiesen, Heide, Steppe, Dünenvegetation, windige Gegenden mit spärlichen Lebensbedingungen, Hänge mit Strauchwerk. – Kondensation von Werten in Same oder Knolle und Wurzel, hierdurch Nutzpflanzen für den menschlichen Haushalt. Das System der Kommunikationswege und Weiterleitung von Empfindungen, Reagenz auf Meldungen wie bei der Mimose, Zweckbewegungen des Schließens und Entfaltens. Spiralförmige Einrollung der Farne. Nutzbarmachung von Insekten für die Befruchtung.

Tier

Raum-Überwinder in der Luft, insofern alle Insekten und Vögel, allgemeine Bedingtheit durch die Luft in der Lungenatmung. Alle Körnerfressende. Gewebe-Anfertiger, als solche Spinnen, das Sich-Einspinnen der Raupen, Verpuppungszustand. Ausgesprochene Techniker wie Webevögel und Blattschneider, alle spezialisierten Formen der Lebenstechnik und Verwendung von Werkzeugen. Verwendung der Schneidezähne wie beim Biber, der Hamstertaschen usw. Ameisenstraßen. Biene als Arbeiterin. Gelehrige Kleintiere, Tiersprachen, gegenseitiges Betasten durch Fühler, Nachrichtendienst und Zeitsinn. Singvögel. Geschickte Kletterer wie Eichhörnchen, Affen, Anschleicher wie Füchse, Marder, Landschlangen, Beschleicher von Vögeln und Insekten.

Menschliche Physiognomie

Schmales, langes, stubenblasses oder pergamentgilbes „Vogelgesicht“ mit interessiert umherblickenden, kalt beobachtenden Augen; auch schlaues und verschlagenes, scharfäugiges „Fuchsgesicht“. Augen meist grau. Hochgewölbter Schmalschädel mit dünngezogenen, schlicht bogigen Augenbrauen und feinknochigen Schläfen. Schmal spitzige und meist gerade oder unten ganz leicht aufgewinkelte Nase, dünne und blutleere Lippen. Meist ausgesprochen blondes oder schwarzes Haar, Zwischentönungen seltener. Pantomimisch bewegliche, schlanke und feingliedrige Gestalt, häufig besonders ausdrucksvolle Schmalhände, die in lebhaftem Gestus die Redeführung unterstreichen oder mit affenartigem Geschick jede Art Werkzeug handzuhaben wissen; „Intellektuellenhände“ oder Hande des Feinmechanikers. Wenig muskulös, aber sehnig. Nervöse Anlage. Im Gesamtgehabe etwas Unruhiges und Gespanntes, nervöse, dünne und mitunter blecherne Stimme, wendige Bewegungen, die zweckbestimmt und sachlich auf das Reizerregende zustoßen oder nur nervöse Unrast zum Ausdruck bringen.

*

♀

3. Signatur des Anreizenden, Schönen, Zahlengeordneten

Form, Farbe, Linie, Handschrift

Wohlproportioniert zur Gesamtform zusammenstimmende kugelige Kuppen und Ovale, einheitlich gegliederte Masse der ruhenden Form. Symmetrisch aufeinander bezogene, sich ergänzende und im Gleichgewicht gehaltene Formteile. Das im Rahmenbleiben der Schmuckflächen, die harmonische Absetzung der Profilkanten, Zierspiralen oder der Wahrnehmung entnommenen Formmotive. Alles durch ein Maß gegenseitiger Beziehung im Raum Gebundene. Der Ausdruck beschränkt sich auf das ästhetisch Abgewogene und Dekorative, ohne innere Aufwallungen hineinzutragen. Reduktion der Linie auf das Aneinanderstoßen farbiger Flächen, Vorherrschen des Farbigen. – Bei aller Sattheit klare, in der Gesamtstimmung lichte und lockende, reizvoll abgestimmte Farben, leicht ins Süßliche gehend. – Schöngeschwungene Umrisse und dekorative Schnörkel, das Einhalten natürlicher Gesetze und Grenzen in einem ausgeglichenen Schriftbild, wohlgebildete Buchstaben.

Pflanze, Landschaft

Symmetrische Blattstellungen und Blütenordnungen wie bei den meisten Blumen. Gestalt von runder Raum-Erfüllung mäßiger Größe nach einem in Zahlen ausdrückbaren Gesetz. Kugelige Form wie Hortensie, Rose, großlappige Blüten in Tellerform wie Heckenrose, Kirschblüte, Erdbeere, oder Schalenform wie bei der Malve, eirunde oder eirautenförmige stumpfe Blätter und kurztraubige Blütenanordnung wie gemeiner Eibisch. Auch ovale und herzförmige weiche Blätter bei Bäumen, wie Buche und Linde. Wohlriechende Blumen, besonders Veilchen. Süßes Fruchtfleisch wie bei Dattel, Feige, Kirsche, Pflaume, Himbeere, Erdbeere. Frühjahrssaft und Laub der Birke. – Vegetation glücklicher Himmelsstriche mit gleichmäßigem Klima, mäßig feucht und warm; garten- und parkartige Gegenden, hügeliges Land mit lichtem Laubwald und farbenbunten Wiesen. – Allgemein die Geschlechtsanlage der Blüten, Narbe und Fruchtknoten, Zuckersäfte und leuchtende Farben als Lockmittel. Assoziation und mathematische Anordnung der Zellen als solche, der Organismus als Zellenstaat und alles, was zu seiner Gleichgewichts-Erhaltung und Fortpflanzung bei Einhaltung bestimmter Maßbeziehungen dient. Die stärkere Abhängigkeit des Pflanzenreiches vom klimatischen Rhythmus infolge der Standortsgebundenheit.

Tier

Gesellige Tiere; Rinder, Ziegen, Schafe als Herden- und Weidetiere, gesellige Vögel wie Hühner, Tauben, Fasane, Insektenvölker als solche. Lebensbedingungen der Herde, des Schwarms, und allgemeine Bedingtheit durch Pflanzennahrung. Gleichmaß der Nahrungssicherung durch den Naturrhythmus und, bei Tieren unter Domestikation, durch den Menschen. Insofern die Menschenabhängigkeit aller Haustiere. Biene als Amazonenstaat und in der Einstellung auf Honignahrung. Hühnervolk im Verhältnis zum Hahn. Tiere in der Brunstzeit, weibliche Geschlechtsanlage, Haar- und Federschmuck (meist beim Männchen ausgesprochener, um weibliche Reagenzen zu wecken), Lockrufe. Die Rolle des goldenen Schnitts in der Proportion der Organe. Symmetrische Schmuckformen und Farbigkeit der Schmetterlinge.

Menschliche Physiognomie

Gleichmäßiges, eher breites als schmales Gesichtsoval, oft mit Grübchen in Wangen oder Kinn, volle und schön geschwungene Lippen, mäßig breite und naiv aufgeworfene Nase. Im Ausdruck etwas Aufblühendes, Teilnehmendes, Freundliches. Frische Hautfarbe und durchrötete Wangen, glanzvolles blondes oder brünettes Haar. Augen von warmem Braun oder Vergißmeinnichtblau, ruhig betrachtender und genießender Blick. Gleichmäßig kugeliger Hinterkopf, Nacken und Schulter abgerundet. Ein wohl proportionierter Körper von mittlerer Größe, auch mit Einbeschluß der bei Frauen stärkeren Polsterungen etwas zierlich; irgendwie „blumige“ runde Formen, aber nicht schwächlich. Bezeichnend ist die einheitliche Gesamtbildung. Vegetative Anlage, im Motorischen bequem, doch mit lebhaften und fein empfindlichen Sinnesreagenzen, in den Bedürfnissen genüßlich-sinnlich und ihnen gefühlsbetont nachgebend. Warme und wohlklingende Stimme mit weichem, rundem Klang. Harmonisch ausgeschwungene Bewegungen, im Gesamtgehabe formvoll und anregsam, gleichgewichtsbedürftig.

*

☉

4. Signatur des Edlen, Mächtigen, Leben-Organisierenden

Form, Farbe, Linie, Handschrift

Übersichtliche und einheitliche Organisation von Formelementen aus einer das Wesensganze beherrschenden Dynamik. Kraftvoll in Zügeln des Ordnungswillens gehaltene reiche Formgebung, die locker Spielerisches und fest Gebautes im wirksamen Verhältnis zueinander verbunden hält. Klarheit optischer Beziehungen der Massenteile. Kugeln, Kreise, Wabenordnungen, radiale Ausstrahlungen, Spiegelungseffekte. Originale Formgedanken des Bildschnitts und ein hierdurch dirigiertes Schaffen, das ohne Pedanterie die Einzelheiten dem Wichtigen unterordnet. Zurschaustellung des Wesenhaften, Stempel des Bedeutsamen. Belebung der Fläche durch Zentren, die untereinander in sinnvoller Beziehung stehen; über das Zweckgebundene der gegebenen Aufgabe hinweg ein Spiel mit der Form aus Freude am Schaubild, am Prächtigen, an der Augenweide. Der dem sinnlichen Reiz eines Werks unmittelbar innewohnende Inhalt. – Leuchtende, strahlende Farben, Macht und Pracht in der Gesamtstimmung. – Vollbogiges aber diszipliniertes Linienspiel, regelmäßige Kreise und rhythmisch wiederkehrende Druckstellen als Impulsträger, Sinn für den Platz der Wirksamkeit im Schriftbild, für repräsentative Anordnung.

Pflanze, Landschaft

Kräftige, klar geordnet wachsende Pflanzen mit sinnvoller Verbindung zarter und fester Gewebe, kleiner und großer Formen. Strahlenförmig von einem Punkt ausgehende Tendenzen wie im Wuchs der Palmen, alle Gruppierungen um einen Mittelpunkt wie bei Sonnenblume, Löwenzahn, Kamille, Korbblütler im allgemeinen als „Blütenkonzerne". Kreisförmige Anordnung der langgestielten, selbst kreisrunden Wurzelblätter beim Sonnentau. Zentrische Anordnung des Röhrensystems in den Stengeln, im Baumstamm, Mark, fächerartige Ausbreitung der Äste zu Krone und Wipfel. Blütenstand um einen aufrecht stehenden Stengel wie bei Königskerze. Mähnen- und lockenartige Blumenblätterbildung wie bei Chrysanthemum. – Sonnige Hänge und breit ausladende Täler, leicht umwindete Höhen mit nicht zu dichter Vegetation, so daß die Einzelformen sich frei und mächtig entfalten können; alleinstehende Walnußbäume, Eichen oder Weiden, Olivengärten, Weinberge. – Balsame, ätherische Öle, aromatische Säfte, insofern Mandel, Olive, Lorbeer, Wein, Orange, letztere auch in der scheibenförmigen Aufteilung der Frucht. Rachenblume und Öl bei Rosmarin. Allgemein der Lichtsinn der Pflanze und die Nutzbarmachung der Sonnenenergie durch das Chlorophyll; Kampf um das Licht im Walde, die für Lichtempfang sinnvoll eingerichtete Stellung und Anordnung der Blätter. Eigentemperatur der Pflanzen.

Tier

Triumphator im nahen Umkreis, Leittiere und „Herdenkönige" wie Leitbüffel, Widder, Hahn. Reißende Tiere des Waldes, des Dschungels, der Steppe, wie Löwe, Tiger, Panther. Das Belauern, Niederschlagen des Opfers im Sprung und im allgemeinen Angewiesensein des Raubtiers auf Tiernahrung. Luchs und Wildkatze. Warmblüter allgemein, Hämoglobin im Blut. Das einsame Horsten des Adlers, Falken. Tierische Einzelfamilie. Die Zentralisation des Fortpflanzungsgeschäfts im Bienenweisel, Wabenbau des Bienenstocks, Raumsinn der Biene und kugelige Zusammenballung beim Einschwärmen. Ortssinn bei Katzen und anderen Tieren. Wärme-Erzeugung und -Haushalt im Tierkörper, Verbrennungsprozeß, Entzündungserscheinung, Freisetzen von Abwehrkräften im Fieber. Brutwärme und Temperatur-Erhaltung im Tierbau, Nest, Kokon.

Menschliche Physiognomie

Massives, selbstbewußt getragenes Haupt von gesunder, in sich gehaltener Kraft des Ausdrucks, meist weiße Hautfarbe. Mitunter ausgesprochenes „Herrscherantlitz", mitunter auch schläfrig grausame „Luchsgesichter". Breite und gewölbte Stirn, stark entwickeltes Kinn, nicht zu große, energische Nase. Augen von leuchtendem Blau oder brennendem Schwarz und festem, zielfassendem Blick. Goldblondes oder tiefschwarzes und meist gelocktes Haar. Großer und gut gebauter Körper mit kräftig modellierter Muskelanlage, festem Tonus. Regenerationskräftige Anlage, starke Blutpulsion, heißblütig. Breit zufassende Hände. In den Bewegungen kommt je nach der Momentanverfassung das Gemessene und Getragene, Achtung Gebietende, oder das Siegessichere, oder das diszipliniert Spielerische zum Ausdruck; das Gesamtgehabe ist stets von natürlichem Stolz, klare und kraftvolle Stimme mit selbstüberzeugtem Klang, Kommandoton.

*

♂

5. Signatur des Wehrhaften, Scharfen, Kraftgeballten

Form, Farbe, Linie, Handschrift

Kühn gegliederte und scharf zugeschnittene winkelige Form, mit Auskehlung und hervortretenden Kanten. Maschinelle Tauglichkeit, Trennungs- und Schnittlinien vom Gesichtspunkte des Bewegungsmechanismus. Aufgespaltene Einheit, dynamisch aufeinander bezogene Formteile, ihre Verknüpfung durch den Weg der bewegenden Kraft und Bestimmtheit durch aggressive Spannung. Spitzer Keil, alleinstehende Säule, Schneide, Zackenband. Flächenteilung in Hinsicht auf miteinander rivalisierende Kraftpunkte, Unterordnung der Farbigkeit unter den Pulsschlag linearer Bewegung, oder aber die Steigerung der Farbe zur erregenden Wirkung. Kämpferische Ausdruckskraft, Vorstoß des Inhaltlichen durch das Formschöne bis zur Störung des ästhetischen Gleichgewichts. – Ein Gegeneinander von kalt gefühllosen und brennend feurigen Farben, hartes Nebeneinander verschiedener Materialien und Auftragstechniken, spannungsreiche Gesamtstimmung. – Umkehr feiner, gerader Linien in scharfen Winkeln, kleine Kreise, Widerhaken; durch die Gleichrichtung energisch betonter Druckstriche erhält das Schriftbild oft den Ausdruck des Starrsinnigen, Diktatorischen.

Pflanze, Landschaft

Scharf bewehrte, unregelmäßig gewachsene oder knorrige und starre Gewächse wie Stechpalmen, Kakteen, Aloë. Gezähnte Blätter mit Brennborsten (scharfen Saft aussondernde Drüsen an der Basis) wie bei der Brennessel. Dornenschutz vieler Sträucher, insbesondere Berberitze (deren bitterer, purgierender Extraktivstoff!). Stachliger Blüten- und Fruchtschutz wie bei Distel, Klette, Kastanie. Sich spaltende Schalen der Hülsenfrüchte. Alle Stacheln, Haare, Grannen, scharfe Kanten und Blattränder, Sägezähne, Widerhaken: Tendenz des aktiven Schutzes bei der Pflanze, den Angreifer verwundend. Ätzende, bittere, brennende Säfte, alle scharfen Destillate und Gewürze; Pfeffer, Rettich, Paprika, Knoblauch, Meerrettich, Senf. Die Schalenschichtung der Zwiebelarten, das Mehrschichtige und Gegliederte der Formen überhaupt, Gabelung und Abwinkelung der Zweige, Blattspreite. – Wild durcheinander bewachsenes Mittelgebirge mit rauhem oder heißtrockenem Klima, Zonen jäher Wetterstürze, Gegenden sehr gefährdeten Daseins und erhöhte Auslesebedingungen; Wetterbäume, steinige Hänge mit dornigem Buschwerk, dünne Erdschicht über Fels. – Der im Pollen wirksame Lebenserreger. Pflanzenchemismus, gärfähige oder stark färbende Säfte, insofern färbender Ginster, Färberröte (Krapp). Klammereinrichtungen und Kletterfüße, Insektenfallen.

Tier

Kämpfer und Räuber, insofern auch Löwe und Tiger, besonders aber schnellfüßige wie Wölfe; auch vom Aas Lebende wie Schakale und Geier, sowie Spinnen als Fallensteller und Blutsauger, oder Räuber des Wassers wie Hai und Hecht. Wildernde Katzen und Hunde. Bewaffnung durch Klauen oder Stacheln, Sporn, Greifzangen, Reiß-, Nage- und Stoßzähne, Hörner oder Geweih. Auf sich selbst Angewiesensein im Kampf. Giftspritzende und stechende Insekten oder Gliedertiere, Skorpione, eiweißzersetzende und entzündende Gifte, blasenziehende Säfte. Kampffähigkeit und Raub- oder Vernichtungsinstinkte allgemein. Tollwut beim Hund. Alle Durchsetzung mit Gewalt, Unterjochung und Abhängigmachung des Schwächeren. Verwundungen und ihre Heilung (Wundgranulation). Wiederersetzung verlorener Gliedmaßen (Regeneration) bei Eidechsen, Seesternen. Männliche Geschlechtsanlage, Gattungstrieb allgemein; auch Verzehren des Männchens beim Begattungsakt wie bei Spinnen, Gottesanbeterin; oder Auswahl des Leistungsfähigen und Vernichtung, wie beim Hochzeitsflug der Biene und in der nachfolgenden Drohnenschlacht. Rivalitätskampf um das Weibchen bei Hirschen, Hähnen; stärkere Bewehrung des männlichen Tiers, insofern Eber. Bastarde wie Maultier. Streitbare Tierstaaten und ihre Kampfdisziplin, Ameise. Orientierungssinn und Geruchssinn.

Menschliche Physiognomie

Prägnantes und verwegenes „Habichtsgesicht“ mit vorspringender, im oberen Drittel gebogener Nase, beweglichen Nüstern; oder aber etwas „Wolfartiges“ im Ausdruck, angriffsbereit. Schmalwangig, hakiges und starkes Kinn, dünne Lippen, oft vorstehende Backenknochen, geschwungene und borstige Augenbrauen. Die Augen, dadurch überdacht, erscheinen kleiner als sie sind. Der Blick der stahlblauen oder festen braunen Augen hat etwas Durchdringendes durch sein intensives Gerichtetsein, etwas aufmerksam Gespanntes. Gesund gerötete Haut. Helles oder brünettes Haar mit kupfernem Glanz, auch ausgesprochenes Rothaar, oder dunkel mit hellerem Schnurrbart. Nicht zu großer Kopf, schmaler Schädelbau. Der Körper meist untersetzt, aber fest, muskulös und sehnig. Animalische Anlage, hitzig und voll motorischer Lebendigkeit, mit aggressiven, schwungvoll heftigen Bewegungen. Rauhe und scharfe Stimme, leidenschaftlicher, befehlshaberischer Ton. Im Gesamtgehabe wachsam, willensbetont und impulsiv, forsches und beunruhigendes Auftreten.

*

♃

6. Signatur des Großartigen, Wohltuenden und Sinnvollen, Leben-Ausreifenden

Form, Farbe, Linie, Handschrift

Voll und mächtig ausgerundete Form, entstanden aus einem Expansionsdrang, doch mit sinnvoller Anordnung stützender Festigkeiten und getragener Masse. Traubiger Zusammenhalt von Kleinformen, Drehstrebung, überdachende Bögen, Flachgewölbe, Schneckengänge. Eroberung des Raumgefühls, der Blick in Räume hinein und aus Räumen heraus. Die eröffnete Weite und der im Brennpunkt der Bedeutsamkeit eingefangene Blick, Untertauchen des Nebensächlichen im großzügig und demonstrativ Herausgestellten. Das Hinführen eines angeschlagenen Themas zur Vollendung und Reife, das im Ausdruck erreichbare Höchstmaß. Sinnreiches Zusammenfassen einer immer weiter sich ausdehnen wollenden Bewegung, das Eruptive und Improvisatorische. – Voluminöse, satte Farbigkeit, feierliche Grundstimmung, Mitmodellieren der Form durch die Farbe und die Art des Auftrags. – Schwungvoll ausholende Rundungen und übertriebene Schnörkel, ungleiche Buchstabengrößen in einem der Tendenz nach aufsteigenden Schriftbild.

Pflanze, Landschaft

Ausladend breite und volle Formen von der Tendenz größtmöglicher Raumerfüllung, Riesen des Laubwaldes, Edelkastanie, Ahorn, Eichen im Walde. Blüten von Glockenform, trichterig-glockig oder krugartig, insofern Glockenblume, Enzian, Fingerhut, Lilie, auch barocke Ein- und Ausstülpungen wie bei Gladiole. Stattlich besetzte Blütenquirle wie gebräuchliche Betonie, gebräuchlicher Ysop. Obstbäume allgemein, besonders Birne, Aprikose. Riesenhafte Beerenfrüchte angenehmen Geschmacks, besonders Tomate. Große und dickliche, rundlich gekerbte Blätter, besonders von aromatischem Geruch wie bei Andorn. Das Aromatische und Heilkräftige allgemein, Arnika, Salbei. – Große bewaldete Bergkuppen, üppige Urwaldvegetation, Orte, an denen die Natur in schöpferischer Freigebigkeit eine Vielzahl von Formen entwickelt, Fruchtbarkeit vulkanischen Bodens, Gegenden häufiger Gewitter. – Überall die Stärksten im Daseinkampf, die wuchernde Ausbreitung einer Art, insofern auch mit Heidelbeeren überwucherte Hänge. Tendenz der Fruchtreife; im Fruchtfleisch die vorsorgliche Mitgabe einer Nährmasse für die Keimung bzw. eines Lockmittels für Tiere zur Verbreitung durch Wiederausscheidung an einem anderen Ort, also die Dienstbarmachung tierischer Bewegung und Ortsveränderung für das pflanzliche Leben. Speicherungen, Lagerstätten. Planmäßige Überdauerung von Wetterunbilden, bzw. die Einrichtungen und Maßnahmen dazu, besonders bei mehrjährigen Pflanzen. Organe zur aktiven Überwindung einer Ungunst des Standorts.

Tier

Raum-Überwinder auf festem Land; schnellfüßige Huftiere der Steppe und des Waldes, Pferd, Hirsch, Antilope, Zebra. Kampffähige Großformen der Weidetiere wie Büffel, Wisent, Auerochs, Elch. Allgemeine Bedingtheit durch Nahrungsfülle oder weitenerobernde, muskuläre Leistungsfähigkeit als Läufer und Springer, insofern die meisten Mammutformen der Tierarten. Menschenaffen. Große Hunde. Riesenschlangen. Elefant und andere gelehrige Großtiere. Das Höchstmaß allgemeiner Leistungsfähigkeit im Tier, erreicht in der Kombination verschiedener spezieller Leistungsformen. Die Ansätze selbständigen kombinativen Denkens beim Tier, Instinkte zur sinnvollen Verbindung verschiedener Verrichtungen. Anlage von Speichern und Lagerplätzen, Fettversorgung für Überwinterungen, in dieser Hinsicht Dachs und Hamster. Speckschichten der Polartiere. Luxuriöse Schmuckformen wie beim Pfau, Mähnen, übermäßige Schweifentwicklung.

Menschliche Physiognomie

Ungleichmäßiges, längliches Gesichtsoval mit weißer oder rötlicher Haut, mitunter ausgesprochener „Birnenkopf“, oder volles, frisches Gesicht mit eckigem Kinn und hoher Stirn. Im Ausdruck stets optimistisch, zukunftsfroh. Bei oft edel gebildeten Zügen etwas Mildes und Abgeklärtes, „joviales Wohlwollen“, das aber in der Erregung einem feurigen Pathos weicht. Große und ruhige lichtblaue oder braunglänzende Augen, auch bernsteinfarben, mitunter etwas hervorquellend. Ein Blick, der besinnlich und träumerisch an fernen Zielen haftet oder offen und frei sich dem Gegenwärtigen stellt. Mund und Nase regelmäßig gebildet, helle oder braune Haarfarbe. Meist großgewachsener oder doch massig wirkender, in die Breite gehender fleischiger Körper, oft Verfettung, aber dennoch kraftvoll. Expansive Anlage, gesetzte Würde und zugleich in den Ansprüchen auf Ausmaß gestimmt, Tendenz zum Wohlleben. In den Bewegungen normalerweise bequem und gemessen, doch als „Eroberer“ oder „Anwalt höherer Ideen“ in die Weite ausgreifend. Stimme großen Umfangs, modulationsfähig, von salbungsvoller Milde bis zum vollen, sonoren Klang. Im Gesamtgehabe lebensvoll und tolerant.

*

♄

7. Signatur des Finsteren, Dauerhaften, Formen-Konzentrierenden

Form, Farbe, Linie, Handschrift

Sparsam modellierte oder kristallscharf klare, aus dem unumgänglich Notwendigen extrahierte Form, die ein unpersönliches Gesetz zum Ausdruck bringt. Harte, bestimmte, eindeutige Ausprägung der Formidee, dichteste Masse. Betonung von Strukturlinie und Baugerüst, Kanten und Flächen mit Kristallschnitt, oder aber Krüppelformen, Hemmungen des freien Schwungs. Die Formphantasie ist durch Tradition, Gegenstand oder Bauzweck beschränkt; ein von allem Impuls- und Stimmunghaften unberührter sachlicher Ausdruck, starr bis zum sterilen Formalismus, aber werkgerecht in der Behandlung der Mittel. Strikte Grenzsetzung der Formmotive gegeneinander. Geometrische Musterungen. Das Notwendige, Lapidare, Endgültige und Wertbeständige. – Düstere, erdige, schwere Farben, ernste und strenge Gesamtstimmung, glatt verstrichener Auftrag. – Harte und gerade, spröde Linienführung; kurz zusammengeschrumpfte Buchstaben mit längeren Unterstrichen, Schriftbild mit weit auseinander stehenden Zeilen, Tendenz zur Senkung der Zeilenenden.

Pflanze, Landschaft

Trockene und langsamwachsende, wurzelfeste, mehrjährige Pflanzen dürrer und sparsamer Form, dauerhaftester und dichtester Substanz. Eibe, Föhre, Tanne, Wacholder, Nadelhölzer überhaupt, deren winterhartes Nadelkleid, auch überwinternde Blätter wie bei Efeu. Hartholzige Fruchtbäume, besonders Mispel. Bäume längster Lebensdauer wie Drachenbaum, Affenbrotbaum. Die knorrige Krüppelform der Latsche, die schlanke Kerzenform der

Zypresse, die Schirmform der Pinie. Schuppenmotiv der Tannenzapfen, Kienäpfel, auch bei Schuppenwurz und vorweltlichen Baumfarnen. Isländisches Moos und Bartflechten. Bittere und feste Früchte wie Quitten, saure und saftreiche wie Zitronen. Verhältnismäßig große ästig-rübenartige dunkle Wurzeln wie Beinwell (Schwarzwurz), gemeine Natterwurz, schwarze Nießwurz. Schwarze herb-giftige Beeren, Tollkirsche (Lähmungen, Abstumpfung aller Sinne). – Felsige Öde des Hochgebirges oder arktischer Randgebiete, Sandboden, Wüsten und dürre Hochflächen, Nadelwälder auf kargem Boden und Vegetation bei sparsamsten Lebensbedingungen überhaupt; sonnenlose Schluchten und Höhlen, Moortümpel, Schutt, wüste Plätze. – Die Tendenz der Verholzung des Gewebes, insofern auch Äste der Mistel; Verhärtung durch mineralische Konzentrationen (Kieselsäure, Metalle), insofern Blattkanten der Agave usw. Allgemein Wurzelung und Stamm, Rinde (besonders alle rauhen Borken wie Eichenrinde), dadurch Standfestigkeit und passiver Schutz gegen tierische Angriffe und Wetter. Der Mineralhaushalt aller Pflanzen, die in den Wurzelfasern vorsichgehende diesbezügliche Auswahl. Fruchtschalen und Kerngehäuse, insofern vor allem Steinfrüchte. Das Zusammenziehen bitterer und saurer Extrakte. Baumharz.

Tier

Überdaurer von Notzeit und Dürre, Genügsame, von Abfällen Lebende. Allgemein Wüstentiere wie Strauß, Kamel, Polartiere wie Eisbär, Alpentiere wie Steinbock, brauner Bär. Bären auch als Höhlentiere. Bauende Tiere, Biberburgen, Dachsbau, Termitenbau. In der Erde grabende Tiere wie Maulwurf, Feldmaus. Nachttiere wie Eule, Fledermaus. Laufendes Kleingetier, Kerftiere. Schutzplatten und Flügeldecken der Käfer. Das Panzerwams der Dickhäuter wie bei Nashorn, Flußpferd, insofern auch Elefant. Stachelschutz zur passiven Verteidigung wie beim Igel und Stachelschwein; Panzerplatten wie bei Krokodil, Schildkröte, Gürteltier, Krebs; langsam sich bewegende Schaltiere, und kriechende Wassertiere. Langsambeweglichkeit überhaupt, bis herunter zum festsitzenden Korallenstock. Einzelgänger und alte, bösartige Tiere, der vom Rudel abgesondert lebende Wolf. Unter Menschenherrschaft das Pack- und Lasttier, besonders Esel als genügsamer Distelfresser. Allgemeine Grenzsetzungen gegen die Entfaltungsmöglichkeit des Lebens durch Naturgesetze und Naturgewalten. Schrumpfungsvorgänge, Verkümmerungen, Rückbildungen, Auszehrung, Alterserscheinungen. Sumpffauna, lähmende Gifte. Das Beständigste im Tierkörper, das Tragegerüst mit Scharnieren, für den Gestaltbau ausschlaggebend: Skelett.

Menschliche Physiognomie

Fleischloses und starkknochiges Gesicht mit dem Stempel des Gedrückten, Erfahrenen; bleiche, dünn in Falten gezogene oder gelbliche, lederne Haut. Bestimmte, gewinkelte und ernste Züge. Dünnlippig. Kohlschwarze oder tiefbraune, seltener kaltblaue Augen, oder rauchfarbene. Meist dunkles, mitunter blauschwarzes Haar; bei fest strähnigem oder aber spärlichem Haarwuchs oft an der Nasenwurzel zusammengewachsene Augenbrauen, buschig und dunkel bis ins Alter hinein. „Leichenbittergesicht" mit eingedrückter Nase, geducktem Gang und scheu zu Boden gerichtetem Blick; oder der unwirsche, mißtrauische Ausdruck des „Verbissenen"; auch länglich magerer „Geierkopf" und „Rabenkopf", emotionslos, auf einem hölzern steifen oder schwunglos rasch in Scharnieren bewegten Körpergestell. Neben diesem Typus hagerer und langer Gestalt gibt es einen gedrungenen, mit festem Fleisch, etwas in die Schultern geduckt, mitunter verwachsen. Das Familienerbe kommt bei Allen stark zum Ausdruck; mitunter auch klassische Schönheiten, streng und kalt. Stets fester Knochenbau. Konzentrative, widerstandsfähige Anlage, doch träge Funktionen; frierend, zu Erkältungen und Verstopfungen geneigt. Blick- und Gliederbewegungen sind langsam, der Blick haftet bestimmt an seinem Gegenstand, der Griff ist klammerartig, der Gang schleppend, die Bewegungen oft gliederpuppenartig ungraziös oder aber von formvollendeter Sachlichkeit. Dunkle und tonlose oder brüchige Stimme, einsilbige Sprechweise, mitunter klangstarker Baß. Im

Gesamtgehabe etwas Trockenes und irgendwie eine tragische Grundnote.

*

⛢

8. Signatur des Uberraschenden, Sprunghaften, der genialen Zweckentsprechung

Form, Farbe, Linie, Handschrift

Überschlanke Formen und tektonisch gewagtes Linienspiel, kühne Überschneidungen und Durchkreuzungen, bizarr gemischte Formtypen. Verspannungsrippen, Röhren, biegsame Träger, Antennen, ingenieurhafte Konstruktionen. Eine vom ideellen Gestänge, den Hauptlinien der Bildidee, ausgehende Formgebung. Die Einmaligkeit, das Unerhörte und Erfinderische, der neuartige Wurf einer Komposition. Blitzartiges Erfassen vom springenden Punkte der vorliegenden Aufgabe aus, jähe, schroffe Flächenwendungen, Umbrüche des Blickfeldes. – Helle, gespritzte und gesprenkelte Farben, gemaserter und streifiger Farbenauftrag; in dunkleren Tönungen metallisch. – Gebrochene Linien, spleenige Einfälle und Verschrobenheiten im Schriftbild, mitunter phantastische und originelle Verschnörkelungen, sonst knappe, sachliche Linienführung; ein Duktus gleichmäßiger Flottheit wechselnd mit explosiven Entladungen.

Pflanze, Landschaft

Großformen der Gräser wie Bambus, Savannengras. Ausgebreitete, abstehende feinästige Rispen wie beim Zittergras. Hochstielige Blütenanlage in Verbindung mit scharf bewehrten, radial aus dem Wurzelstock hervorgehenden Bodenblättern, Agave; Großformen der Kakteen, besonders Stangenformen; aus beiden gewonnene erregende Säfte. Springkapseln und Spritzvorrichtungen zur Abwehr von Feinden oder zur Beförderung des Samens; Boviste, Spritzgurken, Erbsen und Linsen. Flugvorrichtungen zur Samenbeförderung. Luftwurzeln. Korkrinden und starke Markröhren, Hollunder (bitterscharfer Geschmack der grünen Teile, purgierende, blutreinigende und andere Wirkungen). Seltene Gewürze. Alpenrose als letztes, zwergartiges holziges Gewächs über der Baumgrenze, ihre trichterig-radförmige Blumenkrone. Aufrechte Stengel mit lineal-lanzettlichen Blättern, scharfer Milchsaft der Wolfsmilch. Medizinwirkungen der Eichenmistel. Herbbitterer Geschmack der Preiselbeere. – Terrassenlandschaften, Hochebenen, Hochgebirgskare, Gegenden eigentümlicher luftelektrischer Verhältnisse, sehr ausgedehnte Steppen, Vegetation an den Rändern der Geysire und Spalten mit Erdausdünstungen. – Allgemein das Vorkommen bestimmter Pflanzenarten über bestimmten Metallen. Abhängigkeit von luftelektrischen Schwankungen. Die Einstellung von Funktionen einer bestimmten Pflanzenart auf solche einer bestimmten Tierart, wie bei Eiche und Gallwespe.

Tier

Im Fernkontakt miteinander Stehende, besonders Insekten, Vögel und Schmetterlinge. Fühler der Insekten. Luftknochen und Federkiele der Vögel. Das Hindirigiertwerden der Aale, zum Fortpflanzungszweck, aus unseren Flüssen bis zum Golf von Mexiko. Geographischer Orientierungssinn der Zugvögel, insofern besonders Storch, Schwalbe. Bau der Stelzvögel, Reiher, Marabu, Flamingo. Übermäßige Streckung der Halswirbelkonstruktion bei der Giraffe, zur Erreichung der Baumnahrung. Windhund, Gemse als leichtfüßige Steppen- und Alpentiere. Organanlagen zum plötzlichen Überfall, Wurf- und Spritzvorrichtungen zur Betäubung des Feindes. Elektrische Ladungen zur Erteilung eines Schlags, Zitteraal, Zitterrochen. Leuchteinrichtungen bei Tiefseefischen. Konstruktion der fliegenden Fische. Allgemein Mutationskrisen in der Entwicklung.

Menschliche Physiognomie

Eigentümliche Schärfe oder exzentrische Note im Ausdruck, bei gradnasigen Typen etwas „Stelzvogelartiges“ oder die vorspringende, gleichmäßig gekrümmte Nase des „Falkentypus“. Stahlblaue bzw. graue, stechende Augen, deren Pupille als kleiner Punkt erscheint oder kleine schwarze Iris. Blick weltfern und fest, zeitweise gespanntes Glühen und Flackern von innen heraus. Weiße Haut, fahlblondes oder schwarzes Haar, glatt, oder rötlichbraun und kräuselig. Spärlicher Bartwuchs. Der schmale Kopf ist klein im Verhältnis zum Körper, der im Auftreten etwas Drahtiges, Gespanntes hat und dadurch meist größer wirkt, als er ist. Oft ausgesprochen langbeinige Typen. Spannungsabhängige Anlage mit hastigen, knappen Bewegungen. Dünn-metallische Stimme, explosive Entladungen, Vibration. Tendenz zu Nervenkrisen oder krampfartigen Erschütterungen, bei normalerweise unsentimentalem Gleichmaß des Verhaltens.

*

♆

9. Signatur des Chaotischen, Täuschenden oder absonderlich Schönen

Form, Farbe, Linie, Handschrift

Verschwommene, molluskenartige Gebilde oder Groteskformen; flächenhafter, präzise Linien vermeidender Ausdruck. Visionäre und mediumistische Darstellungen. In den differenzierteren Formen gewagte Gleichgewichtsverhältnisse zwischen den Formteilen, Aufhebung der Schwere und sichtbaren zwecklichen Bezogenheit. Unpedantische Komposition und Linienführung. Das Schwebende, Schwingende und Stimmunghafte im Gesamtreiz, wolkige Weite und atmosphärisches Durchtränktsein. – Schillernde oder irisierende Farben, Farbenschmelz, subtile Übergänge und hauchartiges Überdecken von Farben, lasierender Auftrag. – Stark bewegte rhythmische Kurven in teigigen Schriftformen, Nichteinhalten der Zeilen und dadurch etwas Zerflossenes oder im Gesamtbild ausgewogene ungleichartige Linienführung.

Pflanze, Landschaft

Unförmige Gebilde und gallertartige Stoffe wie Schleimpilze. Alle Pilzarten, besonders giftige. Pflanzengifte allgemein und betäubende Düfte, Säfte im Gärzustand, Narkotika und Stoffe, die mediumistische Wirkungen hervorrufen (Nikotin, Opium, Morphium, Haschisch, Meskalin usw.). Stengelumfassende, weiche, klebrig-zottige Blätter wie beim Bilsenkraut, dessen Blüte (schmutziggelbliche Lappen mit violettem Adernetz, am krugartigen Trichtergrund purpurviolett) und narkotisches Gift (Taumel, Irrereden, Raserei!). Phantastische, großlappige, krugartige und zipfelige Blütenformen der Orchideen, deren Duft und farbige Seltsamkeit. Taumelgift des Stechapfels, tödliches Gift der Schierlingswurzel. – Warmfeuchte Dschungelatmosphäre, Sümpfe, Inseln, Riffe, Küsten, Gegenden häufiger Nebel und Dünste, feuchte Höhlen. – Allgemein Algen und andere Meerespflanzen. Durchlässigkeit der Gefäßwände bei allen Pflanzen, Osmose.

Tier

Alle Schreckgestalten, Schreck- und Schutzfärbungen (Mimikry) oder Täuschungsmanöver. Vortäuschung pflanzlicher Gebilde wie bei der Gottesanbeterin, Stabheuschrecke; Fellmusterung in Angleichung an Eigenart und Schattenmuster der pflanzlichen Umgebung, insofern Zebra, Giraffe. Farbenwechsel beim Chamäleon, Fleckenmusterung beim Feuersalamander, Unsichtbarmachung auf der Flucht durch Verwolkung, wie beim Tintenfisch. Überreiche Putz- und Schmuckformen der Paradiesvögel, abnorme Kleinheit und metallischer Glanz der Kolibris, umgekehrt Größe und Färbung der Riesenschmetterlinge. Vor allem aber Kaltblüter, wie Eidechsen, und Meerestiere allgemein. Walfisch, Delphin, Robbenarten, besonders größere. Tiere der Tiefsee, Schreckformen und Fangarmgebilde, besonders Polypen; Übergangsstufen zum Pflanzlichen wie Seeanemonen, Seelilien. Glasige, durchscheinende Substanzen, Quallen, Röhrenwürmer. Grottentiere wie Olme. Fischfressende Dauerflieger über der See, Albatros, Möve. Ganz allgemein Biocönose oder aufeinander Angewiesensein verschiedener Pflanzen- und Tierarten, gegenseitige Regulierung des Mengenverhältnisses in der Vermehrung. Im einzelnen Tierkörper Gleichgewicht zwischen Bakterien und Abwehrzellen. Bebenempfindlichkeit und andere Vorahnungen bei Tieren.

Menschliche Physiognomie

Gesicht mit feingebildeten, abgerundeten Formen und durchscheinender Haut, mitunter „Phantomgesicht“ von überirdischer Schönheit oder aber verquollene, gedunsene Mißgeburt oder urweltliches „Gnomgesicht“. Auffallend große, träumerisch geöffnete Augen; meist ein verschwimmendes Blau, auch bernsteinfarbenes Braungelb, ins Grünliche hinüberschimmernd. Jenseitig verklärter oder aber unbestimmter, dem Gegenüber sich entziehender und dadurch verlogen wirkender Blick. Im Körperbau wenig Charakteristisches außer einer Lockerung und Abrundung der durch andere Elemente bestimmten Formen; bei gröberen Typen ins Schwammige gehend, bei feineren Typen von außergewöhnlicher Zartheit und Elastizität. Übersensible Anlage. Empfindliche Stimme mit Weichheit und Schmelz, unklare Sprechweise in Andeutungen, verschluckte Worte. Menschen, die oft mehr in ihrer Aura als im Stoff zu leben scheinen, bei meist vorhandener Körperschwäche, doch stark in den Seelenkräften.

* * *

II. Die Typologie der Tierkreiszeichen

Zum typologischen Urteil drängt uns das tägliche Interesse am Menschen. Sicher ist, daß es typische Merkmale gibt, die im bunten Getriebe der Erscheinungen hervorstechen und von verborgenen Untergründen Meldung geben. Wie Hunger der beste Koch ist, so sind Liebe und Haß die Schärfer des Auges; und so oft mit Recht behauptet wird, daß Liebe blind macht, dann nämlich, wenn man nur sich und seine eigenen Wunschbilder im anderen wiederfinden will, so oft bewirkt die Ent-Täuschung oder die Eifersucht eine nachträgliche Schärfung. Doch liebend hingegebene Betrachtung dessen, was ist, umgreift in ihrem Gegenstand das Besondere, Einmalige und steigt gleich dem Dichter in die elementare Tiefe, aus der die Funken des Kontakts entspringen. So verschieden der Gegenstand, die Tendenz und der Vereinfachungsgrad des typologischen Blicks sind, in den uns nahegehenden Werken der Dramatik und Erzählerkunst beweist sich das Vorhandensein von Elementen der Menschennatur, aus denen ein gesteigertes, veredeltes oder ins Negative verzerrte Bild der Wirklichkeit erreichbar ist. Was im dichterischen Erlebnis überdimensioniert, mit hervorgehobener Unterscheidung gegeneinander, im Vordergrunde steht, enthält den intuitiven Einblick in Elemente, die an jedem Menschen real in Erscheinung treten. Sie sind das Ding an sich einer wissenschaftlichen Typologie.

Die Hauptschwierigkeit für ein begriffliches Einteilungsschema liegt darin, daß es als System vom Urteilsfinder abhängt, ohne daß er die Kontrolle einer exakten Messung hätte. Es fehlt der Prüfstein, nicht für die Begriffe, denn diese wurden ja der Anschauung entnommen, sondern für die Zahl und Ordnung der Begriffe, in die das Leben eingefangen werden soll. Der Gründer des typologischen Systems ist zugleich Richter über seine Gültigkeit, und bei der Auslegung der Wirklichkeit gerät er in Gefahr, Begriffe für elementar zu halten, die nur denkökonomische Behelfe sind. Deutlich erwächst daher die Frage nach Elementen einer Typologie, die mit Elementen der menschlichen Existenz in Übereinstimmung stehen und durch eine exakte Messung ihre Bestätigung finden.

Die Antwort auf diese Frage ist uns dargeboten von der Natur selbst, wenn wir uns über eingewurzelte Vorurteile, bezogen auf geschichtlich überholte Auslegungen, hinwegsetzen und aus dem kosmobiologischen Gedanken anwenden, was ehedem die Astrologie unter der Annahme eines Fatums ausbildete: die rechnerische Erfassung der Konstellation des Sonnensystems im Verhältnis zum gegebenen Ort auf der Erde, im Zeitpunkt der Geburt eines Menschenindividuums. Analog diesem Meßbild steht eine bestimmte Anzahl von Grundformen, die in immer wieder anderer Zusammensetzung auftauchen; Elemente der Formbildung des Lebendigen überhaupt sind es, Elemente der Individuation des Menschen.

Was die fatalistische Astrologie als Wirkung der Sterne oder dahinterstehender transzendentaler Mächte ansah, dies sind nach der kosmobiologischen Auffassung Schöpfungen des Lebens in Einstellung auf die im Gestirnsystem ausgedrückte Weltordnung. Das umschließende Ganze spiegelt sich im einbeschlossenen Ganzen. In formalen Elementen, in Zeitperioden, Ordnungszahlen, Strukturen, hängt das innere Gefüge der Lebewesen mit dem Weltbau zusammen. Dies ist nicht in abstrakter Starrheit und Universalität zu verstehen. Konkret ist das Leben auf der Erde auf ihre Bewegung im größeren Ganzen, dem Sonnensystem, eingestellt zu denken, bzw. auf die mit dieser Bewegung in Zusammenhang befindlichen elementaren stofflichen Vorgänge. Die Erdbewegung hat die Rolle einer ordnenden, regelnden Funktion für die irdischen Lebenserscheinungen. So ist weniger die Stärke als der periodischgesetzmäßige Charakter solcher Vorgänge ausschlaggebend für kosmisch eingepaßte Gezeiten des Wachstums und der Fortpflanzung. Bezieht sich dies bei außermenschlichen Lebewesen auf die

Gesamtheit einer Art, so spricht beim Menschen die höhere Form der Individualisierung mit. Auch die Elemente seiner Individuation sind solche der kosmischen Einfügung. Den astronomischen Faktoren, die dem Horoskop die Gliederung geben, entsprechen bestimmte Elemente des lebendigen Wesensgefüges, das den Menschen trägt. In Zusammenhang mit den Erbgesetzen und aus der Wirksamkeit unbewußter Gattungsinstinkte heraus erfolgt das Werden menschlicher Individuen dem Gang der Konstellationen eingepaßt; schon die Empfängnis eines Individuums kommt nur unter bestimmten kosmischen Bedingungen zustande, die zugleich seiner erbmäßigen Verfassung entsprechen. Jedes Kind stellt in seinem angeborenen Wesensgefüge eine der Konstellation angepaßte Auswahl aus der Summe vererbbarer Eigenschaften der Eltern dar. Verschiedene Kinder derselben Eltern entsprechen also je einer anderen Auswahl aus den speziellen Erbmöglichkeiten, die für sie gemeinsam bestanden. Das auswählende Moment der Empfängnis steht durch die Schwangerschaftsdauer in einem geregelten Zusammenhang mit dem realisierenden Moment der Geburt, auf die sie abzielt. Mit dem ersten Atemzug nach der Fruchtaustreibung erbringt das Neugeborene seinen Daseinsbeweis. Dies ist der Augenblick, dessen kosmische Gesamtlage, aufgezeichnet im Horoskop, die Elemente des individuellen Wesensgefüges enthält.

Niemals leben wir außerhalb dieser Elemente einer organischen Typologie. Sie sind uns in Leib und Wesen einbeschrieben, unbewußt folgen wir ihnen und verwirklichen sie. Diese Ordnung brauchen wir als System nicht erst zu erfinden, sie harrt der Entdeckung in uns, damit wir nicht nur unbewußt individuell leben, sondern uns den Grund dieses Lebens im Verhältnis zur Welt bewußt erobern. Die Herausstellung ins Bewußtsein mit Hilfe des Geburtshoroskops bewährt nur an der äußeren Erfahrung, wovon die Innenerfahrung auch ohne das Experiment Kunde gibt.

Anwendung des Symbols, statt ausschließlicher Verwendung des Begriffs, kennzeichnet die organische Typologie. Die Begriffe der anderen Typologien, die von außen an den Menschen herangehen, verallgemeinern festgestellte Merkmale durch Abstraktion. Auf begriffliche Weise wird die lebendige, wandelbare Ganzheit in einzelne Symptome zerlegt und stückweise festgehalten. Hingegen im Symbol erfassen wir das Spiel der Abwandlungen in seiner Gesamtheit. Der Inhaltskern eines Symbols, der im Begriff beengt wäre, ist umschrieben durch ein Bild. Er strahlt aus in eine Vielzahl von Erscheinungen, die dann als feststellbare Symptome dieses Inhalts in Begriffe zu fassen gehen. Mit dem Unterschied zwischen Symbol und Begriff hängt der Unterschied in Bau und Anwendung der Methoden zusammen. Die von Merkmalsbegriffen ausgehende Typologie kommt immer zum Kästchensystem, d. h. sie stellt einige Grundtypen auf und sucht die im Leben vorgefundenen Schattierungen als Mischtypen zu erfassen, da der reine Typus nie vorkommt. Um geordnet zu werden, wird so die lebendige Fülle der Erscheinungen stets irgendwie vergewaltigt, in Kästchen gepackt. Demgegenüber arbeitet die natürliche Methode mit den Bausteinen des Lebendigen, die in jeweils anderer Zusammenfügung den individuellen Strukturen zugrundeliegen. Sie braucht eine Ordnung nicht im konstruierten System zu suchen, braucht nicht am Merkmal des Ausdrucks zu haften, da sie in der Konstellation das Maß und die innere Ordnung der Strukturen selbst hat.

Struktur ist für den an die Wahrnehmung anknüpfenden Verstand nicht ohne weiteres eine Wirklichkeit. Erst auf Grund vieler Beobachtungen erschließen wir sie als denknotwendige Beziehung von Teilen im Ganzen. Sehen wir ein Lebewesen gegenüber wechselnden Vorgängen seiner Umwelt in prinzipiell gleichbleibender Weise reagieren, – so, daß die Form der Reagenz zwar sich andauernd ändert, aber die Reagenzformen in einem logischen Zusammenhang mit der Abwandlung äußerer Formen, des Anlasses, stehen und außerdem insgesamt auf eine gemeinsame Quelle im Wesen selbst hinweisen -, so setzen wir eine Wesens-Konstante voraus. Wir können auf diese Weise mehrere Wesens-Konstanten bestimmen, die in einer grundlegenden Beziehung zum Erscheinungsbild des betreffenden Wesens zu denken sind. Gelingt es uns nun, das gegenseitige Verhältnis der Wesens-Konstanten aufzufinden, so haben wir die Struktur.

Die von außen nach innen schließenden Typologien suchen letzten Endes auch jene Wesens-Konstanten und ihr gegenseitiges Verhältnis. Die Natur des Begriffs ist aber nicht elastisch genug, solche Inhalte zu kennzeichnen. Die innere Bestimmtheit vieler möglicher Ausdrucksformen durch die Struktur kann am besten mit einer Ordnung von Symbolen umschrieben werden.

Wissen um die Struktur ordnet die Dinge nach natürlichen Zusammenhängen. Die organische Typologie entnimmt die Struktur des Menschenindividuums seiner Geburtskonstellation. Die Körper des Sonnensystems treten in ein Verhältnis zueinander durch ihre Ausrichtung im Tierkreis. Hiermit sind zwei Hauptklassen von Elementen angegeben: Wesenskräfte (Planetensymbole), die gemäß einer allgemeinen Ordnung von Grundformen ihrer Äußerung (Tierkreissymbole) in der Auswirkung abgewandelt werden.

Mit der Aufeinanderfolge der Tierkreisprinzipien, die hier als Wesens-Konstanten oder Bausteine der organischen Typologie dargestellt werden, ist eine Qualitätenordnung bezeichnet. Die in einer Geburtskonstellation betonten Prinzipien oder Zeichen des Tierkreises kommen in den Eigenschaften des Verhaltens im betreffenden Menschen zum Ausdruck.

Die astralmythologische Denkweise der Vorzeit hat die Inhalte der Tierkreisprinzipien dargestellt in den zwölf Stationen der scheinbaren Sonnenbahn. Sie fand das Gleichnis vom Lebenskampf, von den Aufgaben und Prüfungen des die Sonne repräsentierenden Halbgottes. Der tragische Untergang ist kein Abschluß, denn die Sonnenbahn ist das Gleichnis der ewigen Wiederkehr. Als ein Zyklus der immer neu sich verschwendenden schöpferischen Kraft sind die Taten des Herakles zu deuten. In den Taten Siegfrieds schimmert dasselbe Thema durch, verschleiert nur durch spätere, aus der christlichen Zeit stammende Bearbeitungen des mythologischen Stoffs. Das Wesentliche der kosmischen Elemente ist in solchen Darstellungen erfaßt: eine Urkraft, die sich nach dem Gesetz der Stationenfolge im Inhalt gestellter Aufgaben und im realen Ausdruck abwandelt. Aus intuitivem Wissen um die

Elemente ist hierin symbolisch die Beziehung zwischen Planet und Tierkreisprinzip in der Geburtskonstellation gegeben. Die elementare Bildekraft wandelt sich ab in der Qualität des Ausdrucks, je nach der Stellung des ihr analog gesetzten Himmelskörpers (nicht nur in der Sonne allein, sondern aller Körper des Sonnensystems) in einer der festliegenden Weltraumrichtungen, die mit der scheinbaren Jahresbahn der Sonne durch den Fixsternhimmel bezeichnet sind. Unter den die Ekliptik umlagernden Tierkreis-Sternbildern sind bloße Angaben für Weltraumrichtungen von der Erde aus und für Abschnitte des Jahresrhythmus zu verstehen. Die Tier- oder Menschenbilder symbolisieren den Inhalt je eines Auswirkungsprinzips. Die Frage der Inhalte wird nicht berührt durch die Tatsache, daß der Beginn des Jahresrhythmus, der Frühlingspunkt, infolge der sog. Präzession sich in rückläufiger Wanderung durch den Kreis der Sternbilder bewegt.

Um die Tierkreisprinzipien als typologische Bausteine richtig einzuschalten, muß man in den ersten Voraussetzungen der Messungstechnik unterrichtet sein. Ganz unzulänglich ist das Absehen von der individuellen Gefügeordnung, ist die Reduktion des Menschen auf einen einzigen Typus nach dem Sonnenstand. Da sich mit geringen, in unserer Zeitrechnung begründeten Schwankungen der Sonnenstand an bestimmten Tagen des Jahres wiederholt, glaubt ein den Sachverhalt vergröberndes Verfahren mit dem Tag der Geburt auszukommen. So wichtig die Tierkreisstellung der Sonne ist, liegt doch im Weglassen der Körper ihres astronomischen Systems der entscheidende Fehler, daß ein Element für das Ganze ausgegeben und nicht in Betracht gestellt wird, wie dies Element von der Erde aus gesehen in das Ganzheitsgefüge eingebaut ist. Es wäre so, als wenn man die Leitung eines Betriebs ohne den Betrieb selbst betrachten wollte. Die Geburtskonstellation muß in jedem Falle vollständig berechnet werden. Aus der Geburtsminute ermittelt sich der Aszendent, der im Osten aufsteigende Grad des Tierkreises. Das Tierkreiszeichen des Aszendenten gibt den Typus der unmittelbaren persönlichen Reagenz auf Vorgänge der Umwelt an, also das eindrucksgebundende, mehr obenaufliegende Verhalten, sowie die Grundform der persönlichen Physiognomie. Gegenüber diesem äußeren Bild des Gebarens und der Erscheinung bezeichnet das Tierkreiszeichen des Sonnenstandes die innere Haltung, den Wesenskern, die zentrale Stellungnahme im Dasein. Wichtig ist ferner das Tierkreiszeichen des Mondstands, aus dem sich die Tendenz der Gemütsbewegung bestimmt. Die nach diesen Grundzügen ausgerichtete Individualität wird weiter abgewandelt und differenziert analog den Stellungen der Mitplaneten der Erde. Stets hat die Deutung des Geburtsbildes ihr Augenmerk auf die rangmäßige Ineinanderfügung der Elemente zu richten, wofür es Regeln der Kombination gibt, und nur von diesem Ganzheitsblick aus gilt die Vorherrschaft des zwischen Aszendent und Sonnenstand spielenden Verhältnisses.

So umfaßt die Ausdruckfähigkeit eines Tierkreissymbols den vollen Spielraum von der inneren Haltung zum äußeren Gebaren. Durchgehend bezeichnet es eine Qualität, eine Eigenschaftsanlage, die in Verbindung mit dem Charakter der wesensbildenden Kraft (Planetensymbol) zur Auswirkung kommt. Zwar ist das Prinzip in den Äußerungsmöglichkeiten, in der Anpassung an äußere Umstände, unendlich modifizierbar, doch gibt es dem Verhalten im Geschehen eine in allen Abwandlungen charakteristische Färbung.

Etwas anderes als die Art und Weise der Äußerung ist der ethische Wert des Menschen. Nie darf die Qualität eines Tierkreisprinzips dahin gedeutet werden, daß man ein Gut und Böse aus diesen Zeichen ableitet und danach den Menschen bewertet. Ethik und Moral haften nicht an Formen des Seins. Die Ebene der Forderungen schneidet sich senkrecht mit der Ebene der Feststellungen. Ethische Unterscheidungen betreffen ein Sollen oder Nichtsollen, Moral bezieht sich auf die im eigenen Selbst oder innerhalb einer bestimmten Gemeinschaft beurteilte konkrete Handlung. Die Werthöhe, der innere Rang solcher Entscheidungen liegt nicht in der Geburtskonstellation eines Menschen vorgeprägt. Die Konstellation als Bild der Struktur enthält nur formale Elemente, und auch die Tierkreis-Qualitäten bezeichnen formale Eigentümlichkeiten, allerdings handelt es sich um Grundformen. Es gibt zwar einen Tierkreistypus, der vorwiegend Fragen der Eigenmoral und einen solchen, der Fragen der Gesellschaftsmoral stärker in Betracht zieht (vgl. Krebs- und Steinbockprinzip), mit dieser formalen Eigentümlichkeit liegen aber nicht die Inhalte der Erwägungen fest; keineswegs haben die Planetenstellungen im Tierkreis mit ethisch höheren oder niederen Typen zu tun.

Tierkreisprinzipien sind unter sich gleichwertige Grundformen des Beschaffenseins. Jede dieser Grundformen kann in verschiedenen Wertgraden ausgewirkt werden. Sie ist also in jedem Falle der Wertsteigerung fähig, und das bisher Ausgeformte ist entwickelbar in Hinsicht auf eine höhere Form, gemäß einem aus dem Prinzip selbst aufgestellten Leitbild. Dergestalt errichtet sich eine Ebene der Forderungen über der Ebene der Feststellungen in einer lebensnahen Weise, die von der individuellen Struktur ausgeht, gewissermaßen an bestimmten Angeln in sie eingehängt ist, und die dem menschlichen Entwicklungsstreben individuell ausgerichtete Ziele gibt. Der wahre Typus des Sollens setzt voraus, daß der Typus des angeborenen Seins aus der Geburtskonstellation und vorhandenen Entwicklungshöhe erkannt wird, damit die gegebenen Anlagen zum höchstmöglichen Wertgrad weitergetrieben werden können.

Nur scheinbar ist dieses Vorgehen individualistisch. In der organisch kosmologischen Denkweise weist aber alles auf das größere Ganze hin. Es liegt im inneren Bau der Zeichenfolge, und ausgesprochener noch der hiermit im Grundbau korrespondierenden Ordnung der Häuser des Horoskops, begründet, daß je ein Prinzip stärkerer Persönlichkeitsbetonung seine Aufrundung und Ergänzung findet durch das im Kreis gegenüberliegende Prinzip stärkerer Gemeinschaftsbetonung. Entprechend der Polarität strebt jedes Prinzip in seinen Gegensatz: das Gemeinschaftswertige soll in konkret persönlicher Form gelebt, das persönlich Bedingte soll dem Gemeinschaftsleben dienstbar gemacht werden. Solcher Sachlage entspringen Aufgaben, die jeweils auf die Verfassung der Individualität zugeschnitten sind, doch weit über sie hinausgreifen. Ob man die Werte der vorhandenen Gemeinschaft als belebenden Zustrom empfängt und in ihnen die höhere Sinnstellung sucht, ist aber nicht Sache der Geburtsanlage, sondern der bewußten Entwicklung. Hier ist der Bereich der Freiheit konkret verknüpft mit der Naturnotwendigkeit eines bestimmten Charakters. Nicht die einzelne Handlung und ihr moralischer Wert liegt mit der Geburt fest, nicht die Entscheidung wird uns abgenommen. Aber bestimmte Möglichkeiten und Aufgaben der Entwicklung stehen im individuellen Rahmen offen. Im Geschehen, das zwischen dem Menschen und seiner Umwelt hin und wider schwingt, bezeichnen die Tierkreisprinzipien die allgemeinen Grundformen des Verhaltens, und bezogen auf den ethischen Ansporn sind es die Wurzeln des Handelns und die Entwicklungsqualitäten überhaupt.

Darstellungen der Tierkreiselemente sind hier gegeben. Die alten Bilder und Sinnzeichen wurden beibehalten. Der mythologische Weltblick sieht im Tier das Elementare, das auch im Menschen lebt und dessen breitere Naturverbundenheit offenbart, das allgemeine Sein, aus dem er in sein eigenes Reich des Sollens aufsteigt. Unser auf die Symbolik der Griechen zurückgehender Tierkreis hat vor den Fassungen des Ostens voraus, daß er die Unterscheidung zwischen reinen Tiersymbolen und mehr menschlichen Symbolen trifft. Eine Graduierung in der Ursprünglichkeit der Leidenschaften ist in dieser Unterscheidung ausgedrückt. Über die Symbole hinweg führt der Einblick in bestimmte Regionen beobachteten Lebens.

Um den Charakter plastisch hervortreten und erlebbar zu machen, ist die Darstellung so gehalten, als sei jeweils der ganze Mensch der durch das Tierkreisprinzip gekennzeichnete Typus. Typus ist ja Vereinfachung auf einen hervorstechenden Wesenzug. In einer Geburtskonstellation finden sich aber stets mehrere Zeichen beisammen. Fügen wir diese Bausteine des Lebendigen ineinander nach den logischen Regeln der Kombination, so ersteht im Deutungsbild die einheitlich geordnete Vielfarbigkeit der Individualität. Mögen nun die Zeichen und Bilder sprechen.

♈

Widder

Ich will. Diese beiden Worte könnten zur Definition seines Verhaltens genügen. Jemand, der sich für eine Sache, die Hand und Fuß hat, mit ganzer Kraft einsetzen kann. Spontan greift er zu, ohne Umschweife gibt er seine Meinung kund, nur das Unmittelbare hat Wert für ihn. Langatmige Zurüstungen und abstrakte Theorien haßt er. Seine Ausdrucksweise ist offen, gerade, knapp und klar. Bündig setzt er seine Entschlüsse hin, deren Kernpunkte er präzise und scharf heraushebt. Gering gilt ihm, was nicht seinem Kopf entsprungen ist, nicht seinen Bewegungstrieb reizt. Diese feurige Direktheit ist seine Stärke. Er weiß ebenso den Gegner niederzureden, wie eine Gefolgschaft für seine Pläne zu begeistern. Ein Subjektivismus, der mit seinen Inhalten steht und fällt. Der eine stellt außerordentliche Leistungen ans Licht, der andere haut kräftig daneben. Entscheidend ist hier wie nirgends die Entwicklungshöhe und die moralische Qualität.

Wer Kinder vom Standpunkt der Anpassung und Sanftmut wertet, wird gerade durch die Begabtesten dieses Typus Enttäuschungen erleben. Zerrissene Hosen, heulende Spielkameraden, beschwerdeführende Nachbarn: überhaupt mehr Tat- als Unterlassungssünden markieren den Weg des Heranwachsenden. Man findet den verwegenen Tollkopf ebenso wie den Bockbeinigen, der, sich und anderen unleidlich, darauf wartet, daß ihm etwas einfällt. Immer soll etwas geschehen, und er will der Anführer sein. Dieses heftig allen Normungen sich entziehende Kind pflegt man schwer erziehbar zu nennen. Aber Kopf und Wille sind aus seiner Eigenart zu gewinnen. Die Unabhängigkeitslust ist nicht zu brechen und den Nürnberger Trichter erfand man nicht für diese triebgeführte Intelligenz. Eine Ursprünglichkeit der Instinkte meldet sich zuerst im blinden und gierigen Begehren bestimmter Dinge und in der maßlosen Eifersucht auf Geschwister oder Schulkameraden, die vorgezogen werden. Beim Knaben wie beim Mädchen weiß sich der Geltungstrieb unter verschiedenen Formen mit gleicher Robustheit durchzusetzen. Schon der kleine Widder stößt zu. Eigensinnig besteht er auf seinem Vorsatz. Man mag ihm die Berechtigung seines Wunsches oder Gebarens unter Herbeiziehung noch so guter Gründe abstreiten, Widerspruch im Augenblick des Affekts kann ihn bis zur Tobsucht reizen. Erst wenn er genügend lange gegen Widerstände geboxt und die Ergebnislosigkeit eingesehen hat, wird er reif zur Umstellung seiner Willensrichtung. Im Ichgefühl sind diese Kinder an ihrer positiven Seite zu packen. Starker Bemühungen sind sie fähig, wenn ihrem Stolz nahegebracht wird, daß sie sich etwas zutrauen können und der Erste sein dürfen. Mit rücksichtsloser Energie legen sie sich dann in ihr Vorhaben, wollen aber gleich wieder mit dem Kopf durch die Wand. Erstrangigkeit im Guten wie im Bösen verlangt ihr Ehrgeiz. Nicht nur um ihrer Hauptuntugend, dem Mangel an Gemeinsinn, entgegenzuarbeiten, sondern auch um von Anfang an ihnen den richtigen Boden für Ehrgeizziele zu geben, ist auf den Umgang zu achten. Man lasse sie ihre Niederlagen allein auskosten, denn nur eigenes Einsehen ihrer Fehler baut der Gefahr arroganter Überheblichkeit vor. Zu immer neuen und konkreten Aufgaben muß man sie anzuregen wissen, doch möglichst so, daß sie das Gefühl behalten, sie selbst haben den Plan gefaßt. Denn nichts wollen sie anderen verdanken. Humor und unbekümmerte Frische sind ihnen bekömmlicher als saure Gesichter und Pedanterie.

Das Bild des Tieres Widder bringt eine stoßartige Kampfweise zur Anschauung und enthält den Begriff des Leittieres einer Herde. Beim Menschen, der auf seinen Gegner losgeht, ist die Gebärde so echt, daß ihm nur die Hörner fehlen zum anrennenden Widder, der seinem Typus den Namen gibt. In Stirn und Augen sitzt es. Wo sich die Angriffsart vom Motorischen weg ins Geistige und Seelische verlagert, beherrschen den Blick eindeutige Richtung und dämonischer Wirbel. Das unbedingte Eintreten für seine Idee macht ihn zum Anführer, wenn diese Idee das Problem vieler Anderer löst. Die Gemeinschaftswirkung seiner Selbstgewißheit hängt von der originalen Erfassung einer Sachlage ab, deren Gemeinschaftsbedeutung er weniger bewußt erwägt als instinktiv fühlt. Auf welchem Felde es immer sei: ein Draufgänger, der von sich und anderen das Äußerste fordert. Erst wenn er auf unbrechbaren Widerstand stößt und mit seiner etwas primitiven Taktik nicht weiterkommt, ist der kritische Punkt erreicht. Den Glauben an sich verlieren, heißt hier alles verlieren. Der tollkühne Einfall einer solchen Situation hat schon an Heroismus oder Erstlingserscheinungen erzeugt, was niemand für möglich hielt. Aber alles hängt vom Augenblick ab. Es gibt auch Fehldiagnosen. Der zielgerichtete Blick des unbekümmert Drauflosgehenden wird gegenstandslos, wenn der Zielpunkt ausfällt, weil etwas anderes dasteht, als er sich vorgestellt hat. Bei diesem Typus sollen aber die Dinge so aussehen, wie er sie sich vorstellt. Darum bietet der verrannte Widder ein tragikomisches Bild. Bei allem angeborenen Sinn für Humor bringt es ihn unbändig auf, in solcher Lage nicht ernstgenommen zu werden. Fremde Hilfe lehnt er ab, es sei denn, daß er sie anbefehlen darf und für Dienstleistungen hält, die ihm mit Recht zustehen. Man findet da Leute, die auf der Idee ihres Vorsatzes herumreiten, obwohl sie längst spüren, daß der Gaul lahm geht. Ihr Stolz verbietet ihnen aber, abzusteigen. So geben sie dem Gaul die Sporen und halten sich mit zusammengebissenen Zähnen aufrecht.

Voll impulsiver Unternehmungsfreude und mit zähem Willen begabt, ist dieser Typus doch ungeeignet für einen längeren Kampf mit Verhältnissen, die er nicht überblickt. Er muß auf Anhieb siegen können. Er will die Aufgabe und die dabei sich stellenden Widerstände und Gegner vor Augen haben. Der Prototyp des Voreiligen, der kopfüber ins fertige Ergebnis springen will, ehe das Verhältnis zu den Bedingungen überhaupt angeschnitten ist. Diese Willensdynamik setzt sich sogar über Erbbedingungen hinweg, so daß die Angriffsenergie stärker sein kann als die physische Kraft. Sein Trieb, sich vorzudrängen und durchzusetzen, führt zu heftigen Zusammenstößen; wo er sich unter Druck und Zwang fühlt, provoziert er Streit und geht über die Gegebenheiten anderer hinweg, um selbst in den Vordergrund zu kommen. Der Schwerthieb durch den gordischen Knoten scheint ihm die angemessenste Form aller Problemlösungen. Es fehlt ihm differenzierte Geschmeidigkeit und der Sinn für feinere Kultur ist oft wenig ausgebildet. Einfache klare Tatsachen will er sehen, alles Beiwerk hält er für entbehrlich. Durch diese Verachtung der Begleiterscheinung oder dessen, was er dafür hält, wird seine Welt leicht allzu nüchtern. Er sieht mehr Anlässe zur Eroberung als Dinge zum Ausbau und Genuß. Wo seiner Tatkraft kein Spielraum gelassen ist, fühlt er sich überflüssig und geht. Beim Mangel zündender Ideen muß er verkümmern. Seine Stärke ist die Unkompliziertheit des Willenseinsatzes und die triebmäßige Frische.

Das Männlich-Heldenhafte ist die reinste Prägung dieses Prinzips. Seine Kampfkraft beschränkt sich aber nicht auf den Bereich des Athletischen. Idee und Tat können auch beim Lebensphilosophen, beim religiösen Eiferer, beim Gründer einer wissenschaftlichen Gesellschaft eins sein. Das gegenständlich Gerichtete dieses Prinzips verlangt auch im geistigen Führer, daß er aus abstrakt-allgemeinen Beziehungen hervortritt und einen Kreis Erlesener um sich schart, bei denen er eine unmittelbare Wirkung von Mensch zu Mensch spürt. Manchmal scheint nur der Umriß der Größe auf, aber die Kräfte der Durchführung sind nicht genügend ausgebaut. Es bleibt beim skizzenhaften Wurf. Wenn im mitgebrachten Format jeder Heroismus fehlt, kann die ganze Energie im privaten Umkreis aufgehen, der Eroberungstrieb lebt sich in Liebesaffären aus und die Geltungssucht prahlt mit Erfolgen. Zeigt sich im Triebmäßigen mehr die ungebändigte und überstürzte Angriffslust, so in der Arbeit der Ehrgeiz, andere zu überflügeln. In kaufmännischen Berufen bringt eine schnelle Abwicklung der Geschäfte Erfolg. Pläne werden durchgesetzt, wo Überredung wirkt. Der Typus des freien Unternehmers gehört hierher. In künstlerischer Hinsicht hat dieses Prinzip die stärkste Beziehung zur Dramatik, in der Dichtung kommt es im rhythmischen Fluß zum Ausdruck; in bildenden Künsten Begabung zum Zeichnen, Entwerfen,

Gravieren. In der Medizin stellt das Prinzip vorzugsweise Chirurgen. Oft ist ein angeborenes Materialgefühl für Metallbearbeitung vorhanden; vom Werkzeugmacher und Dreher bis zum Ingenieur der Mann der raschen Tat, der sich durch kräftiges Zugreifen beweist, wo andere reden. Wenn aber das Reden zur Tat antreiben soll, kann er beredsam werden, und so finden wir hier den mitreißenden Volksredner. Bei allen wird die Erfindungsgabe aus der Praxis angeregt. Der Landwirt dieses Typus hat einen Zug zum Industriellen, er ist mehr Bodentechniker oder Zuchtunternehmer als bodenverwurzelter Bauer. Für die Verwendung neuer maschineller Methoden hat er eine Vorliebe. Fast immer ist eine elementare Beziehung zum Soldatischen vorhanden; im Soldatenberuf selber besondere Befähigung für technische Waffengattungen oder der geborene Angriffstaktiker. Auch in sonstigen Berufen dringt er auf Disziplin; Untergebenen, auch Mitarbeitern gegenüber unterdrückt er nicht seinen Hang zum Kommandieren. Selten fehlt Eignung oder Liebe zum Kampfsport, als Boxer ist er der geborene Fighter, als Fußballspieler der Stürmer.

Fast in jedem Augenblick hat dieser Mensch etwas Bestimmtes vor und will etwas von dir. Auch wo er dir die Wahl läßt, wird er sie unbewußt durch aggressiven Tonfall und Stellung der Worte zu beeinflussen suchen. Ist ihm nicht durch Erbanlage und tolerante Erziehung die Selbstverständlichkeit des freien Impulses gegeben, so geschieht dies in der Form hervorgekehrten Eigensinns. Dann kann er zum Knecht seines Willens und Diener seines Befehls werden. Das einmal gesprochene Wort nimmt er auf keinen Fall zurück. Mitunter verwechselt er subjektiven Starrsinn mit persönlicher Erlesenheit, dann entsteht der Typus des herrischen, unduldsamen Machthabers. Auf allen Rangstufen bleibt Widder das Prinzip der Willensdynamik. Ist jemand ein Hohlkopf, so führt es zur Übertreibung der Ansprüche über den vorhandenen Wert. Es bedarf beim Widdertypus schon außergewöhnlicher Ziele und einiger Genialität, um ihm ein inneres Recht zu geben, für die Verwirklichung seiner Pläne Althergebrachtes niederzureißen und im menschlichen Umgang seine Ellbogentaktik anzuwenden.

In Zuständen der Entspannung ist er ein umgänglicher Bursche, kameradschaftlich, gutmütig und oft mit einem Zug zur Clownerie, mit plastischem Witz. Dann verträgt er selbst derbe Späße. Hat er sich jedoch etwas in den Kopf gesetzt oder hängt er seinen Glauben an eine Sache, so brennt er ungeduldig auf die Verwirklichung und wird bei unerbetener Einmischung unzugänglich und heftig. Er verbohrt sich in sein Ziel und ist gegen alles andere begriffsstutzig. Es geht ihm nur um das Gelingen, was außerhalb seines Tuns geschieht, ist ihm Nebengeräusch, in seinem Rhythmus läßt er sich nicht stören. Umstimmbarkeit des Willens hat die eingesehene Undurchführbarkeit seines Vorsatzes zur Voraussetzung. Gut, wenn diese Kraft der Ausschließlichkeit eine hohe Aufgabe findet.

Der Drang, auf ihrem Gebiete der Erste zu sein, spornt einzelne dieses Typus zu kühnen, der allgemeinen Entwicklung voraneilenden Leistungen an. Ihre schöpferische Fähigkeit liegt im spontanen Wissen um die richtige Art, die Dinge anzupacken. Sie handeln aus dem Stegreif, unbelastet von Theorien. Ihr Instinkt weiß, wofür die Zunge noch nicht Worte hat. Dann ensteht der Typus, der bahnbrechende Ideen aus der Eingebung der Situation schöpft und zum Motor ihrer Verwirklichung wird. Zur Ausführung im einzelnen taugt er weniger, andere anleiten – ja, aber viel Geduld bringt er nicht auf. Es ist das Prinzip des mitreißenden Führers, Vorkämpfers, Bahnbrechers auf allen Gebieten. Die Aristokraten der Tat gehen aus ihm hervor.

Häufiger sind leider Diktatoren begrenzteren Horizonts, Ehetyrannen, jähzornige Polterer und etwas drastische Eigenbrötler. Auf niederem Niveau kann die Triebstärke zu Roheitsakten führen. Die Möglichkeiten der Frau finden in diesem Prinzip nicht zum ihnen gemäßen Ausdruck. Die Frau bekommt eine vermännlichte Note, sie drängt zu Vorzugsstellungen, kommt in Rivalitäten und zur unweiblichen Aggressivität, die in Pionierleistungen einen Selbstbeweis sucht. Wo der Trieb spricht, kann sie sich in krampfhaft gewollte Beziehungen stürzen. Was einem Kleist in der Penthesilea gelang, gestaltet sich schwer auf der Bühne des Lebens. Am richtigen Platz ist er der rastlose Arbeiter seines Faches. Er ist tauglich zur frischfrohen Bewältigung kurzfristiger Aufgaben, weiter gesteckte Ziele müssen eindeutig klar und anschaulich sein. Unpedantisch nimmt er das Neue und Zweckentsprechende, wo er es findet. Schwer paßt sich dieser Typus in eine Änderung der Grundvoraussetzungen seines Berufes ein, wenn die Umstellung eine abstrakte und komplizierte Einarbeitung erfordert; man hält ihn darum mit Unrecht manchmal für konservativ. Routine ist bei ihm Rhythmus. Doch der Wille, überall zu obsiegen, bewältigt auch theoretische Schwierigkeiten, sobald die Kernidee der angepackten Sache zum Ich-Impuls spricht. Dieser Typus kennt nur eine ihm zusagende Bewegungsart: vorwärts! Alles andere hält er für Finten oder träges Beharren.

*

♉

Stier

Das Verhalten dieses Typus ist aus dem Zustandhaften bestimmt: was er fühlt, was er denkt, steht in primitiver Übereinstimmung mit dem Zustand der angeborenen Eigenart. Wenn er überhaupt etwas will, so will er sein Sosein im ungestörten Gleichgewicht erhalten. Der Wille einer passiven Widerstandskraft, die nichts lieber möchte, als unerschüttert durch wesensfremde Einflüsse und Tatsachen in Frieden und Bequemlichkeit den eigenen Dingen nachzugehen. Mehr als alle anderen ein Stück Natur, dieser Mensch. Bewahren, Aufbewahren ist seine Tugend. Unbeeinflußbar in den Meinungen, die zwar zeitgemäß sein können, wo es um Verbesserung der Lebensannehmlichkeiten geht, wurzelt er, grundkonservativ, im Althergebrachten und in der eigenen

Erlebnistradition. Er ist aber keineswegs Reaktionär aus Prinzip, nur die Tempoverschiedenheit zu anderen kann ihm eine solche Haltung aufzwingen, und er ist auch nicht konservativ um einer äußeren Konvention willen, sondern aus dem Gefühl des in ihm gewachsenen und mit ihm wachsenden Eigenwertes. Neues wächst ihm nur langsam zu. Was ihn umgibt, muß ihm vertraut sein. Jeder Schritt ist ernst und gewichtig. Er ist tiefer als andere Typen in unbewußten Vorgängen verankert. Auch die an ihn herangetragenen Ideen kostet er gewissermaßen mit der Zunge aus, ob sie seinem Geschmack behagen. Was er nicht kennt, ißt er nicht, um Fremdes bemüht er sich nicht. So bleibt er oft hartnäckig bei einmal gefaßten Urteilen und ist durch keine Logik davon abzubringen. Er kann nur vor veränderte Tatsachen gestellt werden. Nie wird dieser Typus vom Intellekt her bestimmt, stets behält er eine Erdenschwere. Die Zugänglichkeit liegt im Ästhetischen. Er bewahrt sich eine naive Eindrucksfrische. Wird sein anschauungsgebundenens Gefühl durch Geschehnisse überrumpelt, deren Ursachen er nicht sieht, so erkennt er die neugeschaffene Sachlage an, sucht aber seinen unabhängigen Standpunkt zu wahren. Sein Garten ist seine Welt. Gänzlich fern liegt es diesem Typus erdgebundener Echtheit, ein Blender zu sein. Er will nur als er selbst gelten.

Naturgemäß findet man hier Kinder, die sich sehr langsam entwickeln. Das organische Wachstum saugt alle diejenigen Kräfte auf, die bei anderen vorzeitige Talente aufblühen lassen. Der Aufbau des ganzen Menschen will in einer verläßlichen Grundlage wurzeln, die unbewußten Regungen und Sicherungsbedürfnisse brauchen Zeit. Ein so vegetativer Entwicklungsgang bedarf der Bedingungen des Gleichmaßes, Bildungsformen müssen ihm geregelt zufließen, damit sich die Eindrücke ordnen und vom Kind verarbeitet werden können. Soll etwas begriffen werden, so muß es anschaulich sein. Sinnlich erfaßbare Dinge prägen sich dem gläubigen Blick dieser Kinder ein, das Abstrakte verstehen sie symbolisch am Bild. Was sie in dieser Weise aufgenommen haben, ist ihr unverlierbarer Besitz. Was in ihrem Entschluß feststeht, halten sie mit unerschütterlicher Treue. Viele haben etwas Schwerfälliges, oft Plumpes, Ungeschlachtes, sind aber lieb und geduldig, anhänglich und wahrheitsliebend. Manche können faul und genüßlich in den Tag hineinträumen und hinnehmen, was ihnen in den Schoß fällt. Sie scheinen oft gänzlich stumpf und wissen selbst nicht, was sie im Augenblick angeht. Das Märchen vom Schlaraffenland ist ihre Wunschheimat. Dinge, die von der Anschauung her Eindruck auf das Gemüt machen, wecken ihre Aufnahmebereitschaft. Heiter und freundlich widmen sie sich stillen Beschäftigungen, spielen mit Baukästen, begucken hundertmal dasselbe Bilderbuch. Um der festen Spielregel willen, an die sie sich halten können, bevorzugen sie Mensch ärgere dich nicht, Domino, Quartettspiele. Zur Blumenpflege haben sie Neigung und Liebe. Mit diesen Kindern muß man sanft umgehen und sie durch wiederholten, friedferigen Zuspruch bewegen. Fühlen sie sich verstanden, so sind sie lenkbar, zeigen Bereitschaft und Ausdauer. Schreit man sie an, überfällt man sie durch plötzliche, ohne Erklärung gegebene Befehle, so sperren sie sich, um erst Zeit zum Begreifen zu finden. Sie verstehen einfach nicht sofort, was gemeint ist, und ihr Nichtredenkönnen wird dann häufig als verstockt und verlogen beurteilt. Dringt man heftig in sie ein, so bocken sie bis zum halsstarrigen Trotz. Es ist ihnen unmöglich, etwas zu tun, was sie nicht mit ihrer ganzen Natur vereinbaren können! In solchem Trotz liegt nur die Kehrseite einer Hilflosigkeit, sie wehren sich gegen empfundene Vergewaltigung, möchten aber nur zu gern das vermittelnde gute Wort hören, das es ihnen möglich macht, wieder anders zu sein. Schwererziehbarkeit wird hier zumeist erst durch Erziehungsfehler geschaffen. Anschuldigungen, die dieses Kind nicht versteht, Gewalt und Zwang stumpfen die feineren Anlagen ab und schaffen Komplexe. Kinder dieses Prinzips brauchen organisches Wachstum in einer ihnen gemäßen Ordnung. Durch Modellieren, Musikpflege, Naturanschauung sollte die ästhetische Empfänglichkeit entwickelt werden. Durch Eingewöhnung in feste Bahnen und bei gedeihlich empfundenen Verhältnissen kommen sie zu gediegenen, gewissenhaften Leistungen.

Das Tiersymbol bringt eine verhaltene Kraft zum Ausdruck. Schwer ist diese Energie in Gang zu setzen. Wenn sie aber in einem Gegenstand ihren Konzentrationspunkt gefunden hat, kann sie zäh und ausdauernd sein. Im Bilde dieses massigen, ungefügen Tieres, das nur unwillig auf eine geänderte Lage der Tatsache eingeht, liegt Dumpfheit, Trägheit, Selbstgenügsamkeit. Gänzlich unerwartete Vorkommnisse starrt es verständnislos an. Die in sich sinnbeschlossene Sanftmut und Friedfertigkeit des Weidetieres kann aber in jähe Wut umschlagen, wenn es sich Angreifer vom Leibe hält. Was sich ihm dann in den Weg stellt, wird besinnungslos niedergestoßen. Beim menschlichen Stiertypus ist allerdings mitunter schwer abzusehen, was auf ihn als rotes Tuch wirkt, da durch scheinbar harmlose Dinge ganz bestimmte, nur in seiner persönlichen Geschichte begründete Empfindlichkeiten betroffen werden können. Im allgemeinen bringen ihn erst mehrfach aufeinander gesetzte Reize, die sein Selbstgefühl, seinen inneren Glauben verletzen, derart auf, daß er losbricht. Aber man darf bei diesem Bilde gar nicht so sehr an die animalische Seite denken, sondern sehe die mehr vegetative Natur des Wiederkäuers, der seine Weide in einem gemächlichen Prozeß in sich eingehen läßt und verarbeitet. Ein langsamer Assimilationsvorgang, so ist Sein und Wesen dieses Typus.

Ein Realist ist dieser Typus in den Dingen, für die er eintritt, oder soweit er Existenz- und Genußmittel für sein persönliches Leben braucht. Er ist aber kein nur sach- und zweckbestimmter Realist, sondern sein Verhältnis zu den Dingen ist gefühlsbetont. Nicht die Bedeutung einer Sache an sich gilt ihm, sondern der Wert, den sie für ihn hat. In den Gefühlen ist er oft ausgiebig sentimental. Nur vermeiden seine Worte das Reden von Gefühlszuständen, er will erraten und verstanden sein. Ihm fehlt die Gabe, sich leicht auszusprechen, er findet auch beim engsten Freund oft nicht den Ansatz. Diese Zurückhaltung wirkt mit Unrecht als Unaufrichtigkeit. Treu im Rahmen der von ihm anerkannten Beziehungen hat er eine Scheu, neue Menschen kennenzulernen, wenn ein näherer Verkehr die eigenen Gewohnheiten stören könnte. Sein

Verhalten ist aber nicht nur reserviert, sondern auch taktvoll und feinfühlig – natürlich gemessen an den Gepflogenheiten seines Lebensraumes –, sein Benehmen meist beherrscht und duldsam. Der hier allerdings auch gefundene dogmatisch unduldsame Starrsinn ist eine Folgeerscheinung von Komplexbildungen, die aus der Versagung von Wünschen entstanden. Was für das Gefühl zum Bestand des eigenen Wertes gehört, wird so zäh verteidigt, daß es zur fixen Idee werden kann. Die treffsicheren Instinkte sind dem Bewußtsein nicht zugänglich und daher auch nicht beeinflußbar.

Obwohl mit stark diesseitigen Wünschen und Lustforderungen gesegnet und voller Erwartungen vom Leben, kann dieser Mensch mit bestimmten Ansprüchen lange im Hintergrund bleiben und unter Umständen sich eine Enthaltsamkeit aufzwingen. Doch als Wunsch sind diese Ansprüche in ihm unkündbar, und eines Tages verlangt er ihre Realisierung. Er meint nicht Ideale oder Willensziele, sondern genau diese Wirklichkeit, die er als konkretes Vorstellungsbild in sich hegt und pflegt. Auch in der Liebe Realist, wirbt er ohne übergroßen Aufwand und ohne schwärmerische Idealisierung. Sein Gefühl ist beharrlich, es kann Zeiten der Trennung überdauern, aber wunschmäßig möchte er immer in der Nähe des geliebten Menschen sein, und doch findet er in dessen Gegenwart kaum zur aggressiven Bezeugung seines Beteiligtseins. Gerade das Gefangensein vom Reiz der bestimmten Persönlichkeit erschwert ihm das Geständnis. Teils liegt dies an Unbeholfenheiten, teils läßt er sich mit der Verwirklichung seiner Wünsche Zeit, bis er alle realen Bedingungen erfüllt glaubt. So kann dieser genußfreudige Typus zum Ritter Toggenburg werden. Es gibt viele stumme, heimliche Niederlagen und aufgedrungene Verzichtleistungen, weil die Tatsachen über das schwerfällige Gemüt hinwegschritten. An solchen Vergangenheiten haftet es dann komplexhaft. Das Lasten im Verlorenen ist die Ursache seiner Schwermutszustände, der Kehrseite seines naiven Lustverlangens. Die auch nur andeutungsweise Berührung dieser Dinge wühlt alles in ihm auf und kann ihn so erregen wie den Stier das rote Tuch. Was ihm widerfuhr, vergißt er nicht. Zwar kann die Ereigniskette selbst ins Unbewußte versinken, aber an dem Punkte, in dem sein Wertgefühl getroffen wurde, bleibt eine Überempfindlichkeit zurück. Neue Erlebnisse, auch wenn sie glücklich sind, verschmelzen nur langsam mit den alten Lebensvoraussetzungen zur Einheit. Eine weibliche Passivität liegt in diesem Verhalten, eine solche, die leicht in Lethargie versinkt. Oftmals werden Wünsche in ihrer Konkretheit gar nicht erst bewußt. Ungeweckte, unverstandene, unerlöste Geschöpfe entstehen dann, nach außen Aschenbrödel und innen verwunschene Prinzessin.

Um aktiv zu werden, bedarf dieser in sich beruhende Typus eines festen Rahmens anschaulicher und für ihn mit Lustreiz verbundener Aufgaben, soweit nicht der reale Nutzen der Sache zugkräftig wird. Mancher kommt aus Besitzwunsch sogar zu mühevollen Leistungen. In ihm vertrauten Verhältnissen kann er einen gewissenhaften, zäh ausharrenden Arbeiter abgeben, der Stück für Stück sein Pensum erledigt, ohne sich im gleichmäßigen Tempo beirren zu lassen. Nur der Beginn und vor allem das Erlernen neuer Methoden machen ihm Schwierigkeiten. Er eignet sich zu Berufen, in denen das Schwergewicht auf der Verantwortlichkeit für bestimmte Dinge liegt – Verwaltungsämter, Personalbüros, Bibliotheken –, und wo es auf korrekte Durchführung bestimmter Aufgaben zu bestimmten Zeiten ankommt. Der Landwirt, Blumengärtner oder Obstzüchter dieses Typus haftet an althergebrachteten Methoden. Bei geistigen Berufen Betonung der anschaulich-realen Seite – in der Chemie z.B. Nahrungsmittelchemie –, oder es zeigt sich eine Begabung zur Mathematik, zum Denken in festen, berechenbaren Größen. Dies verbindet sich in Finanzoperationen mit dem wirtschaftlichen Realsinn. Aus der ästhetischen Zugänglichkeit ergeben sich Eignungen zum Modefach, zum Kunstgewerbe – Plakatkunst, Keramik, Innenarchitektur –, in der reinen Kunst zeigt sich ein ausgesprochenes Raum- und Formgefühl und ein Zug dekorativer Größe – Bildhauer, Maler –, eine Betonung des lyrischen Empfindens kommt in der Musik – Sänger –, zum Ausdruck. Am besten wirkt sich diese Anlage aus, wo es darauf ankommt, etwas in natürlichen Bedingungen wachsen zu lassen, ländliche

Verhältnisse, soziale Betreuung, Kindergärtnerinnen gehören hierher.

Die diesem Typus mögliche Entwicklungsform ist Ausbau des Gegebenen, Verfeinerung der Anlagen – man trifft die verschiedensten Schattierungen. Da ist der Stumpfe, Klotzige, der wie ein vergessenes Stück Urwelt in die Gegenwart hineinragt und in primitiven Genüssen er selbst bleibt. Da ist die Frau mit den sanften Augen, aber ungerichtetem Blick, die so in ihre naive Traumwelt versponnen ist, daß man meint, sie müsse für das normale Bewußtsein erst geboren werden. Sorge für die Familie, Anhänglichkeit an die Kinder und triebhafte Abhängigkeit von deren Dasein füllen das Leben einer anderen aus. Da ist der Botaniker, dem das lateinische Pflanzen-Vokabular längst zum anschaulichen Leben geworden ist, wie der Mutter die Namen ihrer Kinder. Und der Dichter hört ganz auf sein natürliches Formempfinden, so daß seine Worte schlicht wie ein Volkslied klingen. Alle haben sie starke sinnliche Ansprüche, lebhafte Erwartungen und bildhaft plastische Vorstellungen. Doch die Äußerung ihrer vitalen Kräfte ist durch stoffliche Schwere gebunden. Auch die verfeinerten Schattierungen behalten etwas bäuerlich Einfaches. Sie haben eine Liebe zur Natur und ihren ruhenden Formen, Natürlichkeit des Benehmens, getragene Bewegungen. Ihre Seele hat etwas Landschaftliches. Rascher Wechsel in der Aufnahme von neuen Dingen strengt sie an, da die innerseelische Verarbeitung viel Kraft verbraucht. So vermeiden sie jede unnötige Energieausgabe. Sie machen keine Sprünge, es scheint, als bleiben sie immer die gleichen, gelassen und ruhig bewegen sie sich auf konstanter Bahn.

*

♊

Zwillinge

Hier bestimmt sich das Verhalten aus dem Zwiespalt, dem Schnitt des Urteils, der zwei Teile schafft. Ein Typus, der ständig zwischen die Mühlsteine Ja und Nein, Recht und Unrecht, Praktisch und Unpraktisch gerät. Aus solcher Zwiegespaltenheit reißt ihn die Zugkraft der Entwicklungsbewegung, die ihn das jeweils Positive erschaffen läßt. Damit hat er die Linie des Fortschritts und sein Maß des Erfolges: zweckdienlich zu handeln in Hinsicht auf eine Entwicklung. Doch aus Unrast und Wechselbedürfnis möchte er am liebsten zwei Dinge auf einmal tun, er sieht hier wie da Positives und kommt wieder mit sich in Widerspruch. Eine sich selbst reflektierende Doppelnatur. In seinem Kopfe spiegelt sich die Welt von zwei Seiten zugleich, deren Zusammengehörigkeit findet er nicht. Durch Formulierungen eines Entweder-Oder sucht er zur Klarheit zu gelangen. Hat er den ihm aussichtsvoll erscheinenden Ansatzpunkt gefunden, so bringt er Himmel und Hölle in Bewegung und denkt sämtliche Zukunftsaussichten in sein Projekt hinein, bis sich ihm auch dieser Punkt wieder aufspaltet und er unschlüssig zwischen Möglichkeiten schwebt. Dieser ruhelose Geist kommt leichter zu momentanem Gepacktsein als zu tiefen und anhänglichen Gefühlen. Seine Intelligenz ist immerwährend beschäftigt und angespannt, dies kann bis zur bindungslosen Selbstbewegung eines Intellektualismus gehen. Die auf praktischen Erfolg gerichtete andere Seite des Prinzips erzeugt die Nützlichkeitsfanatiker und Fortschrittsgeister in Technik und Wirtschaft. Auch hier die Gefahr eines Selbstzwecks, der sie nicht im breiteren Wert ermessen läßt, was sie für das größere Ganze bedeuten.

Aufgeweckte, rasch begreifende Kinder bringt dies Prinzip hervor. Sie schwatzen gern und mit guten Einfällen, sind vorschnell im Urteil und oft allzu naseweis. Ihre nervöse Unruhe, ihre Flüchtigkeit läßt sie an nichts Bestimmtem haften. Mancher ist ein Quirl, der nie Arme und Beine still halten kann. Ein anderer denkt sich immer neue Sensationen aus und macht sich auf diese Weise das Leben abwechslungsreich. Häufig ist geistige Frühreife. Die guten geistigen Anlagen lassen den Verstandesapparat oft von der technischen Seite her verstehen, wofür das Gefühl und die Verantwortung noch gar nicht entwickelt ist. Daher die Neigung, nach rascher Orientierung über die Dinge hinwegzuhuschen. Das Unstete der Natur dieses Kindes braucht sichere Führung und reale Bindung. Aus bloßen Anordnungen redet es sich mit Leichtigkeit heraus oder bringt sie auf eine flotte Formel rein technischer Bewältigung ohne tiefere Konsequenz. Die Aufgabe, ein Buch zu lesen, löst es damit, daß es sich das Inhaltsverzeichnis aneignet, und so verhält es sich auch in anderen Dingen. Geschenke können es im Moment in helle Begeisterung versetzen, es scheint sich nie mehr davon trennen zu wollen; bald streut es diese Dinge achtlos umher und redet von neuen Wünschen. Es kommt darauf an, sein Entwicklungsinteresse zu beteiligen. Der Verstand muß das jeweilige Vorhaben als notwendig für das Fortkommen erkennen. Dann können diese Kinder sich eifrig an die anstrengendsten Arbeiten machen, besonders wenn diese nicht eintönig wirken, sondern mit überraschenden Wendungen gespickt sind. Ihren tausend Fragen muß man zu begegnen wissen und ihre Anteilnahme immer wieder an den Kern der Sache heranführen, sonst folgen sie dem Zug des Abschweifenden und splittern ihr Interesse auf. Um sich konzentrieren zu können, müssen sie den Vorteil der Sache spüren, wenigstens hie und da sollen auch für sie selbst sichtbare Erfolge herausspringen. Sie brauchen also gestufte Aufgaben, an denen sie den Fortgang ihrer Entwicklung selbst messen können. Zur Natur bekommen sie erst dann ein Verhältnis, wenn sie ein wirkungsvoller Effekt anspricht; so werden sie sich dem Eindruck einer Landschaft hingeben, wenn sie wissen, daß sie auf einem berühmten Aussichtspunkt stehen. Es sind die Kinder, deren Altklugheit auf Erwachsene sehr unterhaltsam wirkt, doch ist früher Beifall nicht immer gut für diesen an sich schon dem Erfolg zugewandten Charakter. Geschicklichkeitsspiele gehen mühelos von der Hand. Zu sportlicher Betätigung ist ein intellektueller Anreiz nötig, sie artet leicht in Rekordsucht aus.

Das Symbol des menschlichen Zwillingspaares deutet auf ein Erhobensein über das mehr Triebhafte und Dumpfe der ersten, durch Tiersymbole vergegenständlichten Prinzipien. Im Wesen dieses Typus liegt eher etwas Kobold- und Elfenartiges als animalische Blutswärme und Stoffschwere. Sein Gegenwärtigsein ist ein von Zwecken hin und her bewegtes Laufwerk. Dahinter steckt das Prinzip: die aus der Kundigkeit der Mittel den Weg entwickelnde Methode und der auf dem gefundenen Weg weitertreibende Geist. Das Symbol stellt die Situation des Menschen dar, der eigentlich aus zwei Wesen besteht, also sein eigener Zwilling ist. Ständig ist dieser Typus im Zwiegespräch mit sich, und sein Bedürfnis nach verstandesmäßiger Klarheit teilt dabei die Rollen auf, der Zwilling Ja und der Zwilling Nein streiten um einen Inhalt. Einer von beiden muß recht behalten. Da bei der stummen Wechselrede das gefällte Urteil fiktiv bliebe, sucht sich das aufgespaltene Ich wirkliche Gesprächspartner. Sie sollen angreifen, was das Ich gerade in sich besiegen will, oder bekräftigen, was in ihm selbst noch unsicher ist. Wie der Zwilling alles nutzt, so benutzt er hier den anderen für eine Beweisführung, zieht ihn in ein logisches Florettspiel hinein, für das Zustand und Neigung vielleicht gar nicht vorhanden sind. Dies ist der Primitivismus dieses Typus, so geschliffen der Geist seiner Argumentation auch sein mag.

Länger als andere behält der Mensch diese Typus eine jugendliche Frische, etwas jungenhaft Unsentimentales oder mädchenhaft Graziles. Dies kommt aus seiner Eigentümlichkeit, sich den geistigen Zustand des Entwicklungsalters zu bewahren: Kraßheit der Urteile und summarisches Vorgehen, in der Moral eine Schwarz-Weiß-Taktik, die nur gut und böse kennt. Was ihn innerlich agil hält, ist die Stimmung der Vorläufigkeit den Dingen gegenüber, mehr auf momentane Belebung als auf Breite und Gründlichkeit eingestellt. Auch in den Gefühlen ist er sprunghaft; rasch von einem Menschen begeistert, läßt er ihn fallen, wenn ihn etwas anderes interessiert. Seine uns überhäufenden Beteuerungen oder seine schroffen Abweisungen sind aus dem Glauben und Interesse des Augenblicks geschöpft. Was er heute sagt, braucht morgen nicht zu gelten, ohne daß er es als Inkonsequenz empfindet, denn für ihn hat sich die Lage inzwischen geändert. Ist eine Zuneigung ernster, bindender, so muß die bejahende Situation immer aufs neue hergestellt werden; im Lauf der Geschehnisse soll sie sich bestätigen. Manche messen am Ereignismäßigen, wie intensiv die Beziehung ist. Gefühle kann ein Mensch dieser Art nicht ruhig in sich tragen, er muß von ihnen reden. Aus der Ferne schreibt er Briefe leidenschaftlichen, zärtlichen Inhalts, doch unvermittelt kann er in Anschuldigungen umschlagen, seine Nervensensationen bewegen sich in Superlativen. Zwischen ewig oder nie kennt die Bekundung seiner Anteilnahme keine Zeitgrößen, Bedingtheiten übersieht er, Konditionalsätze kommen in seinem Sprachgebrauch nicht vor. Überzeugt spricht er von Gefühlen auf Garantie, was aber die Kette einzelner Momente bringt, entzieht sich seiner Macht. Hier kann man den großen Betörer finden, dem es reizvoll ist, seinen Partner mit fesselnden Gesprächsfäden einzuspinnen, dessen Teilnahme aber mit dem Erfolge verfliegt. In seiner Nervensensibilität wird er leicht zum Spielball seiner raschen Reagenzen. Die Neigung, alles begrifflich zu erfassen und zu errechnen, unterbindet oft das Erwachen tieferer Gefühlsbeteiligung. Das Zustandhafte übersehend, kann er sogar indiskret werden. Beweglichkeit ist aber hier nicht Rückgratlosigkeit schlechthin, er ändert rascher Begriffe und Standpunkte als seine Haltung. Geistig fundierte Beziehungen können sehr fest halten, wenn beide Teile sich gegenseitig in der Entwicklung fördern.

Die Doppelnatur dieses Prinzips bringt zwei deutlich voneinander unterscheidbare Typen hervor, einen mehr geistig und einen mehr realpraktisch eingestellten, oder man findet ausgesprochene Doppelbegabungen. Die Licht und Schatten mitleidlos verteilende geistige Schärfe des ersten Typus kann durch den Mund der wenigen Inspirierten, die zum moralischen Neuordner berufen sind, ein

Welt- und Gottesgericht dantesker Größe zum Ausdruck bringen. Meist handelt es sich mehr um formale begriffliche Gewandtheit, um ankurbelnde und auswertende Geister. Sie streben in die Differenzierung der Urteile und verfügen über ein verfeinertes Denkinstrument. Ihre Tugend ist die Frische des Anschnitts der Probleme. Sie halten sich nicht in naturwissenschaftlicher Beobachtungstreue bei einer bestimmten Sache auf, sondern erfassen den Lebensstrom in einzelnen Dingen gespiegelt von der geisteswissenschaftlichen Seite her. Etwas Durchscheinendes haben die Dinge ihrer Welt, vom Gedankengang hauchartig belebt schillern sie vielfarbig und behalten doch einen bestimmten, ihnen zugehörigen Platz im System. Es gibt dabei gebrechliche Konstruktionen, denen etwas Mechanisches anhaftet. Einen hellen, optimistischen Zug bekommt für diese Menschen, was ins Licht des Verständnisses zu tauchen geht, sie verbinden eine aufklärerische Note mit Feinheit psychologischer Untersuchungen. Als Entgleisung kommt ein nur anscheinender Objektivismus vor, bei dem aber die Objekte in Wahrheit Motive der Selbstbespiegelung sind. Am lebendigsten wirkt dieser Typus beim schalkhaften Spiel mit dem Intellekt. Unmerklich lockt er dich aufs Glatteis, um mit überraschender Wendung und in zart dosierter Form Wahrheiten zu sagen. Die neugierige Unruhe und Konzentrationsflucht des Geistes spielt oft noch ins Weltanschauliche hinein, das dann den Charakter eines Aufspürens von Geheimnissen oder der Hervorhebung des Außergewöhnlichen erhält. Der realpraktische Typus kommt vorwärts durch seine raschfertige Art, die Dinge mit der Elle des Vorteils zu messen. Er liefert die Schnelligkeitsrekorde in Beurteilung und Durchführung. In Berufen, in denen es auf zweckliche Kalkulationen und Auswertung sich bietender Gelegenheiten, auf Spürsinn und Schlüssigkeit ankommt, ist er am Platze. Kaufmännische Agenten und Reisende, Händler und Verkäufer, auch Presseleute und Rechtsanwälte dieses Typus sind im leichten Erfassen der Situation und in der Überredungskunst nicht zu schlagen. Gut für Detektive ist die Kombinationsfähigkeit, die kürzeste Verbindungen zwischen vorhandenen Beweisgliedern herstellt. Sie sind alle äußerst betriebsam, haben gern zwei Eisen im Feuer, suchen ihre Lebenstechnik möglichst rationell zu gestalten. Der Techniker ist im rationalisierten Betrieb zu Hause, Reifenwechsel auf der Rennbahn sollte man nur in Zwillingshände legen, Köpfen dieses Typus entspringen die Konstruktionen der Geschwindigkeitsmesser und energiesparenden Vorrichtungen. Das Verhältnis von nutzender Intelligenz zu Apparat kann auch dem eigenen Körper gegenüber Anwendung finden, den Augenblick durch nervenmäßige Anspannung beherrschend. Auf dem Trapez, auf dem Tennisplatz, beim Kurzstreckenlauf siegt diese besondere Art der Disziplin, der Jongleur läßt damit das Unwahrscheinlichste zur Wirklichkeit werden, der Kartenkünstler schlägt den Augenschein durch Geschwindigkeit. Auch zur Fingerfertigkeit des Virtuosen gehört diese Disziplin, beim Zeichner wird die Schwarz-Weiß-Welt dieses Prinzips zur optischen Anschauung. Die Beziehung zur Sprache gibt fast allen Schattierungen eine Sprachbegabung, legt beim Schauspieler das Gewicht auf das Rhethorische und schafft die guten Sprachlehrer.

Bei der geistigen Grundhaltung dieses Zeichens wird man alles, was mit Wort und Schrift, mit Werbung und Spannung zu tun hat, hier suchen müssen. Moralische Wirkungen, praktische Effekte gibt es in allen Höhenschichten. Wer geistige Werte in Umsatz bringt, oder wer nur Langeweile aus der Welt schafft, wird etwas vom Zwilling in sich haben. Selbst die Wirkung des Kriminalromans beruht auf der zwillingshaften Durchsichtigkeit seiner Fabel, dem Duell des Guten mit dem Bösen, im rasenden Tempo der Begebenheiten und Wendungen durchgeführt.

Die Schroffheit der Moralbetonung schafft den Puritaner; hilfreich und gütig kann er dem Mitmenschen beistehen, wenn aber seine von ihm anerkannte Idee etwas negativ bewertet, schlägt sein Verhalten in unnachgiebige Strenge gegen sich und andere um. Öfter allerdings findet man die subjektive Zweckmoral: das mir Nützliche ist das Gute. Verbindet sich dies mit dem Berufszweck, dann entsteht der skrupellosse Geschäftsmann, dem der Erfolg jedes Mittel heiligt. Gute Taktiker sind sie alle, und ebenso wissen sie durch rednerische Begabung ihre Verdienste zu unterstreichen. Natürlich gilt dies relativ zur Entwicklungshöhe. Es gibt auch den ganz von einer überpersönlichen Idee Besessenen, dessen Subjektivismus im rührigen Betrieb um den Fortschritt seiner Sache aufgeht. In Geschmacksfragen sind sie raffiniert und indifferent. Verfeinerungen dieses Typus haben eine besondere Art Ästhetizismus. Das unmittelbare Trieb- und Sinnenerlebnis wird von ihnen ein wenig skeptisch als zu primitiv abgetan, erst der Blickpunkt, unter dem es zu betrachten ist, macht ein Erlebnis für sie lebenswert. Strebsam, reizempfänglich, sucht jeder seine Art Differenziertheit. Sie etwickeln sich durch die wechselnden Situationen des Lebens.

*

♋

Krebs

Ein Typus, dessen Verhalten durch lebenshungrige Gemütskräfte und Verarbeitung von Eindrücken bestimmt wird. Mit der wachen Empfänglichkeit hängt sein Anregungsbedürfnis, sein Reisetrieb, sein Wechsel in den Interessen und Neigungen zusammen; im Zentrum aber steht ihm das Erlebnis des eigenen Inneren und die Selbstrechtfertigung. Dieser Lebenshunger will sich an der Formenfülle der Welt sättigen, damit ein Mensch in seinen vielen Möglichkeiten Stoff zum eigengesetzlichen Aufbau hat. Er saugt das Verschiedenartigste in sich auf und formt es zu Eigenem um, er sieht überall neue Ausblicke und Wege, ohne an eine bestimmte Einstellung zu den Dingen gebunden zu sein. Seine Haltung liegt in elementaren Wurzelinstinkten begründet. Es gibt für ihn nur innere Notwendigkeiten, und der äußeren Notwendigkeit steht er zuerst hilflos gegenüber. Im Wechsel der Eindrucksbilder, der Stimmungen und Gesichter, der im Austausch mit anderen empfangenden Vorstellungen sucht er die Entwicklung seiner Anlagen in ganzer Breite. Im anfänglichen Verhalten ist er weich und nachgiebig, leicht beeindruckbar und sogar schreckhaft, er umgeht Schwierigkeiten und meidet alles, was sein Gefühl nicht anspricht. Im Realpraktischen anlehnungsbedürftig, sucht er sich den Weg des geringsten Widerstandes aus. Seine Handlungen macht er davon abhängig, daß sein Beweggrund verstanden wird. Ist aber sein Selbstgefühl gefestigt, so kann er sich mit moralischem Mut für seine Anschauungen einsetzen. Der im Beginn seiner Auseinandersetzung mit der Welt Schwankende wird, seiner selbst sicher geworden, für innerlich bindende Motive und die dafür empfundene Verantwortung mit Ausdauer und Konsequenz eintreten.

Schüchterne, scheue, liebebedürftige oder gar leicht verzärtelte Kinder bringt dies Prinzip hervor. Unsicher tasten sie sich durch Schwierigkeiten hindurch. Schickt man sie zu einem Fremden, so bleiben sie mit Herzklopfen vor der Tür stehen. Auf dem Wege haben sie sich alles zurechtgelegt, nun wissen sie nicht, was sie sagen sollen. Ihr Lampenfieber bei Prüfungen wirft ihnen immer wieder die Zensuren um, obwohl sie unter vier Augen und bei richtigem Zuspruch Antworten gefunden hätten. Alles verdirbt ihnen das Konzept; und sie waren so neugierig auf den Fremden und mühten sich vor dem eigenen Richterstuhl, bei jener Prüfung zu bestehen. Oft flüchten sie in eine äußerliche Form der Anpassung, in die Nachahmung anderer, Erfolgreicherer, was ihnen natürlich nicht überzeugend gelingt, trotzdem sie eine starke Einfühlungsgabe haben. Der Grund der Schwächen ist eine einseitig übersteigerte Eigenmoral, zuviel Beschäftigung mit sich selbst und daher mangelnder Nachdruck in der Realitätsbewältigung. Man muß sie von ihrem Hang zur verträumten Stubenhockerei befreien, muß konkrete Aufgaben für sie finden, die sie bewältigen und denen sie sich verantwortlich fühlen können. So wächst ihr Selbstgefühl. Ständig geraten sie vor das Problem: genüge ich den Ansprüchen, werde ich bestehen? Dies lähmt die Unbekümmertheit des Tuns und sperrt den Zugang zum bereitliegenden Wissen und Können. Wenn man sie scharf ansieht, schroff und nüchtern behandelt oder sie formell nach Tatsachen fragt, werden diese Kinder ganz hilflos. Anders, wo die Phantasie spielen kann, wo es um lebendige Darstellungen geht und sobald sie eine ihrem Wesen entgegenkommende Atmosphäre spüren. Sie müssen sich auch ihr Spielzeug allein erfinden. Das selbstgeschnitzte Boot aus Borke fährt für sie schöner als der modellecht nachgebildete Dampfer aus dem Spielwarengeschäft. Märchen lieben sie. Die Buntstifte in ihrer Hand suchen die Fülle der erlebten Welt zu bewältigen. Mädchen sind ausgesprochene Puppenmütter.

Ein eigenartiges Tiersymbol, dies skelettlose Wesen, daß durch einen Krustenpanzer geschützt ist. Es symbolisiert die innere Weichheit, die sich nicht ohne weiteres an das Skelett des nachweislich Erfahrbaren klammern kann, sondern aus der seelichen Anschauung eine eigene Welt erschaffen will. Ein Gemüt, formempfänglich wie eine Wachsmatrize. Was sich einprägt, wird zum Bilde der Phantasie umgeformt. Ewig ringt diese Seele um Fassung. Das Rückwärtsgehen des Krebses deutet das Rückerinnern an. Immer geht dieser Typus vergangene Erlebnisse durch und erforscht, ob das frühere Verhalten mit den Grundzügen seines Wesens übereinstimmt. Bei keinem anderen nimmt die Selbstprüfung einen so breiten Raum ein. Enthält die Entwicklungshöhe nicht genügend differenzierte Voraussetzungen dafür, so bleibt es beim Sammeln von Andenken, stummer Zeugnisse einstiger Erlebnisse. Um den Schwierigkeiten gewachsen zu sein, die die Bewältigung der Wirklichkeit diesem Menschen bereitet, sucht er sich ein Gehäuse, in das er unterkriechen kann. Der Krebs ist nicht waffenlos. Was er in seine Scheren bekommt, hält er fest. Hat der Mensch sich den Halt einer Schutzschale erworben, so verfügt er damit auch über Greifzangen, mit denen er zuzwackt, wo er vordem zurückwich. Nach Menschenart muß der Krebs abgebrüht werden, damit er genießbar ist. Der Krebstypus aber ist nie gesotten genug, um nicht irgendwo Schwärmer zu bleiben.

Die seelischen Antriebe sind reflexiver Natur, angeschlossen an Erwerbungen der Vorzeit. Tief in den Familien- und Stammeseigentümlichkeiten sind die Bewegungen des Seelenlebens verwurzelt. In ihnen lebt die Geschichte der Vorfahren auf, die, als Eigenschaft des Nachkommens Gegenwart geworden, nun instinkthaft neue Wege sucht. Daher sind diese Antriebe oft umwegig, dunkel, vom zielgerichteten Willen aus gewertet unklar, sie quellen aus verschieden gelagerten Schichten des Unbewußten zur Oberfläche bewußter Vorstellungen. Unbewußt formt sich aus dem Gemeingut vieler, deren Erbe man ist, ein Bild der Welt, das der erfahrbaren Welt phantomhaft gegenübersteht. Die bildhaften Antriebe der Seele scheuen geradezu das helle Licht erfahrbarer und in Begriffen fixierter Realität, sie bedürfen nicht von dort bezogener Beweise. Die höchsten Vertreter dieses Typus entwickeln sich im Helldunkel einer aus dem Rückerinnern an durchwanderte Räume herrührenden Gestimmtheit, sind sich selbst Daseinsbeweis in ihrer am Eigenleben kontrollierten Echtheit, aus der ihre erlebnisschöpferische Kraft stammt.

Ungleichartiges Verhalten auf verschiedenen Lebensstufen gehört mit zu diesem Menschentypus. In der Jugend flieht er allen sachlichen Zwang, nimmt die weite Welt mit ihren Wundern in seine Einbildungskraft auf und kommt daher oft nicht zur Durchführung des praktisch Nächstliegenden. Launenhaft und kapriziös, von kindlicher Tändelei bis zu romantischer Verstiegenheit, nascht er an den Erscheinungen. Seine Vorstellungen sind, auf ihre Knochen untersucht, unscharf und verschwommen. Er stolpert auch später über Dinge, die für andere Kleinigkeiten sind. Dem Kellner befiehlt er nicht, er bittet ihn her. Statt sich auf der Straße nach etwas zu erkundigen, sucht er umständlich allein durchzufinden. Teils ist er zu schüchtern und befangen, teils möchte er niemand für sich beanspruchen. Er will mit allem selber fertig werden. Ferner widerstrebt es ihm, etwas nur der Form halber zu tun. In einer rein formellen Gesellschaft sitzt er todunglücklich da, empfindet einen Gegensatz, legt sich aber alles selbst zur Last und leidet unter seiner Unfähigkeit zur Konvention. Die Sache, an der er eine Niederlage erlebte, kann ihm aber eine Pflicht an sich selbst aufweisen, so daß dieser stimmungsbewegte Mensch ebendiese Sache, mit einer Moralvorschrift versehen, künftig in seine Lebensregeln aufnimmt. Er sucht allen Mut, alle Vorsicht und Geduld zusammen, geht denselben Weg, auf dem er stolperte, noch einmal und schafft es durch Disziplin. So entstehen die mit Wertgefühlen bepanzerten Ritter der Eigenmoral, die sich ihre Art Abfindung mit der Wirklichkeit erkämpft haben. Man findet sie im Geltungsbereich erzieherischer Aufgaben, in Vereinen kultureller Färbung oder – der Ebenen sind viele – am Stammtisch. Auch ist zu verstehen, daß jemand, anfänglich in seinen Standpunkten locker und haltlos, später ein etwas autokratischer Anwalt sittlicher Grundsätze werden kann. Viele ziehen nach einem ziemlich wahllosen Hin und Her der Entwicklung in ein Gehäuse fester Anschauungen ein. Der männliche Krebs macht meist zwei Phasen durch. Zuerst will er nichts von häuslichen und ehelichen Bindungen wissen, sein Wechselbedürfnis und Wandertrieb erstreckt sich auch auf Begegnungen mit dem anderen Geschlecht. Um das Suchen kommt keiner herum. In der zweiten Phase, nachdem die ihm lebenswichtige Beziehung gefunden ist, stellen sich die anderen Seiten des Prinzips in Form patriarchalischer Gepflogenheiten ein. Er möchte sie anfangs nicht so bindend nehmen, fühlt sich ihnen aber mehr und mehr verwachsen. Auf irgendeine Art wächst jedem Krebs der feste Panzer zu, um seine Weichheit zu decken. Kluge Gefährtinnen lassen ihm Zeit, sich häuslich einzurichten und dann für immer zu haften, denn kommt man seinen Empfindlichkeiten mit Zwang, so löst er sich und gleitet wieder in den Fluß der Entwicklung. Der weibliche Krebs, zwar auch genußfreudig und voller wählerischer Ansprüche, ist von Anfang an so auf Mutterschaft gestimmt, daß diese organische Aufgabe den Weg und Inhalt des Lebens ausformt. Nicht nur in der Phantasie, auch in diesem engeren Sinn ist es das fruchtbarste Zeichen.

Eine Anlage, die am besten in einem gefühlsmäßig gewählten Beruf aufgeht. Die Energie ist abhängig von der inneren Beteiligung an der Sache, der Geist ist weniger scharf und logisch in praktischen Einzelheiten, als umfassend und einheitlich. Dieser Typus muß erst die Schranke wegräumen, die ihn von der Tatwirklichkeit trennt. Um im Handeln Nachdruck zu bekommen, muß er wissen, wem er verantwortlich ist. Da steht der junge Arzt an der Tür seiner neueingerichteten Praxis: Dr. med. X, Spezialist für Magenkrankheiten. Täglich macht er sich an diesem Schild klar, daß er es ist, der jetzt dieser Aufgabe verpflichtet ist. Aus der Not dieses Prinzips, der Schwellenangst, muß man seine Tugend heben, Schwellen der Entwicklung mit Verantwortungsbewußtsein zu überschreiten. Häufig ist eine Vielseitigkeit der Begabungen, und mancher Berufswechsel beruht darauf. Eignung besteht zu Berufen, die Umgang mit vielen Menschen, Mannigfaltigkeit und Wechsel der Aufgaben in sich tragen. Sei es als Gastwirt und Hotelbesitzer, als Leiter einer Vergnügungsstätte, sei es in Betonung der pfleglichen Tendenz, als Leiter von Sanatorien und Erholungsheimen, in der sozialen Fürsorge und Kinderbetreuung: Kein Typus bringt so wie dieser die Atmosphäre auf, daß sich Menschen bei ihm geborgen und zu Hause fühlen. Ihn selbst hält es oft am wenigsten zu Hause, den Typus des geborenen Seefahrers findet man da, der in allen Kulturen zu Hause ist, Volkstum und Völkerkunde ist ihr Gebiet oder die Lebensforschung im allgemeinen Sinne und im besonderen Morphologie. Der Arzt möchte nicht nur sein eigener Pharmazeut sein, er begnügt sich auch nicht mit der Behandlung des Körpers, sondern beachtet die seelischen Zusammenhänge; für Psychologie und Charakterologie ist es das gegebene Zeichen. Das Spielfeld des Prinzips breitet sich überall aus, wo ursprüngliches, aufkeimendes Leben in Hege genommen wird, zur reinen Technik sind wenig Beziehungen. In der anorganischen Natur braucht es schon den Wechsel ihm verwandt empfundener Elemente, wie beim Meteorologen, um diesen Typus zum Ausharren in einer Pflicht zu bringen. Wie einfach der eigenen Natur angemessen liegen dagegen die Dinge bei der Säuglingsschwester. Überall findet sich Phantasie und Gefühlsreichtum. Häufig ist künstlerische Begabung – Musiker, Maler, Dichter –, Formenfülle und seelische Feinfühligkeit kennzeichnen sie. Das Prinzip ist nicht unsportlich, aber es braucht auch hier Naturnähe; Schwimmer, Faltbootfahrer.

Aus diesem Prinzip der Mannigfaltigkeit und Einbildungskraft entstehen vielerlei Schattierungen. Herkunft- und Milieueindrücke wie auch erworbene Moral bestimmen den Grad des Ernstmachens mit sich selbst. Es gibt viele schwankende Stimmungsmenschen, deren Sensibilität zur Sebstverzärtelung wird und die sich von den äußeren Zufällen des Lebens treiben lassen, ohne ihr Mondschloß zu finden. Andere bringt die Wirklichkeitsflucht dazu, sich ein romantisches Reich in Haus, Möbeln, Wertsachen zu schaffen, für sie voller Bedeutungsgewichte, für andere ein Kuriositätenladen. Ein Prinzip, in dem an Einfällen und Haltungen alles oder nichts möglich ist. Gegenüber denen, die sich als Plagiatoren einen Wirklichkeitsersatz verschaffen, und denen, die den Mantel nach dem Wind hängen, gibt es diejenigen, die den festen Grund in sich gefunden haben und, einer gegen viele, dem Gestaltungszwang innerer Notwendigkeit folgen. Bei allen braucht die Initiative einen äußeren Anstoß, dann weiß sie stets den erlebnismäßigen Eigenraum zu schaffen, sei es auch nur die Glasglocke eines persönlichen Weltgefühls, mit der er sich gegen fremde Forderungen unter Abschluß hält und doch schauend an allem teilhat. Es gibt die, die in der Stille einen Überschuß produzieren aus Freude am Lebensprozeß. Die Stärke anderer liegt in der inneren Wandelbarkeit und der Bereitschaft, für neugewonnene Standpunkte auch äußerlich neu zu beginnen. Häufig ist telepathische Begabung, bei manchen visionäre Vorausschau. Ein Typus, der in wandelbaren Verhältnissen am besten gedeiht und das Gefühl grenzenloser Möglichkeiten braucht. Durch die Überzeugtheit einer persönlichen Sendung kann er seine Nachgiebigkeit überwinden zugunsten energievoller, aufopfernder Hingabe an die vertretene Sache. Seine Angriffsweise ist wie die des Meeres, das Welle auf Welle aussendet und in sich zurückschlagen läßt, aber schließlich doch die Klippen annagt.

*

♌

Löwe

Das Prinzip seines Verhaltens: alle Daseinsgläubigkeit und Lebenskraft aus sich zu schöpfen und an die Umgebung auszustrahlen. Dieser Typus braucht eine Atmosphäre der Wärme, des Frohsinns, um sich, und er schafft sie auch. Offenherzig und frei tritt er auf, sicher, bestimmt in Absicht und Ausdruck. Er trägt den Ruhe- und Ordnungspunkt in sich. Aber dies ist weder ein Prinzip der Ruhe um der Ruhe willen, noch ein Menschenschlag, der müßige Betrachtungen über Ordnung und Einordnung liebt. Aus warmblütigem Impuls bringt er vielmehr im bindenden Punkt zur Ruhe, was unruhevoll auseinander strebt, er ordnet an, er tut. Es ist das aktive, tatkräftige Insichberuhen des Menschen, der aus dem Gefühl eines lebendigen Zusammenhangs den Dingen Plan und Sinn geben will. Der unbewußte Beweggrund seines Willens ist: ich, der Ordnungsstifter, der Organisator, der Kern, um den sich die Dinge drehen. Aufstieg über die angeborenen Verhältnisse hinaus betrachtet er als sein natürliches Recht. Er liebt gegenseitiges Vertrauen oder, im Austrag von Gegensätzen, ritterliche Waffen. Nur mit Menschen, die er als ebenbürtig betrachtet, läßt er sich näher ein, doch ist er in Bewertungen kein Pedant, sondern sieht immer aufs Herz. Seine Gaben will er nach allen Seiten ausspielen und tut dies in einer großzügigen und noblen Gesinnung. Er muß schon sehr gereizt und in die Enge getrieben sein, ehe ein Mensch dieses Typus sich kleinlich zeigt. Die Leidenschaft kann mit ihm durchgehen, und nach dem Lineal des Theoretikers verläuft seine Lebensbahn nicht. Zwingende Macht des Selbstvertrauens, Wärme des unmittelbaren Lebensgefühls, unerschöpflicher Glaube an den Wert des Daseins in jedem Schritt und Augenblick bewegen ihn und gehen von ihm aus. Die Frau, die sich zutraut, alle Fragen aus dem Impuls des Herzens lösen zu können.

Wer kennt nicht das goldige Baby, schon in der Wiege ein kleiner Weltbeherrscher, ungetrübten Glanz über dem Gesicht. Es gefällt allen, es ist so drollig, sieht so gesund aus. Mit raubtierhafter Triebdirektheit springt es dich an oder es liegt ruhig da, in sich vollendet. Ein Kind, das imponiert. Aber es will auch imponieren. Aufgemerkt, hier ist das Einfallstor kommender Eitelkeiten. Spürt es zu sehr, daß es überall Gefallen erregt, verwöhnt man es, so wird dieses Kind zu schauspielern anfangen und sich in Szene setzen, man legt dann den Grund zu einem hohlen Tanz um sich selbst. Der Kleine hat ein feines Ohr für sein Echo. Mit Gegenständen außer sich beschäftigt er sich wenig, es sei denn, daß sie seinen Schwung steigern, seinen Bewegungsraum vergrößern, wie ein Roller oder besser noch ein Kleinauto. Spielzeuge, die sich oder richtiger ihn nicht bewegen, bleiben unbeachtet liegen. Dem Hund, der mit ihm tollt, gehört seine Liebe, und für ihn nimmt er sich die Wurst vom Brot. Er braucht Kameraden, und kleine Mädchen geben Puppengesellschaften, für die sie in der Puppenküche Betrieb machen. Diese Kinder brauchen Wärme, Herzlichkeit und eine subtile Beachtung ihres Selbstgefühls. Ungerechte Anschuldigungen treffen ihren Ehrenpunkt, Strafen im Beisein anderer verwinden sie schwer. Sie müssen über sich und ihre Zeit bis zu einem gewissen Grad frei verfügen können. Schulpflichten sollen ihnen als eine Sache des Eigenwertes dargelegt werden. Verfahre nicht zimperlich mit diesem Kinde, aber gib ihm stets eine Chance, sich zu beweisen, und stelle ihm Dinge zur Verfügung, mit denen es selbständig wirtschaften kann. Mache ihm den realen Wert dieser Dinge bewußt und die Verantwortung, die daran hängt. Was das Kind verpflichtungslos bekommt, fordert der Erwachsene als sein Recht. Seine oft ausgenützte Schenkfreude und Freigebigkeit gegen Kameraden kann dazu führen, daß er ein kleiner Verschwender wird, der keinen Begriff für Sachwerte hat. Frühzeitig muß er lernen, auch bescheidene Mittel verantwortlich zusammenzuhalten. Die Geste des großzügig Spendenden, durch die er sich Geltung verschafft, liegt ihm meist näher. Ein abgerundetes praktisches Wissen ist ihm dienlicher als blasse Theorie.

Das Tiersymbol versinnbildlicht den König der Tiere. Es ist aber nicht so einfach mit dem Zeichen königlicher Würde. Die verdienstlos zugelegte Krone macht es nicht. Bei manchem muß die Mähne des Selbstgefühls erst vom Leben zerzaust werden, ehe er seine richtige Einordnung findet und den Platz, auf dem er sich beweist. Das Reich der Tierfabel auf den Menschen übertragen fordert, daß er sich in der Welt umsieht, um durch Leistung herauszufinden, wo er König sein darf. Irgendwo allerdings muß dieser Typus herrschen und gebieten. Er will für die lebendige Ausstattung einer Diesseitigkeit sorgen, da er an sich das Sichtbare und Greifbare hält und theoretische Vertiefung nicht liebt. Für die Hausfrau ist es das Reich der Küche, in der sie aus dem Vollen wirtschaftet und nicht nur Zweckdienliches, sondern auch für Gaumen und Auge Reizvolles herausstellt. Für den Geschäftsmann ist es die Organisation und Verwaltung seines Betriebes, wobei er der äußeren Form eine wirkungsvolle Note zu geben trachtet. Der königliche Drang bringt manchen dazu, effektvoll gedruckte Briefbogen zu versenden mit einer Firma, deren Gründung noch nicht auf sicheren Füßen steht. Aber er wagt, unternimmt etwas, und dies ist seine Erfolgschance.

Keiner stellt sein Licht unter den Scheffel. Und jeder ist irgendwo ein wenig Tyrann, sei es auch Tyrann seiner selbst in der Form der Selbstbeherrschung um der äußeren Wirkung willen. Das Auftreten braucht nicht immer jene königliche Größe zu sein, die im Tiersymbol liegt. Im Schauspieler erwirkt die impulsive Befehlsgewalt über den eigenen Körper die disziplinierte Ausfüllung seiner Rolle mit Fleisch und Blut. Dramatische Auftritte gibt es bei diesem Prinzip aber nicht nur auf der Bühne. Versuche einmal, sein Selbstgefühl anzutasten! Stößt er auf Mißtrauen, Engherzigkeit und Hinterhältigkeit, oder trifft ihn eine als unwürdig empfundene Nachrede, so wird er mit Zorn und Leidenschaft die Dinge in seinem Sinne richtigstellen. Wo der wutgeladene Löwe einen Raum betritt, zittert die Luft. Auch wenn er offenbar in einen Sumpf getreten ist, will er doch seine Tatze majestätisch herausziehen. Wen diese Tatze schlägt, der behält ihr Andenken zurück. So rasch aufgebracht, so schnell ist dieser Impulsmensch wieder besänftigt, sobald er ein Einsehen des Unrechts und Anerkennung seiner Verdienste merkt. Gütig und aus vollem Herzen heraus wird er dem Gegner eine Brücke bauen. Nachtragend zu sein gestattet ihm sein Lebensoptimismus nicht.

Aus dem Gefühl der Lebensfülle heraus will dieser Typus sich unbeschränkt verausgaben. Die sowohl in der Durchsetzung als auch im Widerstand bekundete Willensfestigkeit hängt nicht allein von der ichmäßigen Willkür ab noch von der Spannung, die der äußere Anreiz hergibt, sondern ist getragen von der eigenen Lebenskraft. Ein automatisch funktionierendes Können der Art gibt ihm den Rückhalt, bestimmt seine Lebenskunst, trägt die freie Natürlichkeit der Triebe und Instinkte. Gegenwartsfroh auf den Augenblick zentriert, spielt er die Erwerbungen der Vorfahren aus und füllt den Augenblick, ist immer voll und ganz in dem, was er tut. Organisches Ganzheitserlebnis in mir und in der Welt um mich: das in vollen Säften strotzende Dasein. So anerkennt er keine vom Augenblick abgesonderten Pflichten, außer denen der persönlichen Ehre, aber für diese tritt er in jeder Situation mit seiner ungeteilten Persönlichkeit ein. Tieferen, abstrakten Wahrheiten und Erkenntnisproblemen gegenüber genügt es ihm oft, die bloße Form zu retten, oder er strengt sich an, wo er glaubt, triumphieren zu müssen. Er will immer nur Leben, und in mächtigen Strömen soll es kreisen.

Ehrenhaftigkeit und Verantwortung sind die beiden großen Hebel seiner Kraft. Ein Vollblutlöwe würde sich eher die Pfote abbeißen, als sie zu Handlungen herleihen, die gegen seine Auffassungen der Ehre gehen. Verantwortung ist ihm Verhältnis zu seinem Befehlsbereich, er will in achtungsgebietender Form durchführen, wofür er sich einsetzt. Auch wenn ihn die Verhältnisse in dienende Stellung setzen, wird er die Aufträge so erfüllen, als ob er den Befehl dazu gegeben habe. Dem Kommenden steht er spekulativ, nicht begrifflich entwickelnd gegenüber, er strebt konkrete Verwirklichung des Seienden an. In den verschiedensten Berufsunternehmungen sind es die Direktoren und leitenden Köpfe, die

Betriebsführer, für die Macht nicht vom Menschen trennbar ist. Sie müssen stets nach Gutdünken und freiem Ermessen entscheiden können, denken nicht in Zuständigkeiten, Ressorts und aktenführenden Beamten. In Ämtern sind es diejenigen, die nicht vom Buchstaben ausgehen und einen Fall, der sich von Mensch zu Mensch erledigen läßt, mit wenig Papierverbrauch behandeln. Wo immer die beruflichen Verhältnisse es zulassen, strebt dieser Typus zum Mittelpunkt einer Verantwortung, kraft seiner Eignung für Vertrauensposten, Organisationsaufgaben, Repräsentationspflichten. Es ist der selbständige Unternehmer oder der Leiter eines laufenden Getriebes, er braucht persönlich überblickbare und dirigierbare Verhältnisse. Er kann auf Autorität pochen, hie und da aufbrausen, gegen Querulanten rücksichtslos sein, aber der Appell an seine Menschlichkeit findet ihn stets bereit. Als Industrieführer kennzeichnet ihn der organische Sinn für die Erfordernisse einer Betriebsgemeinschaft. Häufig ist Materialgefühl für Eisenverarbeitung und die Maschine; der Motor, die Transmissionen und der ganze Lauf der Energien sind für ihn etwas Lebendiges. Es gibt auch den Chauffeur und Reparaturschlosser, der abhorcht, wo der Fehler sitzt, und wo dieser Mann etwas einrichtet, läßt er theoretisch fünf gerade sein, bringt aber praktisch die Sache in Gang. Wer einen Betrieb ins Leben ruft, weiß den richtigen Mann an die richtige Stelle zu setzen; er organisiert das Unberechenbare aus dem Instinkt. Die meist vorhandene Beziehung zu Waffen schafft den geborenen Jäger, Waffenmeister und Soldaten; Eignung für motorisierte Waffengattungen. In Verbindung mit der ausgesprochenen Tierliebe des Zeichens findet sich oft besondere Befähigung für Zucht und Dressur. Der Sinn für das Prächtige und für Metalle oder Steine von Wert kommt in der Schmuckindustrie zum Ausdruck. Der Schautrieb, der Blick für den wirkungsvollen Bildschnitt, ergibt den guten Photographen, Plakatkünstler, Dekorateur, oder in der Malerei den ausgesprochenen Vertreter einer Form- und Augenkultur. Auf der technischen Seite gehört der Optiker hierher. Der Darstellungstrieb des Zeichens erreicht im Schauspieler durchblutete Wirklichkeitsnähe, als Redner ist er der Mann, der durch eindrucksvolle Vertretung seiner Sache wirkt und Wirkungen schafft. In der Musik findet man hier Dirigenten in Reinkultur, die ihr Orchester beherrschen, mit Sinn für Form und wirkungsvolle Instrumentierung. Auf allen Gebieten: Gesamtwirkung und einheitliche Einschaltung der Hilfsmittel. So wird man im Sport den Mehrkämpfer finden und Sportarten, die den ganzen Körper beanspruchen; Rennfahrer.

Ohne impulsbetonten Schwung und große Worte geht es im Privatleben – und seine Ansprüche gehen in die Breite des privaten Lebens – selten ab. Da soll die Macht zur Fülle werden. Der Tisch soll sich biegen, wo er sich niederläßt, und andere läßt er mitleben. Er treibt einen besonderen Kult mit höflichen Umgangsformen, denn Ausdruck der Achtung gegenüber dem Mitlebendigen gehört zu seiner Selbstachtung. Daß jemand seiner Dogge vom Diener ein Mundtuch umbinden läßt, ist ein Fall, der wohl nur unter diesem Zeichen vorkommt. Auf ganzer Linie geschätzt und gebraucht werden, gehört mit zu seinen natürlichen Bedürfnissen. Er will Wirkung ausstrahlen, schenken, spenden können. So werden manche dieser selbstherrlichen Könige zum willkommenen Nährboden für Parasiten. Aber man besetze dieses große Tier nicht zu arg mit kleinem Ungeziefer, sonst wird es unleidlicher als jedes andere. Seine Liebe zum Prunk, zu betont gepflegter Kleidung oder sonstigen Äußerlichkeiten entspricht zwar seinem angeborenen Repräsentationsbedürfnis. Sieht man aber hinter die mitunter ein wenig aufdringliche Fassade, so spürt man doch, daß er im Grunde Repräsentant eines menschlichen Wertes sein will. Zu den Impulssünden zählt das großzügige Versprechen von Dingen, deren ihm mögliche Erfüllbarkeit er in der warmherzigen Regung des Augenblicks zu optimistisch nimmt. Da alles ihm mehr oder weniger Impulssache ist, gestattet er sich in minder geschätzten Pflichten ebenso selbstverständlich Vernachlässigungen, wie er in anderer Hinsicht Ansprüche an sich und Untergebene stellt. Gegen körperliche Anfälligkeiten, von denen er nichts wissen will und die allerdings bei der hier gegebenen robusten Gesundheit selten vorkommen, zieht er mit Roßkuren, Schwitzbädern, Generalreinigungen zu Felde. So stark im allgemeinen seine Auftriebskraft und so wenig er um Hilfsmittel verlegen ist, es gibt Augenblicke, in denen er die Flinte ins Korn wirft, wenn er sich länger dauernder Nichtanerkennung seiner Leistungen gegenübersieht. Dieser Feind alles Kleinlichen und Subalternen ist ungeeignet für Detailarbeit in dienender Stellung. Aus dem Mangel an Einpassung in Verhältnisse, die er als knechtisch empfindet, entsteht manchmal die Schattierung des verlumpten Löwen mit ausgebissenen Zähnen.

Generaldevise: Niederlagen kommen nicht in Frage. Was drückt, wird abgewälzt, was tiefer trifft, führt zur Erschütterung des Gesamtvertrauens zu sich, zum Leben.

*

♍

Jungfrau

Kritische Reserve bestimmt das Verhalten dieses Typus. Ein feines Häutchen scheint sein Wesen gegen alles Andersgeartete abzuschließen. Selbstgefühl ist hier gleichbedeutend mit Selbstbewahrung. Wachsam achtet er auf alle Störungsmomente und behütet die sachlichen Voraussetzungen, auf die sich seine Eigenart stützt. Nur Tatsachen in der Zweckbezogenheit auf ihn selbst und das ihm in der Herkunft oder in den Interessen Verbundene existieren hier. Diese Haltung zwingt seinen Verstand, durch Verwicklungen hindurchzugehen, deren Form sachlich, deren letzter Inhalt individuell ist. Die Verwirklichung unmittelbarster Interessen muß oft einen gewundenen Weg gehen. In Gemeinschaftsfragen stößt dieser Mensch, auch wenn er willig ist, immer an die Grenzen seines Wesens, in eigenen Ansprüchen beachtet er genau die konkrete Ungleichartigkeit und Vielfalt der realen Bedingungen, im rückblickenden Vergleich kommen ihm mitunter Bedenken aus geringfügigen Wendungen des bisher gegangenen Weges. Vorsichtig geht er in menschlichen Dingen vom Gesicherten aus, vergewissert sich von Schritt zu Schritt des Umfangs praktischer Folgerungen für ihn. Betriebsam bewegt er sich im Sachlichen, in einem ihm bekannten Material und in Bahnen der erworbenen Routine, emsig schaut er da nach Gelegenheiten aus, die genutzt werden könnten. In seinem Kopf befindet sich eine Kartothek mit Wenn und Aber für alle vorkommenden Fälle, sie hindert ihn, die Gegenwart gefühlsmäßig auf sich einwirken und seine Daseinswünsche zum vollen Gefühl werden zu lassen. Daher gilt er als kalt, berechnend, egoistisch. Er ist es aber oft nur der Form des Ausdrucks nach, in überängstlicher Scheu vor dem ihm Fremden. Das Reich seiner persönlichen Eigentümlichkeiten und Gewohnheiten will er sich rein erhalten. Die Artbedingtheit enthält die Differenzierung ganz bestimmter Fähigkeiten, die hier oft als Höchstausdruck einer speziellen Begabung aufscheint. Es ist der Typus restloser Auswertung des ihm gegebenen Anlagenmaterials. Er stößt alles Fremde von sich ab und sucht sich methodisch auf eigene Richtlinien und Standpunkte zu sammeln.

Für die Vorstellungen vieler das Musterkind. Ein stilles und zurückgezogenes Wesen, sorgsam in bezug auf die Kleidung und ordentlich in der Behandlung der Schulhefte: so recht das Ideal des folgsamen Kindes. Selten wird es die ihm gegebenen Regeln außer acht lassen, sofern sie seinen individuellen Eigenheiten nicht ganz zuwider laufen. Kein Kind ist so wie dieses auf seine Spielsachen bedacht. Es will sie aber für sich allein haben. Sie sind ihm Sachwerte, deren Besitz in seinem Bewußtsein solche Wichtigkeit hat, daß die Schonung fast einen breiteren Raum einnimmt als das wirkliche Spiel. Schuhe, Mütze, Handschuhe befinden sich stets auf dem ihnen vorbestimmten Platz. Die Sparbüchse spielt eine große Rolle. Es sind die Knaben, die schon früh wissen, was sie werden wollen und die Mädchen, die eifrig für ihre Puppen Kleider nähen. Dem Herumtollen anderer Kinder schauen sie lieber von Ferne zu und ihre unkindliche Korrektheit bietet den anderen auch wenig Anreiz, sie mitzunehmen, wo es über Gartenzäune geht. Grenzen achten sie nur zu sehr und der Lebenskreis der Familie ist ihre Welt, in der sie aufgehen und an allem teilnehmen, was hier geschieht. Ob des Vaters Welt der Kaufmannsladen oder die Studierstube ist, sie sind orientiert. Die Mutter findet hilfreiche Hände für Küche, Hausputz und Schneiderei. Sie sind immer das Kind ihrer Eltern. Sie hängen mit großer Liebe an ihnen und alle Familiengeburtstage sind Daten wichtiger und ausgedehnter Überlegungen, um durch das passende Geschenk ausdrücken zu können, wie eng die innere Verbundenheit ist. Es fällt ihnen auch hier schwer, Gefühle unmittelbar zu bekunden. Überall verstellt ihnen der Nützlichkeitssinn allzuleicht den Zugang zum Lebendigen. Der Horizont weitet sich aber, wenn die Eltern dem Kind Großherzigkeit und Uneigennützigkeit vorleben. Dann geht in seine früheste Erfahrung ein, daß es Menschen gibt, für die die Welt nicht zu Ende ist, wo für Sinne und Verstand nichts vorhanden scheint und denen das Ganze mehr gilt als die Summe seiner Bestandteile. Leicht erziehbar ist dies Kind in allen Dingen, die auf Ordnung und Einteilung gehen und die seinen aufgeweckten Verstand zur Geltung bringen. Meist sind Sprachengedächtnis und Sinn für methodische Behandlung von Realfächern sowie ein früh bekundeter Hang zur Spezialisierung vorhanden. Zum Sport bedarf es der Anleitung.

Die Jungfrau ist das Symbol der Unberührtheit und Keuschheit. Ein aus der menschlichen Region genommenes Bild. Es stellt den Zustand des Unerwecktseins dar, der sich außerhalb des Animalisch-Triebhaften hält. Das Insichbleiben im rein Menschlichen, fern von blutsmäßigen Wallungen und Irrungen. Die der Jungfrau mitgegebene Garbe deutet die wirtschaftliche Nutzung der Erdfrucht an und die Beziehung dieses Prinzips zum Pflanzenhaften. Menschen dieses Typus sind die Ährensammler und Garbenbinder der schaffenden Natur, sie werten den Sinn, den die Natur in sich trägt, für die menschliche Wirkwelt aus. Die Jungfrau steht vor der Zeugung des Künftigen und vor dem Vorgang eigenen Fruchtbringens. Ihre Kräfte fassen zusammen, was die Vorfahren ihr als Erbe mitgegeben haben und was die Mitwelt um sie herum angebaut hat. Wahl und Hingabe hat sie noch vor sich. Ihre Selbstbewahrung dient achtsamer Behütung und klugem Ausbau der in ihr bereitliegenden Werte. Die Schwebe zwischen Abweisung und Erwartung, damit sich das Heranreifen vollende. Was im Anschluß an den sich weiterentwickelnden Lebensprozeß Geltung hat, führt, als Selbstzweck beharrlicher Abwehr verstanden, an Trockenheit und Dürre, an Unfruchtbarkeit heran. Dies Prinzip ist das Differenzierungsmoment zwischen dem Sinn und der zweckvollen Einrichtung.

Ein Mensch, der die Durchsetzung des individuellen Standpunktes in logischer Anpassung an die jeweilige Sachlage erstrebt. Dem Ausbau des Gegebenen im einzelnen gilt seine ganze Sorgfalt. Kritisch prüft und sichtet er das Material, hängt innere Erlebnismomente an geschäftige, praktische Betätigungen; sein zergliedernder Verstand teilt das persönliche Arbeitsgebiet methodisch auf und die Vorgänge werden ihm zu vielen einzelnen logisch verfolgbaren Fäden, die hier zu Knotenpunkten zusammenlaufen, da sich wieder auseinander wirren. Er sieht aber nicht ein Gesamtgeschehen. Ein Vielerlei der Dinge steht unverbunden nebeneinander. Seine Welt setzt sich mosaikartig zusammen, in der Anhäufung scharf beobachteter Einzelheiten geht ihm der Totalblick verloren. Dies sind die Menschen, die oft vor Bäumen den Wald nicht sehen. Sie gehen in die Feinheiten, achten auf jede Abstufung, aber die Atmosphäre, die die Nuance schafft, nehmen sie nicht wahr. Im engen Kreis scharf umrissener Spezialaufgaben können sie die höchstmögliche Verfeinerung erreichen.

Der Ordnungsgeist ist hier wie selten ausgeprägt. Es sind Menschen, die die Ordnung der Welt noch ordentlicher machen möchten. Wenn dieser Wunsch mit einem eingeschränkten Horizont zusammentrifft, dann entsteht die vernützlichte Kleinwelt, in der es nicht pedantisch sauber, nett und rationell genug zugehen kann. Aber sie wird nicht fertig, die alte Jungfer, inmitten ihres Krames, den sie pflegt, den sie immer wieder abstauben muß und von dem sie aufgefressen wird. Und er hat nichts vom Leben, der Ordnungsphilister, dem ein falsch gelegtes Besteck, ein nicht auf die Minute bereitetes Mahl die Lust am Essen verderben kann. Zwar ist der Stoffwechselvorgang unter diesem Zeichen eine sorgsam zu überwachende Angelegenheit, denn der Organismus funktioniert in einer so empfindlichen und leicht störbaren Ordnung, daß diese Menschen regelmäßiger Mahlzeiten bedürfen, nur geht die Selbstbewachung nur allzu oft in Hypochondrie über. So drücken auch die haargenauen Unterscheidungen des Pfennigrechners eine Sorge um der Sorge willen aus: der Haushaltsplan stimmt, aber was im Mangel des freien Schwungs versäumt wurde, steht nicht auf der Rechnung. Immer wiederholt es sich, daß diesem nervös umherjagenden, aufs Detail gerichteten Intellekt selbst die angenommenen engen Bezirke zu weit werden, weshalb er sich künstliche Schranken ausdenken muß. Er spezialisiert die Spezialgebiete. Doch der Hang zur Sauberkeit kann auch der Hygiene, die Beobachtungsgabe kann der Naturwissenschaft, der Nützlichkeitsgeist kann der Wirtschaft dienen und unbestreitbar ist der Wert steril gehaltener ärztlicher Instrumente, exakter empirischer Untersuchungen, verläßlicher Registraturen und Rechenschaftslegungen. Überall kommt es auf die Einpassung in den richtigen Rahmen und auf methodische Schulung an. Dies Prinzip der individuellen Abgrenzung gegen das Wesensfremde wird also gemeinnützlich durch seine sachgemäße Behandlung der Objektwelt, durch einen von Gefühlen, Wünschen, Einbildungen unbestechliche Tatsachentreue der Feststellungen.

Wohl wenige typische Naturwissenschaftler gäbe es ohne dies Prinzip kritischer Empirie. Seine Tugenden kommen hier zur Geltung: genaue Beobachtung von Merkmalen, klare und anschauliche Beschreibung, schlüssige Diktion, experimentelles Geschick. Ihr Ideal ist die nahtlose Ineinanderpassung der Beweisstücke. Dem Psychologen kommen die feinen Wahrnehmungsinstinkte zugute; doch hier zeigt sich auch die Grenze dieses Prinzips, der Mangel an unmittelbarer Einfühlung, und dies kann leicht zu spitzfindigen Konstruktionen führen. Die allgemeine Neigung, nur in den Grenzen der Fakultät und des Spezialgebietes zu denken, führt in der Medizin zur Erscheinung des Arztes, der sich auf ein Organ und eine spezielle Behandlungsweise festlegt. Beim Volkswirtschaftler, Juristen, Redakteur, sowie in anderen intellektuellen Berufen wird immer die der Nutzung des Praktischen zugewandte Seite in der Berufsausübung bevorzugt werden; hier beweist dieser Typus vielseitiges Geschick innerhalb seines Gebietes. Der Zug zu einer das Kleinste beachtenden Auswertung schafft den guten Kaufmann. Ihn zeichnet genaue Materialkenntnis eines bestimmtes Wirtschaftszweiges aus, oft schon vorgeformt durch eigenes Familienerbe oder durch die aufgenommene Tradition des Hauses, in die er als Angestellter hineinwächst. Gediegene Bedienung ist die beste Werbung, ein solcher Leitsatz charakerisiert die kaufmännischen Gepflogenheiten dieses Typus, dessen Ehrgeiz darauf gerichtet ist, als kundiger Fachmann gesucht und geschätzt zu sein. Wenn er mit Stoffen handelt, geht er nicht zur Keramik über. Man findet hier diejenigen, die ihren Gegenstand von der Herstellung aus erlernen, und ein Wechsel des Zweiges widerspräche ihrer in realen Bindungen laufenden Eignung. Das gleiche gilt für Technik und Handwerk. Bevorzugt sind hier Gebiete, die auf detaillierter Sachkenntnis beruhen, in denen die Intelligenz zur Geltung kommt und die sich mit kleinen und kunstvollen Formen beschäftigen: Feinmechaniker, Uhrmacher, Schriftsetzer, Schneider, Instrumentenbauer, Spitzenklöppler. Die Vielverzweigtheit des Prinzips kommt auch in einer solchen der Berufe zum Ausdruck, es umfaßt die ganze Breite der dienenden Berufe, wissenschaftliche Hilfsarbeiter, Schwestern, Hausgehilfinnen, Hotelpersonal, Auskunftsbeamte, Den Landwirt diese Typus kennzeichnet die durchdachte Wirtschaftlichkeit, der Gärtner wird die Züchtung bestimmter Blumen und Obstsorten betreiben. Beim Künstler ist die Begabung eng an das Technische gebunden, das Detail stört oft die große Form; beim Schriftsteller durchgefeilte breite Lebensschilderungen, in der Musik der strenge Methodiker.

Aus seiner abgründigen Skepsis findet dieser Typus ein Arsenal von Schutzmaßnahmen gegen jede Leidenschaft, jeden mitreißenden Glauben. Dies nüchterne Insichbleiben ist im Symbol umschrieben, die Keuschheit der Jungfrau nehme man nicht wortwörtlich als angeborene Eigenschaft. Da die triebmäßige Unmittelbarkeit fehlt, kann eine narzißtische Selbstheiligung verschiedenster Ausdrucksformen entstehen, bei anderen bleibt Erotik ein gehirnliches Spiel, das einen Zug ins Frivole hat. Auf niederem Niveau ist hier der Boden für einen Klatsch, der sich in Sünden anderer genugtut. Hingabe an das andere Geschlecht, Aufnahme des Mitmenschen überhaupt ist immer ein großes Problem. Manche schrecken schon vor einem lebenswarmen Anspruch an sie zurück, Liebe ist hier oft eine Abwicklung von Tatsachen, die mit nervenwachem Mißtrauen gegen störende Befremdung verfolgt wird. Erst wo die Bedingungen der Selbstsicherung erfüllt sind, entstehen starke, anhängliche Gefühle und eine relative Freiheit ihrer Bekundung. Zuneigung drückt sich auf dem Umweg über materielle Erweisungen und versteckte Dienstbarkeiten aus. Der fürsorgliche Zug diese Typus braucht einen kleinen Kreis realer Pflichten; er sorgt, wenn er an einem Menschen Anteil nimmt, umso eifriger für dessen Wohlergehen, um mit der unmittelbaren Gefühlsbezeugung zurückhalten zu können. Seine Stärke ist die Reinhaltung des Eigenlebens von unklaren Rauschmomenten.

*

♎

Waage

Definiere die Reizmomente seiner Umgebung in einem bestimmten Augenblick und du hast das Prinzip seines Verhaltens. Womit nicht gesagt ist, daß es der Typus des Charakterlosen sei. Er folgt nicht etwa rückhaltlos dem Willen oder Einfluß eines anderen und es ist durchaus nicht so, daß der Zuletztgekommene bei ihm recht behält. Gerechtigkeitssinn und Objektivität sind seine führenden Beweggründe. Er besteht durch Relation zur Umwelt, gibt den sich durchkreuzenden Ichstrebungen der anderen ihre schöpferische Mitte oder einen lauen, bloß vermittelnden und zusammenfassenden Harmoniepunkt. Das Bemühen, allen gerecht zu werden, kann ihn ebenso überbauend – richtungsweisend wie auch unentschieden – farblos machen. Ausgeglichenheit, Ruhe, Friedfertigkeit sind seinem Wesen so gemäß, daß er sie auch in seiner jeweiligen Umgebung herstellen möchte. Um des lieben Friedens willen rundet er Meinungen ab, die für andere Anlässe zu Streitfällen sind. Er erstrebt die Erhaltung des Gleichmaßes in einheitlich abgestimmten Lebensverhältnissen. Seine Stärke ist die Eindrucksbereitschaft der Sinne, das ästhetische Empfinden, der gute Geschmack und in bezug auf geistige Dinge das Abwägenkönnen und Kombinieren. Bei einem Widerstreit der Meinungen weiß er den bindenden Punkt einzunehmen und in seinen Ansichten spricht sich das allen Gemeinsame aus. Ebendies setzt aber den Mangel eines mit Nachdruck vertretenden Eigenwillens voraus. Seine Initiative bedarf des äußeren Anlasses, der ihm die Form bietet, in der er aktiv eingreifen kann. Er unter allen Typen gestattet es sich am seltensten, das nicht zu seinem Vorhaben Stimmende ungeprüft abzulehnen. Ein Mensch der Weltoffenheit. Sie macht ihn bereit zu allen verbindlichen Tugenden der Höflichkeit, zur vermittelnden Diplomatie, bestimmt seine Haltung zu dem, was die Menschen um ihn tun und sagen. Erst gemeinschaftswichtige

Dinge, Aufgaben einer erlebten Gemeinsamkeit, können ihn aus seiner persönlichen Gelassenheit bringen, solche Dinge wecken seinen Impuls, seine Begeisterungsfähigkeit. Beim Mangel ihm von außen zufliegender Anregungen wird er bestimmungslos, indolent und genüßlich kann er seine Zeit verspielen. Dann entstehen die labilen, in ihrer Meinung von Tag zu Tag schwankenden Schattierungen dieses Typus, die keine Linie mit Bestimmtheit durchhalten können und vor starken Widerständen versagen. Ohne führende Gesichtspunkte, ohne in seine Vorstellung hineingezogene Umwelt, die in ihm geistige Gestalt geworden ist, wird dieser Mensch unentschieden und lasch. Die Leistungfähigkeit wächst bei ihm mit den treibenden Kräften, deren Einwirkung er sich erschließt.

Ein Kind dieses Prinzips braucht ebensowohl aufmunternde Liebe als festen geistigen Halt. Sperrt man es ab und läßt man es ohne Kameraden, so wird es entschlußlos und bequem dahintrödeln. Allein weiß es nichts mit sich anzufangen. Aus Langeweile gerät es in müßige Selbstbespiegelung und wählerische Ansprüche, die es allerdings in gefälliger und netter Form vorbringt und aus denen ein Hang zum Kultivieren spricht. Für schöne Dinge ist dies Kind schon frühzeitig empfänglich; es ist ein Unterschied, ob man sein Empfinden durch Kunsteindrücke heranbildet oder ob man es der Wahllosigkeit zufälliger Einwirkungen preisgibt. Alles hängt hier von der empfangenden Bildvorstellung und der geistigen Anregung ab, wechselnder Austausch mit anderen ist Voraussetzung einer gedeihlichen Entwicklung. Von sich allein aus möchte es ohne allzu große Anstrengung durchs Leben tänzeln. Sein Bedürfnis nach sinnlicher Belebung treibt leicht einer äußerlichen Gefallsucht zu, wenn man es nicht in lebendige Spiele und Betätigungen hineinzuziehen weiß, die dem Geschmack und dem Gemeinschaftsbedürfnis Nahrung und Richtung geben. So können hier Ballspiele, Tänze, Reigen, Kasperletheater und Maskerade mehr als ein bloßer Zeitvertreib sein. Zur regelmäßigen Erfüllung trocken-sachlicher Pflichten wie zur Nacheiferung abstrakter Vorbilder kann man diese sinnenfrohe Anlage schwer bewegen. Am

Ansatzschwung fehlt es nicht, wenn das Kind aber nichts Sichtbarem und Lebendigen im Gefühl nachfolgen kann, versagen Ausdauer und Geduld, und wenn dann die Eltern nur als dogmatische Mahner ihm vor Augen stehen, wird es in seinem Gleichgewicht gestört und gänzlich indolent. Keines aber gewinnt so wie dieses Kind durch Gemeinschaftserziehung. Im Kreise von Kameraden findet es greifbare Ansporne vor, hat mit der Ausgewichtung von Einflüssen zu tun, die sich gegenseitig ergänzen. So wird das Leben der Gemeinsamkeit zum Strom, der es weiterträgt, und seine Fähigkeiten wachsen durch den Ansporn Gleichgerichteter, Mitstrebender. Stets kann an den Gerechtigkeitssinn dieses Kindes apelliert werden. Ein Zug zur Eitelkeit ist überzuleiten in ein Selbstbewußtsein, das sich auf bestimmte Leistungen stützt, mit verdientem Beifall ist nicht zu sparen. Abgerundetheit des Gesamtcharakters ist hier wichtiger als Züchtigung hervorstechender Eigenarten und frühe Spezialisierung, nur die oft vorhandenen künstlerischen Anlagen verlangen nach früher Ausbildung.

Im Symbol der Waage ist mehr als die allegorische Beziehung zur Gerechtigkeit enthalten. Als einziges der Tierkreisbilder stellt die Waage ein Gerät dar. Es ist eine an sich tote Sache, die durch Erfüllung einer Funktion einen Inhalt bekommt, und diese Funktion ist das Auswägen von anderen Sachen. In der gesteigerten Sprache des Symbols ist das Ausfallen subjektiver Impulse ausgedrückt, das Objektsein-Können dieses Typus gegenüber anderen Dingen und Menschen, das, woraus er seine Stärke macht, die Objektivität. Sie erst ist die Voraussetzung der von eigenen Standpunkten unabhängigen inneren Erwägung. Wer sich nicht zur reinen Objektivität aufschwingt, bleibt der labile Gerät-Mensch. Durch das Gewicht einer bestimmten Auffassung beschwert, holt er instinktiv, fast automatisch das Gegengewicht der zuwidersprechenden Meinung herbei, um den vermittelnden Ausgleichswert zu finden. Ohne diese Funktion der Auswägung kann er seinen eigenen Standpunkt weder finden noch darstellen. Dies ist die Wurzel der unter diesem Prinzip oft gefundenen Trägheit und des innerlichen Schwankens: sich nicht für dieses oder jenes entschließen oder entscheiden zu können. Positiv ist es der Mensch des kombinatorischen Geschicks. Sein Verhalten gleicht dem Vogel, dem Segelflieger, der durch Ausgleich von abgefangenen Windströmungen sich in der Schwebe hält und vorwärts kommt. Mit Einsatz eines Minimums an eigener Energie Weiten zu gewinnen und durch das Aufgreifen und Umlenken fremder Antriebe getragen zu werden, das ist die Lebenskraft dieses Typus.

Ein Charakter, dessen Aktionsradius größer ist als sein Aktionswille, und im Begreifen dieser Funktion liegen seine geistigen Möglichkeiten. Die höchsten Vertreter dieses Typus wissen nach allen Seiten Leitlinien auszusenden, ihrer gelockerten Kombination entsprungen, ohne daß sie sich in ihrer Leichtigkeit und Unbeschwertheit an dem verhaften, was im einzelnen damit geschieht. Sie sind der ständig angeregte Anreger. Ihr Glaube an die weitertragende Kraft der sich an der Sinneswelt entzündenden Idee ist so groß, daß sie sie dem gemeinschaftlichen Leben bedingungslos zur Verfügung stellen. Was sie treibt, ist gleich der Sprengkraft der Samenkapsel, die ihre Körner als reife Produkte zur Weiterentwicklung verstreut.

Im Symbol ist nicht enthalten, was die Waage trägt und auswägt. Die in die Waagschalen gelegte Substanz ändert sich mit der Entwicklungshöhe. Die verbreiteteren Schattierungen dieses Typus hängen mehr im Sinnlichen, haben Leichtigkeit, aber nicht immer Geist. Und so finden wir viele harmlose Gestalten und oberflächliche Gemüter, die durch ihr taktvolles Benehmen überall, wo man Zeit und Langeweile hat, gern gesehen sind. Sie sind Anführer in Vergnügungsunternehmungen, Dirigenten kleiner Festlichkeiten, Meister der geselligen Künste. Menschen gegenseitiger Darbietung. Auch die Schattierung des eitlen Genießers entsteht hier, wenngleich die Form des Erlebnisses und Ausdrucks stets eine gewisse Kultiviertheit behält. Gastgeber, Arrangeure, Tanzlehrer, Empfangschefs, sie alle brauchen zur Beliebtheit etwas von der weiblich anregsamen Seite dieses Prinzips. Überhaupt ist es ein Zeichen, das der weiblichen Natur mehr entgegenkommt und einer rein männlichen Energie erst da Möglichkeiten gibt, wo die schöne

Form mitspricht und Ziele aus dem Geist einer Gemeinschaftlichkeit empfangen werden.

Dementsprechend haben die künstlerischen Berufe die Führung unter den charakteristischen Berufseignungen. Der Maler zeichnet sich durch Farbenkultur und großen, flächigen Schwung aus, die mehr dekorative Auswirkungsform weist auf Plakatkunst, Innenarchitektur, Wandbehang, Festausstattung hin. Der Schauspieler ist gut im Ensemblespiel, seine Stärke sind Gesellschaftsstücke. Musik und Dichtung haben eine leichte, heitere, beschwingte Note. Tanz – Ballett – sowie rhythmische Gymnastik gehören hierher, und hier ist der Übergang zum Sportlichen der Eiskunstläufer, schließlich rechnen alle Sportarten dazu, bei denen es auf das Eingespieltsein einer Mannschaft, auf nervenwache Kombination, ankommt. Der geborene Kunstflieger findet sich hier. Ingenieure haben eine Begabung für statische Berechnungen und Gleichgewichtskonstruktionen, Brückenbau, Technik und Ästhetik sind in irgendeiner Weise glücklich verbunden. Seltener findet man Wissenschaftler, dann vorwiegend Philologen – Sprachbegabung –, unter Juristen ist es der Typus des schlichtenden Richters. Gut kommen alle Anlagen beim Diplomaten zur Geltung. In der Industrie zeigt sich eine Beziehung zu Textil und Konfektion, vom Leiter des Großhandelshauses bis zum Verkäufer und Schaufensterdekorateur. Unter weiblichen Berufen schließt sich die Vorführdame an und alles, was mit der Mode zu tun hat. Unter Handwerkern Tapezierer, Glaser, Friseur. Es rechnen schließlich alle Stellungen hierher, in denen es auf Leitung von Verbänden und Vereinigungen sowie auf eine Vermittlerfunktion ankommt, sei es in einer geistig bestimmten Wirkungssphäre, sei es mehr verwaltungstechnisch; das Gewicht liegt immer in sozialen und kulturellen Aufgaben.

Von sich aus ist dieser Typus leicht der richtunglose. Er läßt sich vom momentanen Reiz bestimmen, fast ichlos, er will nichts Bestimmtes, in sich etwas indolent und lässig. Seine Sinnesnatur folgt dann dem bloßen Vergnügungsbedürfnis, in des Körpers Schwere, die sein Ich aufsaugt, verliert er die Leichtigkeit. Anders, wenn seine Fähigkeit zur vergeistigten Anschauung des Ästhetischen geweckt und entwickelt ist. Unter gedanklicher Führung wird seine sinnliche Anregsamkeit zur Stärke: Dann ist er derjenige, der unbelastet in die Situationen einsteigt und ebenso unbelastet daraus hervorgeht. Er kann, ohne Voraussetzungen mitzubringen, für den Augenblick einen Kompromiß mit bestimmten Menschen eingehen und sich nachher weder beschwert noch für immer gebunden fühlen. Die Voraussetzung höchsten Erhobenseins der inneren Haltung liegt aber gerade in den gewichtigen, bindenden Inhalten, in überbauenden weltanschaulichen Gesichtspunkten. Auf dieser Ebene geht es um eine unter allen Umständen durchgefochtene Objektivität, in menschlichen Begegnungen um den ausgewirkten Gemeinsinn. Aus der Bewältigung entsprechender Aufgaben erwächst eine heitere, ausgeglichene Beschwingtheit, die sich über alle subjektiven Leidenschaften erhebt. Was auf den unteren Stufen ein genußsuchender Drang nach Inhalten ist und doch wählerische Unwilligkeit, etwas Bestimmtes triebhaft und gierig zu wünschen, wird in verfeinertster Form zum Nichthaften an begehrten Dingen überhaupt, doch ohne gewaltsame Askese und Verdrängung. Hier entspringt die objektive Form der Liebe, die sich, in den Sinnen erfüllt, an der Beschaffenheit ihres Gegenstandes genügt. Dem Prinzip entspricht eine ästhetische Weltauffassung in der Einstellung auf das Maß zwischen den Dingen.

Diesem von außen her nach innen lebenden Menschen kann das ästhetische Gesicht der Dinge, mit denen er täglich umgeht, nicht gleichgültig sein. Der optisch empfangende Reiz bedeutet ihm Kraft. Sein Lebensstil wird dokumentieren, wieweit er schöpferisch eigene Wege geht oder mehr einem Konventionsgeschmack folgt. Darin drückt sich der Grad seiner Selbständigkeit und geistigen Freiheit aus.

Lenkung der Einsicht, Umstellung des Willens aus individuellen Begrenzungen in Bezirke der Gemeinschaft ist Sinn dieses Prinzips. Auseinanderstrebende Kräfte im Gleichgewicht zu halten, ihnen den bindenden Gesichtspunkt zu geben und sie so einer Gemeinsamkeit zuzuführen, ist die Aufgabe dieses Typus. Was dem Produktiven, der die führenden Strebungen der Mitwelt erkannt hat, greifbarer Lebenssinn und damit Aktion geworden ist, treibt auch noch den Stumpferen immer wieder an, seine Bequemlichkeit zu überwinden und dahin zu gehen, wo er von anderen Belebung und Anregungen erhofft. Es handelt sich hier nicht um einen Typus, dessen Durchschlagskraft in der Primitivität steckt, sondern um einen der Differenzierung zustrebenden, dessen Spannfähigkeit in der Entwicklungshöhe wächst. Als Verkörperung eines Gemeinschaftswillens kann er zur schöpferischen Mitte zwischen sich kreuzenden und überschneidenden Ichstrebungen werden. Im Parallelogramm der Kräfte liegt die Weisheit seiner führenden Gaben.

*

♏

Skorpion

Kämpferische Aggressivität ist das Verhalten dieses Typus, der mitten im Brechungspunkt einander widerstreitender Kräfte steht. Dies kann instinktiv empfunden oder in voller Schärfe bewußt werden, in jedem Fall bedeutet es Aufkündigung der friedvollen Harmonie einer nur in sich beschlossenen Persönlichkeit. Triebe und Instinkte werden hier zum rücksichtslosen Bekenntnis entfesselt. Die Probleme erhalten in diesem Prinzip ihre eindringlichste Modellierung, affektbetont ist das Herausstellen ihrer Lösungen. Unsichtbare Mächte und überpersönliche Bindungen bekommen denselben Wert wie Sinnesanschauung und nächstliegende Interessen. Kompromißloses Erfassen und Aussprechen von Wahrheiten, furchtloses und energisches Eintreten dafür ist dieses Menschen Tugend. Reibungen mit der Umwelt sind unvermeidlich. Es geht höchst dramatisch, krisenhaft und widerspruchsvoll zu. In Zusammenbrüche und Umschichtungen wird dieser Typus stärker hineingezogen als andere in gleicher Lage. Mit sich selbst treibt er mehr oder weniger Katastrophenpolitik. Er kann plötzlich eine Sache angreifen, die er eben noch begeistert bejaht hat und wird auch Menschen, an die er glaubt, sezierend untersuchen oder aus Experimentierlust in Versuchung bringen. Dem Morschen, Abbröckelnden nachzuhelfen und in entdeckte Sprünge Sprengstoff zu legen, ist eine seiner unbewußten Triebfedern. „Was stürzt, das soll man auch noch stoßen" ist ein vom Skorpiongeist getragener Ausspruch. Kein Typus ist so wie er fähig, Opfer zu bringen, nahegehendste Verluste zu überwinden, Schmerzen zu ertragen. Alles hängt ab von den Gesichtspunkten, mit denen er sich über die Vergänglichkeit der Erscheinungen erhebt. Unter diesem Zeichen werden die letzten Reserven einer ichbezogenen Haltung aufgepeitscht, gleichzeitig werden die Zugkräfte der sie bewältigenden Gemeinschaftsleistung spürbar. Auf welcher Entwicklungshöhe es geschehen mag: er will das Beständige vom Unbeständigen sondern. Die Festigkeit des Seelengrundes muß sich am sinnlich gegenständlichen Leben auch in seinen gefahrvollen Formen beweisen, erst aus dem Experiment heraus wird sie bewußt verfügbar. Leben ohne Wagnis nagt die Selbstsicherheit an. Diesem Typus wäre aller Boden entzogen, wenn er sich und das, woran er glaubt, unerprobt hinnehmen müßte. Im Geistigen ist dies der Grund seiner bohrenden Zweifel und des Erkenntnisstrebens, durch nichts sich blenden zu lassen. Aber hier wie in der praktischen Welt sucht er die im Umbruch der Verhältnisse sichtbaren Aufbaulinien, wenn er zu Leistungsproben und Kraftbeweisen drängt. Harmonie kann einem solchen Menschen erst aus Kämpfen erwachsen; er will den gültigen Wert eines solchen Zustandes erkannt und das Recht zu seinem Genuß erworben haben.

In dem unruhigen Suchen, dem Wissenwollen des Skorpionkindes wird oft nur reine Zerstörunglust gesehen. Schenke ihm ein mechanisches Spielzeug, nach der ersten Begeisterung wird er das Blechkarussell zerlegen und interessiert verfolgen, was hinter dem glänzenden Lack los ist. Er untersucht die Mechanik, um zu erfahren, wie das Ding läuft. Auch die Puppe der Schwester wird doch ihr Inwendiges haben? Der aufgestochene Puppenbauch liefert die wichtige Erfahrung, daß nur Sägemehl darin ist. Es ist das am wenigsten naive, mit halben Erklärungen zufriedenzustellende Kind. Früh erwacht die sexuelle Neugier und verlangt Erklärungen. Das Entdeckenwollen verborgener Untergründe kann im unpassendsten Augenblick peinliche Fragen aufwerfen. Darüber weggleitende, verlegene Antworten lösen nur aus, daß das Kind spürt, hier steckt etwas, und seine Fragen werden dringlicher. Auch kindliche Grausamkeiten, Tierquälereien, kommen vor. Die mit „Vorsicht!“ und Totenschädel versehenen Giftflaschen haben den Reiz des Geheimnisvollen, scheußliche Gerüche erregen ein prikkelndes Schaudern, Wunden werden eingehend studiert. Gewitterangst kennt dieses Kind kaum, es will die Natur nicht nur in ihrer friedlichen Form erleben, sondern läßt sich von zerstörerischen Wirkungen erschüttern. Auf Brandstätten, Schutthalden, Gerümpelplätzen stöbert es herum, dies und der auf Dachböden, in Kellern betätigte Untersuchungstrieb lassen hinreichende Spuren im Aussehen zurück. Die Mutter führt mit Seife und Scheuerbürste einen aussichtslosen Kampf, und die Hosentasche eines solchen Jungen ist ein Sammelsurium von Dingen, über die vernünftige Leute nur den Kopf schütteln. Aber es will ja alles andere, als die abgeklärte Vernunft der Großen übernehmen, ist auf seine Art wißbegierig. Sein Treiben kann die kindliche Vorstufe eines ernsteren Forschungstriebes sein und sollte durch entsprechende geistige Anregungen gelenkt werden. Auch seine Umgangsformen, seine Ausdrucksweise bevorzugen das Abstechen von den Formen der Wohlerzogenheit. Läßt man ihn in den Entwicklungsjahren nicht alles Gärende und Unreife rücksichtslos herauswerfen, so unterstützt man leicht den Zug zu späterer Heuchelei, denn eine Lebensform, die er sich nicht selbst von innen heraus selbst schafft, ist bei ihm nur Tünche. Die Sitten der Erwachsenen zu bekritteln, ihre Grundsätze anzugreifen, kann die Voraussetzung zur Bildung seines eigenen Standpunktes in der Welt sein. Bloße Verbote oder Strafen wecken Auflehnung, Rebellion, nur eine ihnen imponierende geistige Überlegenheit vermag die bohrende Kritiksucht dieser Kinder in Zaum zu halten. Sie müssen für ihre wachen Interessen etwas zu tun bekommen, Probleme, die sie reizen, Aufgaben, in die sie sich verbeißen können. Ihre Arbeitsweise ist ungleich, Perioden der Trägheit können mit solchen rasender Angespanntheit wechseln. Vom Erzieher ist zu fordern, daß er immer auf die inneren Gründe der brüsken Schwankungen dieses Kindes eingeht. An diesem Punkt versagen viele Eltern. Gelingt es ihnen nicht, die Spannweite der Äußerungen zusammenzufassen, so werden sie teils durch Widerspruchsgeist, teils durch aggressive Liebesbezeugungen tyrannisiert.

Der Skorpion, das Gliedertier mit dem Giftstachel, versinnbildlicht in seiner Gestalt das Vielgliedrige und in seinem Stachel die Gefährlichkeit, die in diesem Prinzip liegen. Da gibt es vielgegliederte Charakterformen mit extrem auseinandergehenden Interessenbezirken, deren jeder sein eigenwilliges Sonderleben zu haben scheint. Es sind Menschen, in denen eine Anlage die andere bekämpft, in gärender, triebhafter Form. Die Fabel, daß der Skorpion, wenn man einen Feuerkranz um ihn legt und er die Flammen auf sich zukommen sieht, den Stachel gegen sich selber kehre, hat dazu beigetragen, in seinem Symbol das Selbstzerstörerische vieler dieser Menschen zu kennzeichnen. Kritik gegen sich, Kritik gegen andere, das ist der Stachel dieses Typus. Er kann das Gift ungesunder Verhältnisse enthalten, dann entstehen heimtückische und boswillige Schattierungen, auf ständiger Suche nach einem Feind, dem sie es einimpfen können. Das Ausmaß dieses Prinzips ist im Bilde des Skorpions so wenig erschöpft, daß auch das Symbol der Schlange vorkommt. Die sich häutende Schlange soll das Wiedergeborenwerden des Menschen versinnbildlichen, den Regenerationsprozeß, das Hindurchgehen durch Krise und Erneuerung. Ein anderes Symbol ist der apokalyptische Adler. Man findet Menschen eines durchdringenden Scharfblicks, die dem stolzen Raubvogel gleichen. Die einsamen Gipfel, auf denen sie horsten, sind solche der Abstraktion oder sie halten sich gegenüber der Welt der Niederungen in der Schwebe ihrer kritischen Höhe.

Es gibt die wenigen Inspirierten, die Warner und Umwerter der Werte im allgemeinen geistigen Erneuerungsprozeß, häufiger aber diejenigen, die aus einer geistigen Sonderstellung heraus auf die Opfer ihrer Kritik herabstoßen. Um dem Ausmaß des Prinzips gerecht zu werden, sei noch zum Symbol der Ameise gegriffen. Dieses Bild erfaßt den Arbeitstrieb, die Wehrhaftigkeit und das Opfer des einzelnen für das Gemeinwesen.

Ein bequemer Weggenosse ist dieser Typus in all seinen Schattierungen nicht. Ob er in gesunder Grobheit alles offen ausspricht, was ihm mißfällt, ob er mit Instinktdirektheit die Dinge angeht, die ihn beunruhigen, ob er dir klug überlegte Fallen stellt: er prüft dich. Seine Kritik steht konventionellen Bindungen meist ehrfurchtslos gegenüber. Die Affektbeteiligung beim Finden neuer Gesichtspunkte macht ihn unfähig, ein Ergebnis gegen das andere im organischen Verhältnis abzuwägen. Vieles bleibt bruchstückhaft. Er nimmt einen kämpferischen Standpunkt ein, der sich gegen naiv geglaubten Augenschein wendet. Ihm ist erst richtig wohl, wenn er etwas hat, woran er sich reiben kann. Je theoretisch anspruchsvoller er ist, an umso stabileren Grundsätzen muß er rütteln. Seine Wertungen bewegen sich in den Widersprüchen zwischen eigenem Autoritätsglauben und begrifflich formulierten Überzeugungen auf der einen Seite, wie andererseits der Ablehnung leerer Autoriät und toter Begrifflichkeit. Wo sich dies im Dumpfen, Unklaren und im Lichte der Halbwahrheiten abspielt, entstehen die Ruhestörer aus Prinzip und die Raufbolde, die ihre Kräfte nicht in Aufbauformen einbringen können, die ewigen Ankläger, Querulanten und Schreckgestalten, die ihren bissigen Witz nicht bändigen können, die sektiererischen Geheimniskrämer mit dem hypnotischen Blick. Trifft aber Entwicklungshöhe mit fundierter Überzeugung zusammen, so entstehen diejenigen, denen ihre Sache alles gilt und die im Kampf dafür Gesundheit und Eigenbesitz nicht achten. Diesem nicht am Empirischen haftenden Prinzip entspricht der metaphysische Zug im Suchen nach Zusammenhängen. Aus dem Erkenntnistrieb gehen freie Geister hervor, deren Blick den ganzen Spannungsraum menschlicher Leidenschaften durchdringt, auf die elementaren Werte gerichtet. Auf welcher Stufe es auch sei, es ist die Zähigkeit im Unruhevollen und das übersteigerte seelische Klima, das Leistungsproben braucht. Diese Menschen schließen keinen faulen Frieden, aber einer Sache, für die ihre Überzeugung spricht, folgen sie ganz.

Wie sich hier alles im Extremen äußert, so auch das Verhältnis zur Arbeit. Dieses Prinzip läßt einen untätigen Zustand – streng genommen – nie zu. Die Frage ist aber, ob der Tätigkeitstrieb immer produktiv wird oder ob er im Theoretisieren über das Tun zum zeitweiligen Leerlauf führt. Beides kann sich bei ein und demselben Menschen ablösen. Es gibt ferner im Extremfall denjenigen, der trotz intensiver Tatkraft sich während der Durchführung immer wieder den Erfolg zerstört durch übertriebene Selbstkritik oder Kritik an der Sache, sowie den von der Sache besessenen Arbeiter, der nicht nur hervorbringt, sondern auch das Geschaffene zu schützen weiß und der sein Werk mit den Zähnen verteidigt. Manche sind nur fähig, umwälzende Ideen aufzuwerfen, ohne das Umsetzen in die Tat abwarten zu können, andere bewältigen große Leistungssummen, wenn aber die innere Spannung aussetzt, brechen sie die Unternehmung schroff ab. Dieser Typus braucht ein leidenschaftliches oder ein theoretisches Verhältnis zu seinem Tun. Eine analytische Schärfe der Theorie findet man beim Psychotherapeuten, als praktischer Arzt ist er der geborene Diagnostiker, viele neigen zur Naturheilkunde, Homöopathie oder suchen gänzlich neue Wege. Mehr praktisch gerichtete Begabungen ergeben den beherzten Chirurgen, mit angeborenem Instinkt für Wundbehandlungen, auch magnetopathische Heilkräfte finden sich hier. Schwesternpersonal. Instinktives Verhältnis zu Säuren, Giften bei Pharmakologen, Chemikern, in der Metallurgie. Als Forscher auf verschiedensten Gebieten spürt ihre theoretische Begabung das Entwicklungsträchtige, in die Zukunft Weisende; experimentelle Erfolge in der Rohstoffgewinnung. Entschlossene Tatmenschen in der Politik, im Militärdienst; Energie gepaart mit Spürsinn und Methode. Unmöglich, die Reihe der praktischen Berufe aufzuzählen, vorwiegend Metallbearbeitung und Chemie. Hier wie in verschiedenen Sportarten zähe Leistungsmenschen. Als Künstler und Philosophen mehr die Aphoristiker, bei denen alles auf dem Anschnitt der Probleme und dem Wurf beruht. Viele Entdecker.

Menschen dieses Schlages können eine vor nichts zurückschreckende Energie offenbaren; eine ausgesprochene Kampfbereitschaft für die Sache, mit der sie sich identifizieren und für ihren Erkenntnisstandpunkt, ihre Glaubensrichtung. Auch im Gedanklichen wird die objektive Beobachtung der Sachlage überwogen vom Willensbetonten, vom Affekt, vom streitbaren Geist. Daher die Schärfe der Definitionen, die stichflammenartigen Angriffe im Wortstreit, die schroffe Hervorhebung der Leitgedanken, auf die es ihnen ankommt. In all diesen Äußerungen ist ein triebhaftes Ankämpfen gegen stagnierende Zustände wirksam. Die Sicherungsinstinkte gegen das Sterile und Angefaulte und der Wille zum Weitertreiben des Entwicklungsprozesses sind die Stärke dieses Typus. Das Skorpionprinzip fordert sehr viel. Der Unentwickelte bleibt leicht im Negativismus stecken, in der Lust am Anbohren, Schwächen offenbaren, Enthüllen. Da dem Lebensgefühl der Wert der Persönlichkeit in sich selbst nicht genügt, sondern erst der Widerhall in der Gemeinschaft ihm Erfüllung bringt, schafft der Mangel positiver Aufgaben Unsicherheitszustände, die in übertriebene Geltungssucht umschlagen. Erst kritische Selbstprüfung und Leistung geben Ruhe, Sicherheit, und zum Lebensvertrauen bedarf es des positiven Getragenseins von einer Sendung.

Eine betonte, zur Unbeständigkeit neigende Sexualität. Dieser Typus braucht einen Menschen, der ihn gefühlsmäßig immer wieder anregt und der seine Entwicklungen mitmacht, an dem es immer wieder Neues zu entdecken gibt, der nie mit sich zu Ende ist.

Das Zeichen Skorpion meldet erbbiologisch eine Überkreuzung von Erbreihen mit großer Anlagenverschiedenheit an. Zwischen den zusammentretenden Kräftestrebungen ist eine Spannung zu bewältigen, die in Probleme und Krisen der Entwicklung hineindrängt. Mehr als andere bedarf dieser Typus der inneren Klärung dieser speziellen Bedingtheit.

*

♐

Schütze

Dieser Typus verhält sich so, wie es das Über-Ich erfordert, das Leitbild seiner Wünsche, Willensimpulse, Begeisterungen, dem er im weitesten Ausmaße der Idee zustrebt. Er nimmt das Leben von der bewegungsmäßigen Seite, er braucht Spannraum, Entwicklungsfeld. Den bindenden Punkt verlegt er in sich. Aus sich heraus will er kraft seiner Vernunft und Entscheidungs-freudigkeit die höchsten Möglichkeiten des Umraumes verwirkli-chen. So wird sein Leben zur organischen Einheit dramatisch auf-gerührter Gegensätzlichkeit zwischen Umweltbedingung und ich-haftem Impuls. Auf linearen Ablauf eingestellt, beharrt er nie im Zustandhaften. Im Gefühl voll und ganz er selbst, jagt er im Stre-ben seinem Ideal und Zielpunkt nach. Dies läßt ihn zeitweise glau-ben, daß er schon sei, was er von sich fordert. Zu anderen Zeiten empfindet er die Fessel der vorhandenen Wirklichkeit umso tragi-scher. In gleichbleibenden, festgeordneten Verhältnissen fühlt er sich eingesperrt. Unbändiger Freiheitsdrang und Bedürfnis nach Steigerung treiben ihn zu Höhepunkten, die in leidenschaftlichem Optimismus frisch und natürlich durchlebt werden. Der Rückprall zwingender Verhältnisse und erlebter Enttäuschungen lassen ihn wieder auf Tiefenpunkte herabsinken. Aus trotzigem Aufbäumen gegen die Tatsachen wird Zerknirschung und Einkehr; so findet er den Punkt zur Umorientierung. Gemessen an seinen Forderungen kann ihm hierbei schon Tiefenpunkt sein, was für andere ein Ste-hen auf dem Boden des Gegebenen ist. Dieser Typus muß Ziele weit über sich hinaus werfen können. Alles oder nichts: seine De-vise. Aus expansiver Willensrichtung kommt er zur barocken Übersteigerung der Tatsächlichkeit. Auf jeden Fall will er das Au-ßerordentliche, wo ihn das Leben auch hinstellt und soweit seine Fähigkeiten reichen. Es gibt hier die Fälle der Kräftevergeudung, von denen andere sagen, der Einsatz sei eines besseren Ziels würdig gewesen. Wer aber aus der Willensspannung dieses Prinzips lebt, lehnt solche Normung des Wertes ab. Ihm geht es nur um die Bewältigung der selbstgewählten Aufgabe. Als Typus ist er selbst der Wertende, Fordernde. Nicht, was ist, gilt ihm, sondern was sein soll. Er entwickelt sich in stark akzentuierter Bewegung der Ereignislinie, die Gipfelpunkten zusteuert, in denen die individuelle Leistung so hochgetrieben ist, daß sie zur gemeinschaftswertigen wird.

Ein höchst reizbares, eigenwilliges und hochfahrendes Kind, wenn man sein Bedürfnis nach ungebundenem Tun und Lassen übergeht. In seinem Wesen verstanden und gewürdigt, ist es aber friedfertig, duldsam und voller Mitgefühl für alles Lebendige. Sein Bewegungstrieb will sich austollen. Zu Sport und Kampfspielen in freier Luft, zum Tanz hat es natürliche Anlagen, meist einen kräftigen Körper. Früh ausgeprägt ist der persönliche Stolz. Man darf ein solches Kind nie vor fertige Tatsachen stellen oder es in eine vorgeschriebene Haltung hineinzwängen wollen, nie ungefragt über sein Eigentum oder seine freie Zeit verfügen. Sei es noch so gut gemeint und zweckmäßig gedacht, die Nichtbeachtung seiner freien Entscheidung führt zur Entfremdung. Wenn man aber seine Vernunftseinsicht, seine Begeisterung und seinen Impuls zu wecken weiß, gibt und leistet dieses Kind von sich aus mehr, als von ihm gefordert wird. In der Zustimmung oder Ablehnung schießt es leicht übers Ziel hinaus; es verwirft in impulsiver Unbeherrschtheit, was ihm nicht paßt, und unternimmt aus gleicher Impulsivität heraus Dinge, die mit einem Risiko verbunden sind, weil sie ihm im Moment zu tun wert sind. Sage dem Jungen, er kommt nicht über einen Graben. Er wird hinüberkommen oder im Graben liegen, auf jeden Fall springt er sofort los. Erzähle dem Mädchen, es gibt keine weiblichen Fensterputzer an Wokenkratzern. Es wird den einzigen ihm möglichen Beruf in sich entdeckt haben. Unmöglich, diese Kinder zu Menschen eines eng abgesteckten und festliegenden Pflichtenkreises zu erziehen. Frühzeitig aber ist dieser Typus zur Hingabe an große Dinge fähig, sein Blick geht auf große Vorbilder

der Geschichte, Forschungsreisen und letzte Dinge der Weltanschauung. Weniger liebt er die formelhafte und mechanische Seite des Lernens. Alle diese Kinder machen ihre Phase des abenteuernden Herumstreunens durch. Besonders in den Entwicklungsjahren drängt der in ihnen steckende Weitentrieb weg von den allzu bekannten, unveränderlich scheinenden Verhältnissen des Elternhauses. Was nicht zur Tat werden kann, wird wenigstens in der Phantasie ausgelebt und jeder reitet seine besonderen Chimären; sie haben auch die Gabe, ihr Wunderland hundert Schritte hinterm Haus entdecken zu können. Indianergeschichten, Abenteurerromane, alles Kühne, Edle, Großartige wird verschlungen, die Wände der Realität verschieben sich ihnen. Wenn der Junge von seinen Leistungen berichtet, fehlt es nicht an großsprecherischen Übertreibungen und das Mädchen spielt erdichtete Rollen in ihre kümmerliche Gegenwart hinein. Diese im Allgemeinmenschlichen oft frühreifen, in wirtschaftlichen Dingen meist lange kindlichen Menschen brauchen eine Gemeinschaft, in der sie für ihre Leistungsfähigkeit einen Sinn sehen. Die Welt muß ihnen offen stehen, voller Möglichkeiten für kühne und gefährliche Pläne, ihre Beschwingtheit verträgt nicht den im voraus berechneten Nutzeffekt. Sie brauchen Vertrauen und Würdigung ihrer Beweggründe, eine Aufgabe muß man ihnen zum Stolz, aber nicht zur sauren Pflicht machen.

Das Symbol des Bogenschützen zeigt einen Menschen in höchster Anspannung. Sein ganzes Wesen faßt sich zusammen in Hinsicht auf die Entfesselung einer Bewegung. Das Zielgerichtete im Blick, die abschätzende Überlegung der Schußweite, unmittelbare Bewegungsfreiheit und ein zu erobernder Raum: Haltungen und Umstände, ohne die einem solchen Typus das Leben nichts wert wäre. Der von seinem Tun besessene Schütze erlebt sich ganz und gar im Geschoß, und so wird der produktive Typus zur Projektion seiner Fähigkeiten in der zielhaften Unternehmung. Wo aber genügende Produktivkräfte und tiefere Inhalte fehlen, da entsteht die Bewegung um der Bewegung selbst willen. Es kommt darauf an, welche Pfeile man im Köcher hat und welche Ziele man wählt, und mancher Bogen bricht. Das Schießen allein macht diesen Schützen nicht, der Mensch selbst muß mitbewegt sein. Beim Artilleristen liegt die Spannkraft zum Schuß außerhalb des Menschen und dessen Beteiligung am Geschehen ist auf die Berechnung der Schußlinie und die Beherrschung des Geräts beschränkt. Dann schon eher der Steinschleuderer, das muskuläre Tun gehört mit zum Symbol des Schützen. Jedenfalls braucht er expansive Mittel und Beteiligung des ganzen Körpers am gespannten Tun, so bewältigt er den Umraum. Die Aufwallungen diese Typus verhalten sich gleich dem abgeschossenen Pfeil: ein Bogen ansteigender Begeisterung bis zum Höhepunkt, der zugleich der Wendepunkt ist, mit dem der kürzere, schroffere Bogen des Absturzes der Empfindungen beginnt. Positives Lebensgefühl für ihn, wenn ein reales und weitgestecktes Ziel getroffen ist! Doch kann er seine Pfeile auch an eingebildete Ziele verschwenden und erlebt dann nur den ergebnislosen Absturz. Eine Abwandlung des Symbols ist der Kentaur, das Fabelwesen, das eine Verbindung der animalischen Natur mit dem Geistigen im Menschen darstellt. Kennzeichnend für den Schützetypus ist seine organische Zusammenfassung des Triebhaft-Animalischen mit der menschlichen Vernunft. Der Kentaur versinnbildlicht die Einheit dieser beiden Momente. Wie stets bei diesem Typus das Innere in die Umwelt ausgreift, so gibt sich auch die Einheit der Gegensätze in ihm kund in seiner ausgesprochenen Vorliebe und Obhut für das warmblütige und schnellfüßige Tier. Eine Elementarbeziehung besteht zum Pferd, und trifft man je auf einen Reiter, der, wie der Volksmund sagt, mit seinem Pferd verwachsen ist, so entstammt er dieser Region.

Vereinigung von lebenswarmem Impuls und hochfliegenden Gedanken sind die Hauptkennzeichen dieses Typus. Da findet man frischverwegene Burschen, Eroberernaturen, Rekordebrecher, für die ein Unternehmen erst dann den richtigen Wert hat, wenn es mit Lebensgefahr oder anderem schwerwiegendem Risiko verknüpft ist. Jeder will der erste der Wagehälse sein, für einen Augenblick nur, der Sieg ist Erfüllung in sich, im nächsten Augenblick legt er den Kranz ab und sucht eine neue Möglichkeit, sein Leistungsbild vor sich zu haben. Die Spitzenleistung holt eine ganze Phase der Orientierung und Anstrengung in einen einzigen Punkt zusammen, er springt über sich selbst und setzt damit eine Kennmarke. Aufgaben sind ihm Symbole daranzusetzenden Willens. Dem Bergsteiger ist die noch unbestiegene Wand eine Anklage, dem Stoßtruppführer ist der Einbruch in die uneinnehmbar geltende Stellung ein Ehrenpunkt, dem Forscher ist der weiße Fleck auf der Landkarte ein zum Aufbruch mahnendes Signal. Das Außergewöhnliche reizt sie, Erfolge und äußere Ehren nehmen sie in Gebühr der Sache an, lassen sich aber dadurch keineswegs festlegen und in ihren weiteren Dispositionen beschränken. Der Beifall nimmt nicht das Einsame von ihnen, das Pathos der Eroberung selbst ist nicht übertragbar. Ihr Leben ist in der Ereignislinie stark bewegt und voll jäher Wendungen.

Wäre der Kentaur, das Fabelwesen, in unserer Wirklichkeit möglich, so ließe sich nicht trennen noch werten zwischen Mensch und Tier in ihm. Bei diesem Typus kann das Physische so sehr Geist werden und umgekehrt das Geistige sich derart verkörpern, daß hinsichtlich des Edlen, das ihn anspornt, eine Wertstufung nicht danach aufzustellen ist, ob die Leistung auf der materiellen oder geistigen Ebene liegt. Sein Maß ist die organische Einschaltung der Tat. Ihre weitertragende Bedeutung zu sehen, ist eine Sache der Charaktersubstanz.

Beruf ist bei diesem Typus in allen Fällen mehr oder weniger eine Berufung. Spezialbegabung und Gelegenheit genügen ihm nicht. Seine Wahl wird bestimmt durch das Erlebnis einer ihm angemessenen Aufgabe im Leben und das Bewußtsein, den so gewählten Beruf voll und ganz ausfüllen zu können. Trifft dies nicht zu, so behält er seiner Tätigkeit gegenüber das Gefühl einer Vorläufigkeit und die Erwartung, daß noch etwas kommen müsse. So erklärt sich mancher Berufswechsel, der mit Wendungen der Entwicklung zusammenhängt. Eine gewisse Sonderstellung und Freizügigkeit, ein unpedantisch ihm übertragenes Vertrauen ist die Vorbedingung ergiebiger Auswirkung seiner Fähigkeiten. Der Wille zum unbedingten Tun kann bei dem Leiter einer Expedition, einer Forschungsgesellschaft die Anhänger immer wieder über Entmutigungen hinwegreißen, zäh dem vorgesteckten Ziele nachfolgend. Auch beim Philosophen, beim Ethiker verbindet sich das Willensmäßige mit dem Aufwerfen führender Gesichtspunkte, die dem Menschen einen Weg durch das Leben in seiner Vielseitigkeit zeigen. Wissenschaft kann selten Selbstzweck sein, ebenso braucht der Künstler eine menschliche Mission; es geht ihm nicht um Kunst an sich, sondern um die menschlichen Wirkungen, die sie auslöst. In der Malerei lebendiger Duktus der Pinselführung, Schauspieler mit rhetorischem Schwung und extensivem Ausdruck, in der Dichtung das Mitreißende, in der Musik das Improvisatorische. Oft mehr das Virtuose beim Stehgeiger, Kabarettsänger, Tänzer, auch Artisten. Auf wirtschaftlichen Gebieten derjenige, den das Außergewöhnliche, Aberteuerliche eines Unternehmens reizt, mitunter gigantische Pläne. Im Sportlichen gibt die Tendenz zu Sonderleistungen Reiter, Skispringer, als Kletterer den typischen Einzelgänger, oder die Gabe zur Anleitung anderer schafft den Sportlehrer, Schulungsoffizier. Verkehrsflieger. Der Instinkt für den Gebrauch der Schußwaffe und anderseits das Hegen organischer Werte vereinigt sich im Förster. Oft besonderes Materialgefühl für Holzverarbeitung, Geigenbauer, Zimmerleute.

All diese Menschen sind erfüllt von einer Lebensgläubigkeit, die den federnden Schritt durch Wagnisse liebt. Eine enge, vernützlichte Welt gibt ihrer Begeisterungsfähigkeit keinen Raum. Sie brauchen Reisen, Erweiterung des Wissenshorizontes, Überbauung der vorgefundenen Wirklichkeit durch leitende Prinzipien, und in jedem Tun: völligen Einsatz der Kräfte, inneren Gesetzen folgend. Wenn sie ihre Freiheit beschnitten fühlen, wenn man ihren Stolz verletzt, ihnen die Perspektiven unterbindet, ihre Beweggründe mißversteht und sie ins kleine zieht, reißt sie der Jähzorn zu unbesonnenen Handlungen. Sehen sie keinen Weg vor sich, so meutern sie gegen die Verhältnisse. Ihre optimistische Bewegungsnatur duldet aber nicht, daß ein Unmut sich festsetzt, gern sind sie zur Versöhnung bereit; wo sie sich andauernd eingeschränkt fühlen, packen sie ihr Bündel und ziehen fort. Erlebte Enttäuschungen können sie nur kurze Zeit ganz zu Boden werfen. Ihr Gefühlsleben vereint die Gegensätze überschäumender Daseinsfreude und verbohrter Verzweiflung, heftig sind Zuneigungen und Abneigungen, freimütig ist der Ausdruck. Jeder sucht auf seine Art die große Linie seines Lebensstiles, will im feurigen Aufschwung andere mit sich heben, mitteilsam, freigebig, wo er weitertreibende Wirkung sieht. Diese Menschen werden lieber abenteuernd zugrunde gehen, als ihre Gaben auf nützliche Flaschen mit einer ihnen nichtssagenden Etikettierung abziehen. So findet man hier auch die den solideren Verhältnissen Entgleisten: Glücksritter, Spieler, Hochstaplernaturen. Einfügsam ist dieser Typus dem organischen Gesetz und der menschenverbindenden Idee. Dies ist die Wurzel der hier oft gefundenen Religiosität; weniger des auf Pfründen sitzenden Kirchenbeamten, als des Millionärs oder Wanderpredigers. Auch das Sozialgefühl bekommt hier eine religiöse Note, mit dem Gewicht auf dem Lehren und der werbenden Gläubigkeit. Dieser Typus strebt höher, meidet menschliche Niederungen, macht sich nicht mit dem Nächstbesten gemein. Das ruhelose, flackernde Temperament kann ihn in Besinnungslosigkeiten stürzen, aus Protest, da er Abhängigkeit von realen Dingen um keinen Preis zugeben will.

*

♑

Steinbock

Das Gewicht der Erfahrung und der allgemeine Brauch bestimmen das Verhalten dieses Typus. Heilig ist ihm die geschichtliche Gewordenheit der Dinge. Er ist der Hüter einer Tradition. Was ihm zuwächst, prüft er aufgrund formenhaft nüchterner Feststellung. Neuerungen ist er nicht leicht zugänglich. Änderungen in ihm selbst können nur das Resultat umständlicher Überlegungen und langsamer Umgewöhnung sein. Er ist nicht umstimmbar durch momentane Eindrücke auf das Gemüt. Aus dem Zufälligen der Erscheinungen sucht er das Wertbeständige herauszuschälen. Hat er Dinge als gültig erkannt, so werden sie ihm zur Pflicht; Erkenntnisse sind für ihn verpflichtend. Mit Härte, Ausdauer und Konsequenz folgt er den so empfangenen Leitsätzen. Er bedarf eines festen Rahmens zur Betätigung, braucht Bindung an ein Amt, eine Regel, eine Vorschrift, eine Grundlinie oder das Gesicht einer überlieferten Sitte. Die formelle Stellung in der Gesellschaft verkörpert ihm Sinn und Aufgabe. Lebensinhalte will er wirksam machen durch die Form, und die Form soll von allgemeiner Gültigkeit sein. Der Ehrgeiz treibt ihn von Sprosse zu Sprosse der vorgefundenen Stufenleiter; aber er greift nicht vor, mit unermüdlicher Sorgfalt erfüllt er die seiner jeweiligen Stellung gemäßen Arbeiten und Formalitäten. Er wertet nach dem Vorhandenen, auch wenn er die Zukunft im Auge hat. Nur das Gesicherte, Verläßliche, Gediegene tritt für ihn als Maßstab ein. Er unterdrückt eigene Impulse, wenn sie nicht mit diesen Maßstäben oder den Anschauungen seiner Umgebung in Einklang stehen. Auch in aufregenden, ihn selbst betreffenden Ereignissen übt er kühle Zurückhaltung und wahrt die gebräuchlichen Formen. Immer bleibt er korrekt. Dieser Typus hat äußeren Einflüssen gegenüber die stärkste Widerstandskraft; zäh, gründlich, gewissenhaft führt er durch, was er sich vorgenommen hat. Wo Strenge und Verantwortlichkeit erforderlich sind, ist er am Platz und findet Anerkennung. Aber sein Mangel an Einfühlung, sein nur herb sich äußerndes Mitempfinden, seine Impulsarmut stellen ihn oft abseits, wo menschliche Nähe sich unmittelbar an Gefühle wendet. Diesem Ausgeschaltetsein entsprechen Zeiten der Melancholie und Müdigkeit. Seine Stärke ist die unbestechliche Sachlichkeit. Mit Fleiß kniet er sich in seine Aufgaben. Die sorgsamste und sparsamste Methode erscheint ihm stets als die beste. Er bewegt sich in vorgezeichneten Bahnen, kommt zur Größe durch den Dienst für das Gesetz, das ihm zur Gewissensfrage geworden ist.

Kinder einer oft ganz unkindlichen Verschlossenheit und Härte finden sich unter diesem Prinzip. Schwer ist es, ihr Vertrauen zu gewinnen. Man braucht viel Geduld und muß Beweise geben, daß man es redlich meint, ehe sie zugäglich werden. Allzu freundlichen Gesichtern mißtrauen sie. In lärmender Gesellschaft fühlen sie sich nicht wohl und ihre eigene Lustigkeit hat etwas ungeschickt Unterstrichenes. Ein frühzeitiger Ernst macht manche zu Einzelgängern ohne Anhang. In treuherziger Beständigkeit hängt dieses Kind aber an den wenigen Menschen, die es seiner Freundschaft als würdig erachtet. Ein Enttäuschtwerden in diesem Punkte verzeiht es niemals. Es vergißt nichts, und bestimmte Tatsachen wird es dir noch nach Jahren vorrechnen, wenn die Sprache darauf kommt. Nach außen hin ist sein Gebaren durch Brauch und Sitte bestimmt. Es will so aussehen, wie es unter Kindern seiner Schulklasse üblich ist. Tragen die meisten Jungen Lederhosen, kann deiner unmöglich anders gehen, aber in denselben Hosen behauptet er zu frieren, wenn er in eine Gegend versetzt wird, wo Knickerbokker üblich sind. Ein Mädchen, das ohne vorschriftsmäßigen Dreß Tennis spielt, wäre eine Verletzung von Dingen, die man zu respektieren hat. Das Schreckgespenst dieser Kinder ist das Lächerlichwirken. Selbst Streiche machen sie ohne besonderen eigenen Antrieb mit, um nicht aus der Reihe zu tanzen. Unter den früh oft mit erstaunlicher Sicherheit beherrschten Ungangsformen verbirgt sich das Bestreben, so zu sein, wie andere sie sehen wollen. Schon als Kind fragt sich dieser Typus: was tut man, was ist in einem solchen Falle üblich, was werden die anderen denken? Das Achten auf die Form kann zur Tapferkeit werden, wenn es gilt, einen Schmerz zu verbeißen. Der fast stets vorhandene Ehrgeiz ist unschwer anzuspannen und auf selbständiges Tun zu lenken. Methoden, die leicht von der Hand gehen, dies aber auf Kosten der Genauigkeit erreichen, verachten sie. Manchem gilt eine Sache, die er sich nicht mühsam abgerungen hat, als nichts. Wer auf sichtbare Schulerfolge Wert legt, hat an diesen Kindern große Freude. In seelischer Hinsicht sind sie schwierig zu behandeln, weil sie niemand an sich herankommen lassen und sich nur selten aussprechen. Und gar Zärtlichkeiten! Sie widerstreben, ungern lassen sie sich küssen, und wenn es nicht zu vermeiden ist, so wischen sie sich wenigstens sogleich den Mund ab. Familienbegrüßungen auf Bahnhöfen sind ihnen ein Greuel. Alles Sentimentale fliehen sie. Wo andere schlicht ein Gefühl zum Ausdruck bringen, reden sie störrisch von etwas Sachlichem. Dennoch tut es ihnen wohl, von Liebe und Wärme umgeben zu sein, nur darf es niemand merken, daß es ihnen angenehm ist; es hat nicht vor unberufenen Augen zu geschehen und sie wollen sich nicht dazu äußern.

Das Symbol des Steinbocks soll den einsamen Kletterer in unwirtlichen Gegenden zum Ausdruck bringen. Etwas Karges und Dürftiges hat die Welt, in der sich dieser Menschentypus bewegt, denn er beschränkt sich in den Äußerungen auf das sachlich Notwendige und kann in den Bedürfnissen genügsam sein bis zur Askese. Auch er klettert mit zäher Ausdauer seinen Zielen nach und um richtig zu steigen, bemüht er sich um die Kundigkeit des Bodens seiner Tatsachenwelt. Bei diesem Tiersymbol muß also die Umwelt, der harte, nackte Fels, mitgedacht werden, an dessen Beschaffenheit das Tier seine Kräfte zu erweisen hat. Die Aussparung der bunten Fülle, der Kampf im kahlen Grenzbezirk des Organischen, ist in das Lebensgesetz dieses Wesens übergegangen. Diese vom Steinbock nicht wegzudenkende Verbindung mit der Umwelt bezeichnet einen Typus, bei dem der animalische Impuls stark zurücktritt zugunsten der Angepaßtheit an härteste Bedingungen des

Daseins. Dies ist das Widerstandsfähige und die Sicht auf Dauer in ihm, eine Haltung, die von momentanen Veränderungen und äußeren Zufällen absieht, weil sie in dieser gestrengen Welt nur nichts oder wenig bedeuten. Hier darf man nicht auf Wunder warten, man braucht gegenstandsbezogene Standfestigkeit. Bestimmte Dinge haben bestimmte Gesetze, man darf sie nicht überschreiten. Wo es auf Behauptung in den Elementargewalten ankommt, werden diese Gesetze wirklicher als die Oberfläche der Erscheinungen. Wenn ich die Tektonik des Felsens mißverstehe, so versteige ich mich; wenn ich die Struktur des Gesteins falsch einschätze, kann es mir unter der Hand abbröckeln; wenn ich in der unsichtbaren Beziehung zwischen Griff, Standpunkt und Eigenschwere irre, stürze ich ab. Mehr als jeder andere Typus sucht dieser in gesetzmäßigen Zusammenhängen seinen festen Grund.

Bei diesem Menschenschlag ist grundwichtig, welche Summe persönlicher Erfahrung sich zur Lebensform herauskristallisiert. Vitale Kräfte und triebhafte Beunruhigungen sind bei ihm oft auf ein Mindestmaß gedrückt; die Energie ist auf Ersparnis eingestellt, kann sich aber stark und nachhaltig in Zielen auf lange Sicht ausgeben. Dieses Temperament und die meist guten Geistesanlagen befähigen diesen Typus wie keinen zweiten, sich in schwere und mühevolle Aufgaben zu verbeißen oder langwierige Studien unverdrossen auszuhalten. Es gibt Menschen von pflichtverbissenem Eifer im Beruf und mit festen sozialen Grundsätzen, denen das Privatleben mehr als Begleiterscheinung ihrer gesellschaftlichen Funktionen gilt. Bei aller Formgeschliffenheit des Auftretens fehlt ihnen der innere Schwung, es bleibt ihnen jener Zug der Verschlossenheit, der private Meinungäußerung außer Betracht stellt. Mitunter geht ihre Höflichkeit ins Trockene, Lederne, und trotz ihrer Rechtschaffenheit und Redlichkeit finden sie wenig Freunde. An legitimen Bindungen halten sie fest; in ihrer Anerkennung des real Vorhandenen verfallen sie leicht dem Zwang geschaffener Tatsachen. Die überwiegende Beziehung dieses Prinzips zu allem Formalen schafft, wo tiefere Inhalte nicht genügend entwickelt sind, auch Menschen, die in der äußerlichen Konvention aufgehen, ja, solche, denen die Meinung der Mitwelt zum Fetisch werden kann. Der Griff nach dem Gesicherten, das geduldige Sichhinaufschrauben und die Knechtung der Impulse ergeben mitunter Menschen ohne Wagemut, die aus Angst vor eigener Verantwortung sich ständig hinter Dogmen und Paragraphen verstecken. Ihre Lebensangst braucht immer etwas außerhalb ihres Urteilsbereichs, woran sie sich halten können; sie fühlen sich nicht zuständig, sagen, ihre Kompetenz reiche nicht so weit. Das Bedürfnis, sich auf etwas Gegebenes zu stützen, bringt bei einer Fehlentwicklung der Bindung dieses Prinzips an das Stofflich-Sachliche auch Menschen hervor, die ihren Eigenwert krampfhaft mit ihrem materiellen Besitz identifizieren. Da entstehen dann knauserige Filze, Geizhälse, Schatzsammler, deren Herz dem Geld verschrieben ist. Andere haben etwas Geducktes, gehen ständig unter einer Bürde einher, sie fühlen sich schlecht weggekommen im Leben, bringen keinen Unternehmungsgeist auf; es ist das Erbe der Väter, das auf ihnen lastet, auch die Nachwirkung einer Ungunst der Verhältnisse in der Kindheit vermögen Menschen dieses Zeichens nur langsam zu überwinden. Die Tendenz des Prinzips, den besonderen Fall zu erweitern, bringt diese Menschen mitunter in pessimistische Gedankengänge, wo aber Spannkraft und Einsicht stark sind, wird gerade aus solchen besonderen Erlebnissen eine allgemeine soziale Verpflichtung abgeleitet. Aus der Einschränkung kann ein solcher Mensch seine Stärke machen.

In der Berufswahl hält sich dieser Typus an eine beständige Materie, an gesetzmäßige Formen, an dauerhafte und allgemeingültige Werte. Mitunter ist der Beruf durch Familientradition vorgezeichnet. Man findet hier den geborenen Baumeister und Städteplaner, der seine Aufgaben von der Gesamtform und dem Gemeinnützigen aus anpackt; sorgsam in der Fundamentierung, im Materialgefühl auf das Gediegene gestimmt, mit Anknüpfung an die Tradition und Einschätzung des Umraumes, der örtlichen Verhältnisse. In den Wissenschaften zeigen sich gründliche und zuverlässige Methodik, formales Gedächtnis. Juristen, Historiker, Mathematiker, Physiker, physikalische Chemiker, Mineralogen,

Anatomen. Als Soziologe wird dieser Typus empirisches Material statistischen Berechnungen unterwerfen, Gesetzmäßigkeiten herauszuarbeiten suchen. Als Philologe der ausgesprochene Grammatiker. Gute Schachspieler. Das gesamte Bergfach, in seinen Möglichkeiten vom Bergingenieur bis zum Hauer, entspricht den Eignungen dieses Prinzips. Steinbruch und Steinmetzarbeiten sowie Lederbearbeitungen kommen für das spezifische Materialgefühl in Betracht. Die Erfordernisse des Druckgewerbes leiten über zur graphischen Formklarheit beim Zeichner. In künstlerischer Hinsicht hauptsächlich Bildhauer, in der Literatur Epiker; historischer Roman. In der Musik ausgesprochene Kontrapunktiker. Pünktlichkeit und Pflichterfüllung machen diesen Typus wie keinen anderen geeignet zum Beamten, zum Angestellten auf einem Vertrauensposten, zum Aufseher und Lagerverwalter. Die Tendenz zur Sicherung verlangt meist eine Laufbahn mit vorher übersehbaren Stufen und einem Abschluß mit Pension, aber auch Titel und äußere Ehren können eine starke Zugkraft sein. Bei Landwirten ist der festumrissene Kreis durch Tradition bestimmt. Die Dienstwilligkeit und Disziplin dieses Typus ist so ausgeprägt, daß er ihm aufgetragene Pflichten, auch wenn sie unterhalb der Gepflogenheiten seines Standes liegen, erfüllen wird, sobald er darin eine allgemeingültige und notwendige Funktion erkennt. Auf seinem Posten erwachsen keine Konflikte, wo die Arbeitsbedingungen stabil bleiben.

Nirgendwo außer in der Region dieses Zeichens wird man so viel Ernst, Geduld, Zuverlässigkeit und Konsequenz in der Verfolgung eines vorgesteckten Realzieles finden, unter keinem aber auch so viel Verknöcherung und Dogmatismus. Das Gewicht der Erfahrung münzt sich in viele Formen aus. Nicht durch Impulse, sondern durch konkrete Umstände und sichtbare Zwecke ist das Handeln bestimmt. Die unermüdliche Sachverfolgung verläuft ohne Affekte und Übertreibungen in stofflicher Härte; das Verhältnis zur Aufgabe läßt sich nur bis in die kühle Leidenschaft der Sachlichkeit hinein steigern. Zäh und konzentriert haftet die Energie an ihrem Vorhaben, hält sich genau an das Notwendige, das auch Gemüt und Vorstellung in kompakter Gegenständlichkeit belastet. Selbst der Witz bekommt hier eine merkwürdig trockene, knappe Art. Gegen das Fremde zeigt sich mitunter Gefühlskälte und Mißtrauen, gegen den Versuch der Beeinflussung wird die geschlossene Front aller Abwehrkräfte eingenommen. Gefühle lösen sich erst da aus, wo Enttäuschungen außer Betracht zu stehen scheinen. Langsam nur ist die Wandlung der durch Erfahrung und kontemplatives Denken vorgezeichneten Linie. Ein dem weiblichen Empfindungsnaturell wenig entgegenkommendes Zeichen, auch hier richten sich die Kräfte auf sachliche Leistung und Tüchtigkeit.

In der Traditionsbindung dieses Typus liegt eine Rückversicherung. Er will die Gegenwart mit bewährten Methoden meistern. Mit der Entwicklungshöhe wächst der Verantwortungskreis, das Ausmaß des anzutretenden Erbes. Er braucht das Bewußtsein einer überpersönlichen Aufgabe, fühlt sich als Diener über ihm stehender Mächte. Auch auf der höchsten Stufe verwirklicht er seine Grundsätze in realer Form, als Lenker im Staat, in der Wissenschaft, im Gemeinnützigen. Ob ihn Einsicht, ob ihn Ehrgeiz treibt, er macht Umwege, aber er tut keinen Schritt zurück.

*

♒

Wassermann

Dieser Typus verhält sich gemäß der ihn tragenden Idee, ihrer Spannkraft, ihrem Produktivgehalt angemessen. Was ihn erfüllt, ist das geistige Gegründetsein einer Sache, sind die Zukunftsmöglichkeiten, die sich daraus ergeben. Leuchtet ihm der Glaube an eine solche Sache aus den Augen, so tritt alles Private in ihren Schatten. Aus ihr allein lebt er und nur für sie. Sie gibt ihm Sicherheit, macht seine Kräfte frei.

Idealistische Begeisterung erhält ihn in Schwung. Er sucht Inhalte, die zum Angelpunkt seines Lebensstils werden und um die sich sein Gedankengut gruppiert. Auch in seinem Tageswerk leitet er die Dinge aus einem Bezugsverhältnis zueinander ab, er ist der Mensch, der sich ständig Dispositionen gibt. Sein Gesamttun will er höheren Werten unterstellt sehen. Ansporn und unermüdliche Lebensfrische strömen ihm aus Kernideen und Grundsätzen zu. Auch in Gefühlen bedarf es bei ihm des ideellen Blickpunktes. Aus dem Triebmäßigen allein käme er zu keiner starken Aufwallung. Vitalen Anforderungen, deren Leitmotiv er nicht erkennt, steht er gleichmütig bis zur Teilnahmslosigkeit gegenüber. Sogar sich selbst kann er oft gleichgültig sein. Das von Gedanken temperierte Seelenklima ist das Geheimnis seiner Mäßigung. Es macht ihn ebenso ruhig, duldsam und maßvoll, wie zugänglich, aufnahmebereit und anschlußfreudig im leichteren Interessenwandel. Doch in Werbung und Dienst für seine Sache ist er starker Leidenschaften fähig und bei Herabwürdigung seiner Überzeugung gerät er in heiligen Zorn. Mit dem bindenden Blickpunkt zur Welt und zum Leben steigt und fällt sein Wertinhalt. Hat er ihn positiv, so kann er dafür vieles ertragen und erleiden. Fehlt dieser Blickpunkt, so wirkt er leicht papieren und blutleer, geht in einer stumpfen, gleichmütigen Befolgung etwas pedantischer Lebensregeln auf. Für das Unmittelbare und Anschauliche, das Erlebnis des einmaligen und besonderen Augenblicks hat er überhaupt wenig Sinn. Bei Konflikten greift er nur da parteinehmend ein, wo es sein Ideengebäude betrifft, und dann zeigt seine Stellungnahme oft wenig organisches Gefühl für die Irrungen des menschlichen Herzens. Er kann sich eindenken, aber nicht einfühlen. So appelliert er an die Erfahrungen, die jeder Mensch von den strittigen Dingen machen könnte, und aus dem großen, allgemeinen, verbindenden Zusammenhang heraus findet er die Einstellung zum Menschen, den er vor sich hat. Im Kampf persönlicher Meinungen steht er abseits als kühler Beobachter, doch mit Verständnis für menschliche Charaktere, soweit ihm gedanklich die Beweggründe ihrer Handlungen zugänglich sind. Wo der Gedanke hinreicht, ist sein Verständnis breit und altruistisch. In seiner ganzen Erscheinung kommt oft eine gewisse Distanziertheit zum Ausdruck. Sie rührt aus einer geistigen Haltung her, hinter der Willensimpuls und physisches Dasein zurücktreten.

Kinder, die oft den Eindruck geistiger Überlegenheit machen, nicht so sehr aus einer Frühreife des Verstandes, als durch die Unabhängigkeit des Blickpunktes, von dem aus sie urteilen. Die Zartheit und Blässe der meisten dieser Kinder täuscht über die Energiespannung, die sie für ihre Ideale aufbringen können. Man hat bei ihnen etwas die Vorstellung, daß ihr Körper nicht die einzige Quelle sei, aus der sie ihre Kräfte beziehen. Sie haben etwas Dünnes, Blutleeres, wenn sie auch nicht gerade schwächlich im Körperbau sind und unter dem Vorspann bestimmter Gedanken sich zu starken körperlichen Leistungen aufschwingen können. Kleine Spintisierer und Sonderlinge gibt es da, die weniger als andere Kinder aus triebhaftem Wollen leben. Sie haben ihr eigenes Gedankenreich für sich. Dabei sind sie nicht unpraktisch. Sie basteln gern, kommen unversehens mit originellen Einfällen, ja, es gibt kleine technische Konstrukteure darunter. Sie denken sich aber alles genau aus, ehe sie den ersten Hammerschlag tun. Zur Natur haben sie kein direktes Verhältnis, es sei denn, daß es sich um systematisch betriebene Naturkunde handelt. Wenn Kinder über die Schule hinaus ein Interesse zeigen, in welche Familie oder Klasse dies oder jenes Wesen einzureihen sei, und wenn sie in der Natur orientierter sind, als es eigener Anschauung entstammen kann, so sind es diese Kinder. In den Entwicklungsjahren sind sie besonders begeisterungsfähig, bewegt durch Ideale und Freiheitsideen. Triebmäßigen Konflikten ist wenig Raum gegeben. Sie wollen alles im Bewußtsein aufgehellt sehen. Ohne das Gewicht traditioneller Bindungen zu spüren, die für andere eine organische Bedeutung haben, sprechen sie allzu leichthin von Rückständigkeiten. Das Bildungsbedürfnis, die planmäßige Erweiterung des geistigen Horizonts, bestimmt sie auch bei Wanderfahrten, die sie gern mit Gleichgestimmten unternehmen. Der Reiseplan wird so angelegt, daß er sich nach dem Besuch kulturbedeutsamer Stätten ausrichtet. Auch wenn ihm die Landschaft gefällt, hält es einen solchen jungen Menschen nicht, weil er noch dies oder jenes Museum sehen muß. Die Vergrößerung ihres Wissensgutes pflegen sie in Tagebüchern aufzuzeichnen. In geistigen Dingen finden sie sich durch systematische Einteilung leicht zurecht, in schriftlichen Darlegungen haben sie einen flüssigen Stil. Wenn man das aufgrund dieser Fähigkeit sich leicht einschleichende Verlegenheitsgefühl durch allzu freigiebige Anerkennung unterstützt, so kann ein etwas blasierter Alleswisser entstehen. Man muß diesen Kindern nahebringen, daß im bloßen Begreifen der Dinge noch nicht aller Lebenssinn liegt. Um Sport zu treiben, brauchen sie Ermunterung und einen ideellen Blickpunkt zur Sache, dann kommen sie durch methodische Schulung zur präzisen Beherrschung des Körpers.

Das Symbol des Wassermanns, der die geistigen Lebensströme ausgießt, hat in sich schon etwas gedanklich Konstruiertes. Bezeichnend für ein Prinzip, aus dem mehr weltfremde Ideologien hervorgehen als aus anderen Tierkreisprinzipien. Das Ausgießen und Dahinfließen umschreibt die diesem Typus eigentümliche fließende Geistigkeit: ein gleichmäßiges, leidenschaftslos erkennendes Umfließen und Durchdringen der Dinge. Seine Art Gerechtigkeitssinn strebt über Konfliktstoffe und strittige Fälle hinaus. Er will den Dingen dadurch gerecht werden, daß er ihr Beschaffensein in sich und ihr Einkomponiertsein in eine größere Ordnung möglichst vollständig versteht. Im Streben dieses Typus wird es kaum eine Ungerechtigkeit geben. Aber die große Gefahr eines Versäumnisses liegt in der allem Vegetativen und Animalischen entfremdeten Haltung: das lebendige Tun in seinen Nöten und Kämpfen als unwesentlich anzusehen. Nur durch das erlebnismäßige Einbeziehen des Vegetativen und Animalischen und als ihre gedankliche Überbauung kommt das Wassermannprinzip zu seiner vollen Bedeutung. Man muß sich das Bild des Wassermannes auch wirklich ansehen. Es ist immerhin ein Mensch, und er schöpft aus wirklichen Krügen. Ein in sich beschlossener Organismus, er nimmt Geräte zu seiner Hilfe. Wenn in diesem Menschen der Gedanke da ist, ohne daß die Sinne sprechen und er nicht eins ist mit seinem Fühlen und Wollen, dann entfällt ihm der Prüfstein der äußeren und der inneren Erfahrung. So kann er eine Gedankenkonstruktion für die Wirklichkeit halten und verwirklicht dann das Symbol nur der äußeren Form nach: er wird zum bloßen Handhaber von Geräten. Wissen ist Macht, dieser Satz umschreibt den positiven Inhalt seines Strebens. Aber das Nachschlagen im Konversationslexikon und die Weitergabe des Gelesenen wird nur den veräußerlichten Schattierungen dieses Typus genügen. Es ist das menschlichste aller Symbole. In den apokalyptischen Symbolen tritt an seiner Statt der Engel ein, der Bote einer überirdischen Welt, und etwas wie Vertrauen in seinen Schutzengel gibt diesen Menschen eine Sicherheit und Widerstandsfähigkeit gegen Unbill. Sie können ihrer Idee folgend mitunter wagen, was andere nicht wagen würden. Das Hinwegstreben dieses Prinzips über die vorgefundene Wirklichkeit hinweg ist auf gegenständliche Weise schwer zu erfassen. Aus ihm wurde das Entwicklungsideal des Übermenschen aufgestellt. Es ist das Prinzip, das unbeherrschte Instinkte durch Erkenntnis in richtige Bahnen lenken will, und durch das gleiche Prinzip befreit sich der Mensch aus der Abhängigkeit von Naturkatastrophen: er bändigt die Naturkräfte durch maschinelle Anlagen.

Im praktischen Leben kennzeichnet diesen Typus eine geistige Weite im Verhältnis zu seiner Umgebung. Er liebt klare Regelung seiner menschlichen Beziehungen, strebt in den schwebenden Fragen zur Synthese, ist gesprächig, mit weit ausholenden Gedankengängen, ohne für das Persönliche besondere Schärfe und Teilnahme aufzubringen. Mancher wirkt daher etwas verwaschen, flau. Er erlebt gewissermaßen den Augenblick, in dem er mit dir spricht, nur vergleichsweise. Ebenso wäre ihm eine andere Situation möglich und dann könnte er auch anders. Es steht manchem geistig mehr zur Verfügung, als er in durchblutetes Leben umsetzen kann. Er fühlt sich darum über der Situation stehend. Kommt dieser in ein Amt, so behandelt er die Menschen in der gleichmäßigen Reihenfolge ihrer Aktennummer und nach der Gerechtigkeit, die der Buchstabe zuläßt. Ein anderer bringt als Lehrer den Stoff, wie er nach der Schulordnung fällt, nicht langweilig, sondern flüssig, lebhaft und mit humorvollen Wendungen, die aber Jahr für Jahr an der gleichen Stelle eingeschaltet werden. Der Techniker und Konstrukteur, der dir seine von ihm erfundene Kühlanlage vorführt, will dir damit den technischen Beweis des von ihm als gut erachteten Systems der Lebensreform erbringen. Die Menschen fühlen sich von all diesen durchaus richtig benannt, aber nicht richtig behandelt; es fehlt der Herzenston, auch wenn ein uneingeschränktes Verständnis da ist. Es bleibt aber in der Allgemeinheit der Idee, die dann schematisch wirkt. Ein kunstvoll eingespieltes Regelwerk ist das Leben auch bei denen, die produktive Gaben einer breit angelegten Natur mit einem genialen Funken verbinden. Sie aber stellen ihr persönliches Dasein so in ihre Aufgabe hinein, daß sie ganz zur Funktion werden.

Wo es im Beruflichen auf Dispositionsfähigkeit, leichte Auffassung, geregelte Zeit- und Sacheinteilung ankommt, ist dieser Typus am Platze. Seine gedankliche Bindung verlangt, daß er sich als mitwirkendes Teil einer im gleichen Sinne strebenden Gesamtheit fühlt. Das spezifisch Neuzeitliche zieht ihn an. Dem Wissenschaftler steht die Systematik des Ganzen über den einzelnen Resultaten der Forschung; auch wenn er sich auf ein spezielles Gebiet festlegt, wirkt doch der synthetische Zug in ihm so, daß für ihn Wissenschaft etwas bedeutet, dessen Teile nur im Zusammenspiel produktive Arbeit leisten. So findet man hier die großen Systematiker, die organisierenden Köpfe geistiger Bewegungen, wie natürlich im kleineren Format die mehr philiströsen Ordner und Überordner, jedoch selbst diese behalten eine gewisse Vorurteilslosigkeit gegenüber neuen Entdeckungen. Die praktische Tendenz drängt zur Auswirkung der Lehrbegabung. Übergänge von der theoretischen Physik zur Technik: Erfinder, Konstrukteure; neue Methoden der Bodenuntersuchung und Meteorologie. Das gesamte Gebiet des Post- und Funkwesens, Flugzeugbaues und Flugverkehrs, der Elektrotechnik. Überall in sonstigen praktischen Berufen solche Stellungen, bei denen die geistigen Anlagen bestimmend sind; so die Sprachbegabung bei Kaufleuten in Welthandelshäusern, bei Leitern von Reisegesellschaften, Angestellen in Auslandsvertretungen. Niemand hat das Kursbuch so im Kopfe und ist in der neuen Sachlage so rasch orientiert wie der Verkehrsbeamte dieses Typus. Stenotypistinnen, Telefonistinnen leisten Schnelligkeitsrekorde durch Systematik. Überall Bevorzugung rationeller Methoden, selbst in seinen Verhältnissen beim Landwirt dieses Typus. Orthopäden, Heilgymnastiker, lebensreformerischere Unternehmungen. In der Kunst drängt sich das gedanklich Bedeutsame oft in einem gewissen Schematismus vor. Extreme wie klassische Oper, Theater, und andererseits Varieté. Das gesamte Gebiet des Films. Hier wie in der Musik präzise Techniker, in formaler Beziehung die Gesamtkomposition, die Regie.

Irgendwie ist dieser Mensch in der Bibliothek zu Hause, auch wenn er niemals Bücher liest. Er schöpft das ihm Wissenswerte aus Gesprächen, läßt dabei seinen Geist, seinen Witz spielen, mitunter in stereotypen Formen. Menschliche Begebenheiten, die er erlebt oder gehört hat, gruppieren sich in seinem Kopf zu erzählbaren Anekdoten um; und es gibt solche, die dir die gleiche Geschichte fünfmal in genau denselben Worten, und wenn auch Jahre dazwischen liegen, dennoch mit der gleichen Spannung, Anteil erwartend wiederholen. Aber sie wissen so fesselnd, selbst gepackt von ihrem Stoff, zu erzählen, daß du auch zum sechsten Male zuhörst. Wenn sie von einer Sache erfüllt sind, müssen sie sie berichten gehen, es sprengt sie sonst auseinander. Treffen sie dich nicht zu Hause an, finden sie ein anderes Ohr. Wie auch die Inhalte sein mögen, die geistige Spannung gönnt ihnen keine Ruhe. Hier findet man die unentwegten Löser von Kreuzworträtseln. Wissensgut darf nicht brach liegen, und ein unausgefülltes Feld empfinden sie als einen Riß in ihrer Vollständigkeit. Mit vertauschten Inhalten trifft der gleiche Beweggrund auf manche Literaturkundige zu, deren Stolz die Belesenheit ist, die im Gespräch entwickelt werden kann. Man findet hier oft mehr Gesamtwillen als Urteil. Das ausgesprochene Freundschaftsbedürfnis hat einen schwärmerisch-idealisierenden Zug, sie müssen wenigstens einen Menschen auf der Erde wissen, der eine Annäherung an die Abstraktheit ihrer großen Ideale leibhaft lebt. Die Ernennung macht aber den Engel noch nicht. So lange sie auch alle Äußerungen dieses Menschen im Lichte der ihm übertragenen Rolle sehen, die künstlich gehaltene Spanne zwischen Ideal und Wirklichkeit kann plötzlich versagen, und so trägt mancher Wassermann einen selbstverschuldeten Sturz der Engel in sich. Je nach dem einbezogenen menschlichen Untergrund wächst diesem Typus die Idee zur Wirklichkeit, die sich nicht im feststellbar Vorhandenen erschöpft, sondern vorwärts weist. Für seine Idee ist er jeder Entsagung fähig.

*

♓

Fische

Eine Hilfeleistung, ein Spiel und ein Traum zwischen den Dingen ist das Verhalten dieses Typus. Er schwankt zwischen sensiblen Reizempfindungen, anspringend auf jede Oberflächenbewegung, und einer übermächtigen Phantasie, die aus dem Unbewußten hervorquillt. Das Unerwartete und Wunderbare lockt ihn. Es hält ihn nicht in festen Formen. Erwartung und Bereitschaft sind in ihm unruhevoll wach. Immer weiter soll das Leben gehen und das unmöglich Scheinende zur Wirklichkeit werden. Wetterfühlig auch für menschliche Atmosphären, leichtgläubig und rasch beängstigt, gerät er gar bald unter den Einfluß anderer. Er fühlt, was sie planen, und will mittun, wo es um große Dinge geht. Versucht man ihn aber in feste Abmachungen hineinzuzwängen, in Bindungen, die ihm den Augenblick verstellen und seine freie Bewegung hindern, so macht er sich heimlich aus dem Staube. Er haßt die Ordnung, die an berechenbaren Drähten läuft. Sein Dasein ist oft ein widerspruchsvoller und ereignisbetonter Kampf mit den Schranken der ihm begegnenden Menschen, ihren Methoden, ihrer Organisationsweise. Einer Einstellung, die Verhältnisse unter dem Gesichtspunkt äußerlichen Nutzens und mechanischer Regeln ansieht, steht er beziehungslos gegenüber. Er folgt rückhaltlos der inneren Stimme und erscheint darum oft gänzlich ohne Halt, von der Stimmung des Augenblicks abhängig. Festigkeit und Fassung findet er in einer Anschauungsweise, die einem Gesamtblick zur Welt zustrebt. Ohne diesen inneren Halt ist es der Weltverlorene, der unstet Umherschweifende, in keinen Käfig einzusperrende, der geschworene Gegner alles Spezialistentums und erstarrter Gewohnheiten. Zwar kann dieser Typus sich aus Passivität und Anlehnungsbedürfnis auf Beruf, Familie und äußerlich umrissene gesellschaftliche Stellung festlegen, doch irgendwo muß er

Grenzen überschreiten, herumvagabundieren, neue Zusammenhänge suchen. Schwankend wie die Stimmungslage ist, sind die Äußerungen: meistens still, sanftmütig, bescheiden, dann aber, wie von einem Wirbel ergriffen und weggeweht, ein fassungsloser Ausbruch. Ein Charakter, dessen Schwierigkeit in einem Zuviel an Fähigkeiten, einem Zuwenig an methodischer Selbstbeschränkung liegt. Die vielen Dinge, auf die er sich einläßt, um seine Möglichkeiten auszuschöpfen, gehen ihre eigenen Wege in ihrer Folgerichtigkeit, so daß sich ihm gleichzeitig mehrere Forderungen und Ansprüche überschneiden können: er findet sich nicht zurecht, dies ist seine Panikstimmung. Aber er sucht. Und er ist zur Hingabe an große Aufgaben bereit. Seine Aufnahmewilligkeit geht mit einer inneren Elastizität zusammen. Nach Verlusten und Katastrophen wird er unzerstört auf neuer Basis wieder beginnen, wenn er dort nur irgendwie ihn beeindruckende und anregende Dinge findet. Durch Uneigennützigkeit des Wollens und Aufgaben im Dienst am Menschlichen kann dieser Typus Werte schaffen, die im Durchsetzen der eigenen Person nicht zum Ausdruck kommen. Mitunter ein unscheinbarer Mensch mit weitreichender Wirkung.

Zarte, meist friedfertige Kinder, gelockert in ihrem Tun und Treiben. Sie sind sehr eindrucksfähig und nehmen leicht die Färbung der Umgebung an, doch können sie sich weder einer genauen Zeiteinteilung einpassen, noch sind sie längere Zeit durch ein und denselben Gegenstand zu fesseln. Alles bei ihnen ist Impuls und Stimmungsbewegung. Starre Regeln sind ihr Tod. Aus stiller Vertäumtheit können sie in schrilles Toben, aus schlampiger Passivität in forcierte Betriebsamkeit umschlagen. Man muß solche Wellen verständnisvoll abzufangen und zu lenken wissen. Sanftem Zuspruch öffnen sie sich arglos, ihre Einsichtsfähigkeit ist schier unbegrenzt. Nur das Durchhalten einer Sache gelingt schwer, immer von neuen Seiten her brauchen sie Ermunterung und Anregung. So ein Schulweg ist doch eine trockene, dürftige Wiederholung. Man kann die Straßen nicht alle Tage umlegen und alle Umwege sind einmal erschöpft. Aber die Phantasie ist nie zu Ende. Sie spinnt Geschichten um leere Gartenstühle, ein alleinstehendes

Fahrrad bekommt einen imaginären Besitzer und eine am Zaun hängende Hutkrempe ist der beredsame Verkünder einer seltsamen Begebenheit. Die Bretterbude am Bach wird zu einem geheimnisvollen Verlies, in dem wer weiß was geschieht, aber erst wenn der Roman ausgelebt ist, macht das Kind die Tür auf. Es hat eine besondere Zärtlichkeit für alles Verstreute und vom Wind Verwehte, ist auf der Suche nach dem Rande der Welt, um zu spähen, was dahinter sein könnte. Den Uhren der Menschenwelt haben diese Kinder den Krieg erklärt. Einen Tag trödeln sie und trödeln, um in der letzten Minute wie rasend zu rennen, einen anderen Tag toben sie eine Stunde zu früh, weil es zu spät werden könnte. Monatsfahrkarten klebe man ihnen auf den Schulranzen, ihre Taschentücher sind stets woanders, als wo die Nase sie braucht. Kein Kind sonst verfügt über eine solche Sammlung einzelner Handschuhe. Für diese Kinder sind formelle Zwangsmaßnahmen und unnachgiebige Strenge die am wenigsten geeigneten Erziehungsmethoden. Sie könnten dann etwas vom verprügelten Hund zurückbehalten. Oft genügt es, sie böse anzusehen, um schon Ängste auszulösen, ein andermal sind sie so ungebärdig und entschlüpfen allem, wie man einen Fisch nicht mit der Hand fangen kann, wenn man nicht sehr kundig ist. Weil sie selbst so lenksam sind, müssen sie in sensibler Weise gelenkt werden, ohne daß die Festigkeit der Führung aussetzt. Mehr als bei anderen Kindern muß man auf ihren Umgang achtgeben, da sie allen Einflüssen leicht erliegen. Sie schenken gern und bringen durch mangelnden Sinn für Sachwerte manche Eltern in Verzweiflung. Den schönen, teuren Hut will das Mädchen nicht aufsetzen, eben weil er teurer ist, als der Freundinnen Eltern bezahlen könnten. Armseinwollen, Besitzlosigkeit ist bei manchen ein Gemütszustand, in den sie sich hineinducken, im Gegensatz zu ihrer sozialen Lage. Ihr beeindruckbares Wesen ist am stärksten der Schreckpsychose ausgesetzt, das Unbekannte, Unerwartete reizt und ängstigt sie zugleich. Es bedarf einer umfassenden Klugheit des Erziehers, in ihren Anschauungen und Wertmaßstäben, vor allem in ihrem Selbstbewußtsein einen sicheren Grund zu legen, ohne unter das angeborene Format dieser Kinder zu gehen. Statt einer engen Welt standpunkthafter Nützlichkeit brauchen sie große Perspektiven, statt mechanischer Anweisungen eine lockere, elastische Lehrmethode, deren Plan und Absicht ihre momentanen Abschweifungen einfängt. Schularbeiten erledigen sie am besten schubweise. Aufgrund der Formbarkeit entwickelt sich ihr Charakter durch Wechsel des Ortes und der menschlichen Umwelt, durch eine Mannigfaltigkeit der Eindrücke.

Im Tiersymbol der Fische ist eine frei nach oben, unten, nach allen Seiten sich dahinschlängelnde Bewegung ausgedrückt, die Bewegung eines Wesens, dessen eigenes Interesse stumm bleibt. An der Oberfläche gesehen ein Glitzern, Gleiten, Schillern und Vibrieren, ein taumeliges Spiel. So ist die Oberflächenwelt dieses Typus beschaffen und seine Tiefe bleibt ihm oft selbst stumm. Auch die schlenkrige, flossenartige Gliederbewegung dieser Menschen, und das Schmiegsame, doch dem festen Zugriff sich Entwindende, liegt im Bild. Die Art ihres Ganges auf festem Boden zeigt, daß die Erde irgendwie nicht ihr Element ist. Wenn ihre schleifenden Schritte elastisch werden, knicken sie wieder mit den Knöcheln um, und so geht es auch in ihrer Lebenslinie: beim schönsten Aufschwung versagen oft die Sprunggelenke, weil ihr Auge auf einen fremden Reiz abirrte. Mit dem kalten Fischblut stimmt es nicht immer, wenigstens nicht im Augenblick des Impulses. Aber es ist doch eine vom Gegenstand der Empfindung abhängige Passivität da, sie beziehen ihre Wärme von außen und können darum wenig abgeben. Sie sind die Rückstrahlenden und Widerspiegelnden. Der Fisch ist nicht ganz ohne Schutz. Er hat ein Schuppenkleid, einen elastischen Panzer aus vielen kleinen Plättchen, und indem diese jede seiner Bewegungen mitmachen, brechen sich für den äußeren Beschauer die verschiedensten Welten darin. Das Gesetz ihrer Regelmäßigkeit ist dem Fisch auf den Leib gewachsen, aus dem Selbsteigenen. So hat auch der Fischetypus seine geheime Regel, die die Reflexe der Welten verbindet, sie ist weniger dem Bewußtsein verfügbar, als folgsam dem eigenen Rhythmus in der Wellenbewegung, die ihn weitertreibt. Zwei Fische, die nach entgegengesetzten Richtungen auseinanderstreben, zeigt das Bild. Beim Fischetypus gibt es kein einheitlich ausgerichtetes Parallelgehen seiner Kräfte. Die Einseitigkeit eines eingeschlagenen Weges hebt sich ihm sofort wieder auf durch die empfundene Gegenströmung, oft möchte er vieles, das sich untereinander aufrundet, gleichzeitig tun. Das Band zwischen den beiden Fischen versinnbildlicht die Einstellung auf das zwischen den Wesen Schwingende, die Allverbundenheit.

Dieser von sich aus dem Subjektivismus am meisten abholde Typus erscheint anderen oft als krasser Subjektivist. Seine Stimmungen und Impulse sind ihm sachlich fast unbegründbar. Was er darüber vorbringt, klingt phantastisch, weit hergeholt, unbestimmt und hört sich wie eine leere Einbildung an. Plötzlich muß er da oder dort hin, er weiß nicht warum, und erst am Ort selbst zeigt sich, daß er dort gebraucht wird. Unter keinem Zeichen stellen sich so präzise Vorahnungen ein, dies erklärt, warum die bewußten Argumente oft derart ungenügend sind. Es kann auch Hysterie sein, wenn die Sprengkraft unverarbeiteter Spannungen im eigenen Selbst zu groß wird. Ferner kann das Ansprechen auf Klimaschwankungen der Grund seiner scheinbar unmotivierten Veränderungen sein. Immer ist eine seelische Feinfühligkeit da. Auf dem Wege verborgener Instinkte erfaßt sie oft haarscharf und ohne logische Hilfsbrücken bestimmte Situationen gewissermaßen atmosphärisch. Dies kann sich auf Gefühle, Gedanken oder innere Begebnisse anderer Menschen wie auf greifbare Tatsachen, die aber der sinnlichen Anschauung nicht zugänglich sein konnten, beziehen. Der Schwerpunkt ihres Erlebens liegt zumeist außerhalb der vernützlichten Dingwelt und der darauf eingestellten Methoden.

So wird die Berufswahl hier fast immer zu einem schwer lösbaren Problem, wenn nicht die innere Berufung eindeutig spricht. Häufig schreiben künstlerische Anlagen den Beruf vor, dann überwiegt der Hang zum Phantastischen, Stimmungshaften und in technischer Hinsicht das Streben nach sublimen Wirkungen; beim Sänger, beim Maler kommt der undefinierbare Schmelz und innere Klang aus diesem Prinzip. In der Wissenschaft eine Vorliebe für

Grenzgebiete und ihre Probleme; die Weltanschauung hat die Tendenz, den Rahmen der Fakultäten zu sprengen, aber meist mit einer psychologistischen Färbung. Psychologische Einfühlung eignet zur Lebensberatung. Wie aus diesem Zeichen, das zur vollen Erfüllung einen hohen Entwicklungsgrad braucht, auf den unteren Stufen viele Entgleiste, Trunksüchtige, sozial Untaugliche hervorgehen, so enthält es als Gegenbewegung die Tendenz, die Mitmenschen zur Besserung und Läuterung anzuleiten. Der Fisch wird gewissermaßen zum Fischer in Organisationen des Hilfswerks und der Fürsorge, in Missionseinrichtungen und Rehabilitationseinrichtungen. Soziale Dienstwilligkeit im Schwesternberuf, in Blindenheimen, Ärzte auf Rettungsstationen und im Fürsorgedienst. Auf der mehr ungeregelten Seite vereinigt der Weiten- und Wandertrieb des Prinzips das fahrende Volk aller Kategorien, im Zirkus- und Schaubudenbetrieb, in der Stimmungsmache der Vergnügungsstätten; beim Kellner oder Gastwirt kommt die Einfühlungsgabe in der Einstellung auf die Verschiedeneartigkeit der Gäste zum Ausdruck. Das Prinzip enthält eine Elementarbeziehung zum flüssigen Element; Fischer und Seefahrer, unter den wenigen Beziehungen zur Technik Deichbau, Mühlenanlagen, Turbinenbau. Fast stets eine Naturanlage zum Schwimmen.

Ein Typus, der eine Sendung, irgendeinen inneren Ruf oder einen sozialen Rahmen für die Betätigung der Uneigennützigkeit braucht, um zur Selbstgewißheit und Entschiedenheit zu kommen. Ohne all das, nur für seine Person, wird er sich schwer durchsetzen. In den stärksten Ausprägungen gibt dies Prinzip das Geniale einer frei sich verschwendenden Seele, in organischer Einheit des Ichs mit der Welt. Ihr schöpferisches Schalten mit der Realität dient einer menschlichen Aufgabe. Mangel einer solchen Aufgabe ist hier gleichbedeutend mit Willensschwäche. Bei schwachen Seelen bleibt nur der nach außen gewendete Blick und die verzerrte Perspektive zur Wirklichkeit. Von Phantomen geleitet, dem Zufall vertrauend, lassen sie sich treiben. Es gibt viele Verschüchterte, die haltlos in beängstigenden Vorstellungen umherirren oder utopischen Tröstungen nachlaufen. Andere beunruhigt selbst die

Ruhe, und hinter nüchternen Tatsachen erwarten sie Geheimnisse, Wunder. Manchem verschlägt es die Stimme, wenn er eine Welle des Vorurteils gegen sich spürt. Er kann zum Prototyp des ewig Duldenden und Ausgenutzten werden, ständig irgendwie in die Enge getrieben und einer inneren Panik ausgeliefert. Die Beeinflußbarkeit kann diesen an sich allem Rohen abgeneigten Typus bei entsprechender Umgebung und geistiger Unentwickeltheit mitunter auf die Stufe des Gewöhnlichen drücken. Jeder macht Krisen der Entmutigung durch und mancher greift zum Rauschmittel, um die Grenzen des Alltags durch eine illusionäre Wirklichkeit aufzuheben. Es gibt ferner gutwillige Arbeitstiere mit vielseitigen Anlagen, aber weich und demütig; so recht geeignet, vor fremde Wägen gespannt zu werden. Sie können nichts zurückweisen und lassen sich darum mehr aufhalsen, als durchzuführen möglich ist. Es ist der Zug zum Anonymen, Namenlosen, der diese biegsamen Wesen unter den Bann anderer bringt. Das Nichtbändigenkönnen innerer Gesichte gibt ihnen nach außen hin das Gesicht des Zerfahrenen und Rückgratlosen. Weite und Wandlungsfähigkeit kann aber ihre Kraft werden. Sie müssen erkennen, für wen sie da sind und wer ihre Hilfe braucht, um gegen die Macht der Suggestion anzukämpfen und ihrer eigenen Kräfte Herr zu werden. Die Vielseitigkeit der Gaben dieses ichlosesten Wesens braucht bewußte Einschaltung in eine Gemeinsamkeit. Menschen, die keine persönliche Stimme haben, aber den Ruf hören.

* * *

III. Die Deutung

Nach astrologischer Lehre ist das Schicksal in der individuellen Zusammensetzung des Menschen begründet. Nur die Erkenntnis der eigenen Kräfte und die Läuterung der mitbekommenen Charaktereigenschaften können das Schicksal ändern. Aus der Gestirnkonstellation des Geburtsmoments ist das Verhältnis der individuellen Eigenschaften und Fähigkeiten ablesbar. Durch präzise Erkenntnis dieser Fähigkeiten in ihren Förderungen und Hemmungen erlangt der persönliche Wille die Freiheit, über sie zu verfügen.

Zweck dieses Abschnittes ist, statt theoretischer Beweisführung, die ein längeres Einarbeiten verlangen würde, sofort den praktischen Weg zu eröffnen. Die Befolgung des mitgegebenen Deutungsschemas genügt, eine vorliegende Horoskopzeichnung (s. S. 212) in allen Einzelheiten zu erklären. Jedem ist es in kurzer Zeit erreichbar, die Probe an sich selbst und an Bekannten zu machen und sich dadurch ein sicheres Kriterium für die Gültigkeit der Astrologie zu verschaffen. Das System des Deutungsschemas erspart das Studium der Technik und liefert fertige Resultate. Der Erkenntnisweg schreitet von den Hauptzügen der Grundveranlagung staffelweise zur Spezialisierung der Auswirkungen fort. Es wird nicht wahllos Einzelheit an Einzelheit gereiht, und die psychologische Vertiefung führt deshalb nicht, wie sonst oft, zur Verwirrung durch eine ungeordnete Fülle neuer Einzelerkenntnisse.

Der Sinn der astrologischen Arbeit ist die Erreichung eines Überblicks über scheinbar unvereinbare Sondertendenzen in Charakter und Schicksal. Sieht man die Erfolge und Mißerfolge seines Lebens im eigenen Wesen begründet, so wird man aus dem Überblick heraus schärfer die Zügel ergreifen, sein Glück nicht auf falsche Karten setzen und die Erfolg versprechenden Möglichkeiten ausbauen.

Das im Deutungsschema verfolgte System der Zusammenfassung ist die natürliche Gruppierung der individuellen Auswirkungen um den Wesenskern. Dem individuellen Standpunkt und Charakter wird der Spiegel vorgehalten. Entziffert man nach dem gleichen Deutungsschema die Horoskope seiner Bekannten, so hat man eine Vergleichsmöglichkeit ohne Einmengung subjektiver Anschauungen, Standpunkte und Werturteile in der Hand. Mit der Vergleichung beginnt die Arbeit am eigenen Charakter. Schlüsse von sich auf andere sind nicht mehr gestattet, und das objektive Wissen vom Mitmenschen zwingt zur gerechten Anerkennung der fremden Eigenart.

Der weitere Schritt zur Anwendung astrologischer Charaktererkenntnis liegt im Vergleichen der einzelnen Kraftpunkte in den Horoskopen zusammenlebender oder -wirkender Menschen. Planetenorte im Aspektverhältnis von Horoskop zu Horoskop bezeichnen die individuellen Sympathien und Antipathien der entsprechenden Menschen. Der Aspektwert der Beziehungen (Stärke der harmonischen oder disharmonischen Auswirkungen) ist aus dem Vorwort des Abschnitts „Die Aspekte“ ersichtlich. Die Art der in Beziehung stehenden Charakterpunkte selbst ist aus dem Abschnitt „Planeten in den Tierkreiszeichen“ ermittelbar. Der Standort des Planeten im jeweiligen „Erlebnisfeld“ drückt die Erlebnisrichtung der in Frage stehenden Individualkraft aus. Durch dieses Vergleichen der Horoskope sind die individuellen Ursachen für alle im Gemeinschaftsleben geschehbaren Konflikte aufzudecken, es ist die sicherste Kritikmöglichkeit vor einer Ehe, Geschäftsverbindung oder Zusammenarbeit.

Hierin liegt der Hauptvorzug der Astrologie vor allen anderen charakterologischen Methoden. Nicht nur die eigene Veranlagung und das Verhältnis zu den Mitmenschen ist aus dem Horoskop zu ersehen, sondern auch das, was von den anderen in bestimmter Funktion, als Freund, Gatte, Teilhaber, Gönner, Vorgesetzter, Untergebener usw. zu erwarten ist. Sieht man auf einem bestimmten Erlebnisgebiet oder im Verhältnis zu einem bestimmten Menschen eine grundsätzliche Veranlagung wirksam, so wird man keine unnötigen Illusionen in diese Richtung aussenden. Anderseits kann man eine Beziehung, die für die Zukunft etwas verspricht, sich langsam entwickeln lassen und ist durch den Einblick in den fremden Charakter in jedem Augenblick über die Motive seines Handelns unterrichtet. Wer den ersten Schritt zur astrologischen Erkenntnismethode getan hat, der wird durch die Unumstößlichkeit der Tatsachen gefesselt.

*

DEUTUNGSSCHEMA

Sie finden

1. Die Grundveranlagung

durch

- Aszendent = persönliche Erscheinungsform unter dem entsprechenden Zeichen, S. 138-143,
- ☉ = innerer Wesenskern unter dem entsprechenden Zeichen, S. 153-157,
- ☾ = Lebensgestaltung unter dem entsprechenden Zeichen, S. 158-165,
- ☿ ♀ ♂ ♃ ♄ ⛢ ♆ = individuelle Kräfteverteilung unter dem entsprechenden Zeichen, S. 166-185,
- Elementarcharakter der Zeichen = Temperament, S. 136,
- Kausalcharakter der Zeichen = grundsätzliche Begabung, S. 136 f.,
- Funktionscharakter der Zeichen = Körperkonstitution, S. 137-143.

2. Die Förderungen und Hemmungen

- in den Aspekten, die in harmonische und disharmonische zu unterscheiden und nach Stärkegraden zu ordnen sind, Angabe S. 186. Die Äußerungen, die sich aus jedem einzelnen Aspekt ergeben, sind S. 187-207 aufzusuchen und in Beziehung zu bringen mit der Grundveranlagung, die die jeweilig im Aspekt verbundenen Planeten ergeben.

3. Die Auswirkungen auf den Erlebnisgebieten

ausgedrückt durch

- das Zeichen an der Spitze eines Feldes, das die prinzipielle Gestaltung von Ereignissen und das individuelle Verhalten dazu angibt. Erlebnisfelder S. 208 f., Zeichen S. 138-143,

- Planeten, die auf das Erlebnisfeld, in dem sie stehen, in ihrer spezifischen Art einwirken – Natur der Planeten S. 144-151. Diese Wirkung ist zusammen mit den unter 1. und 2. für den jeweiligen Planeten gefundenen Äußerungen auf die Deutung der Ereignisse zu beziehen, die sich aus dem Feld ergeben,

- Aspekte, die auf die Spitze eines Feldes fallen; die harmonische oder disharmonische Wirkung der aspektierenden Planeten ist dann auf das entsprechende Erlebnisfeld zu beziehen, nachzusehen unter „Aspekte" S. 187-207,

- planetarische Übereinstimmungen mit dem Zeichen an der Spitze eines Feldes, nachzusehen S. 152,

- sensitive Punkte, deren Bedeutung mit der prinzipiellen Art des Zeichens, in dem sie stehen, zu verbinden und auf das entsprechende Feld zu beziehen ist, Punkte S. 209-211, Zeichen S. 138-143,

- die Stellung der Mondknoten, Angabe S. 211.

Die stärksten Wirkungen zeigen sich auf den Erlebnisgebieten, die durch die meisten Planeten betont sind, besonders wenn diese durch starke Aspekte in ihrer Wirkung gesteigert sind.

DIE TIERKREISZEICHEN

Die Tierkreiszeichen haben eine elementare Charakteristik, aus der sich das Temperament bestimmen läßt, und eine kausale, aus der sich die grundsätzliche Eignung bestimmen läßt. Die elementare Charakteristik ist ausgedrückt durch die Begriffe FEUER, WASSER, LUFT, ERDE, die kausale Charakteristik durch die Begriffe FÜHRUNG, FESTIGKEIT, BEWEGUNG.

Das vorherrschende Temperament läßt sich bestimmen aus Aszendent und Planeten in den Zeichen, je nach der zahlenmäßigen Überlegenheit der entsprechenden Elementarcharakteristik.

FEUER gibt cholerisches Temperament, rasche Impulse und aktiven Blutumlauf, innere Wärme, angreifende Energie, schwungvolle Gefühle und lebhafte Vorstellungen.

ERDE gibt melancholisches Temperament, langsame Impulse und trägen, inaktiven Blutumlauf, Kälte, Passivität und Abschließung, latent ruhende aber zähe Energie, Schwerfälligkeit der Gefühle und langsame Wandlung der Vorstellungen und Standpunkte.

LUFT gibt sanguinisches Temperament, schnelle, leichte Impulse, dünnflüssiges Blut, Wechsel von Wärme und Kälte, bewegliche, lenkbare Energie, Vergeistigung der Gefühle und Vorstellungen.

WASSER gibt phlegmatisches Temperament, leicht anzuregende, langsam und nachhaltend sich auswirkende Impulse, empfindsam reagierenden, im allgemeinen trägen Blutumlauf, Kälte, die sich rasch in Wärme wandelt, umspannende, aber schwer zu konzentrierende Energie, Fruchtbarkeit und bisweilen Übermaß in Gefühlen und Vorstellungen.

Feuer- und Luftprinzipien sind positiver, Erd- und Wasserprinzipien negativer Natur.

Die grundsätzliche Begabung ergibt sich aus der zahlenmäßigen Überlegenheit der entsprechenden Kausalcharakteristik.

FÜHRUNG gibt die Eignung zu führenden Stellen, Unternehmungsgeist, Erfassen der Dinge vom Ursprung aus, vorwärtsstrebende Kraft, Befähigung zum Aufsuchen neuer Möglichkeiten und Stützpunkte.

FESTIGKEIT gibt Eignung zu Positionen, die Zähigkeit und Widerstandskraft erfordern und bei denen es sich um weiteren Ausbau wie um reale Fundierung bereits gegebener Ideen handelt; Gestaltung der Aufgaben vom Material aus.

BEWEGUNG gibt Eignung zu Durchführung, Auswertung und Umsatz gegebener Produktion, bewegliche Anpassung an die Verschiedenartigkeit zu bewältigender Aufgaben und Standpunkte.

Die Tierkreiszeichen haben außerdem eine Funktionscharakteristik, aus der sich die Körperkonstitution bestimmen läßt. Maßgebend sind für die Konstitution das Zeichen des Aszendenten und das des Sonnenstands. Der Aszendent drückt die körperliche Erscheinung, der Standort der Sonne die innere vitale Kraft aus. Zur Beurteilung der freien oder gehemmten Auswirkung dieser vitalen Kraft sind die Aspektverhältnisse (s. S. 186 f., Die Aspekte) zwischen Sonne, Aszendent und Mond zu untersuchen. In schwächerer Weise wirken die Zeichen, die durch Planeten im 6. und 8. Erlebnisfeld (körperliche Vorgänge und Zerfallsursachen) betont sind. Disharmonische Aspekte auf diese Planeten drücken Störungen der Funktion in dem zum betroffenen Zeichen gehörigen Organsystem aus, harmonische Aspekte zeigen fördernde Einflüsse an. Die nähere Untersuchung der hierdurch entstehenden Variationen wird besser zurückgestellt, bis das Wesen der Aspekte bekannt ist. Die Angaben über Funktionscharakteristik stehen hinter F bei den einzelnen Zeichen.

*

Vorbemerkung: Zur Charakterisierung der durch den Aszendenten gegebenen persönlichen Erscheinungsform ist außerdem der Aphorismus unter ☾ im Zeichen des Aszendenten, S. 158-165 nachzusehen.

Widder

Feuer. Führung.

♈ Antrieb zum Entschluß, ursprünglicher Krafteinsatz. Gradangehende, rücksichtslose, unbezweifelte Energie. Betriebsamkeit, Stoßkraft, Unternehmungsgeist. Dingliches, schlichtes, praktisches Denken. Selbstvertrauen, Führerwille, taktisch begabt. Impulsives Sich-Durchsetzen, spontan und feurig im Anlauf. Rhythmisches Gefühl. Manchmal unsensitiv, banal und roh. Bei Asz. ♈ außerdem S. 158 ☾ ♈ bis zum Zeichen <.

F = Kräftige Konstitution. Vitalität und Zähigkeit. Krankheiten verlaufen akut und fieberartig, Gefahr von Kopfaffektionen.

Stier

Erde. Festigkeit.

♉ Entschlußfestigkeit, Beharrungsvermögen, Standhaftigkeit, Treue, einfacher, naiver Natursinn. Raumbewußtes Denken in Bildern und Vorstellungen, ästhetisches Erfühlen. Reserviertheit, Gewaltlosigkeit, Milde; wenn angegriffen, jedoch Trotz und Widerspenstigkeit. Realsinn, der leicht in stoffliche Schwere versinkt, daher Trägheit und Haften am materiellen Besitz, leicht Genußsucht. Bei Asz. ♉ außerdem S. 158 ☾ ♉ bis zum Zeichen <.

F = In der Jugend empfindlichere, im Alter feste Konstitution, Neigung zu Halsleiden, Nervenlähmungen. Meist starke, gesunde, wohltönende Stimme.

Zwillinge

Luft. Bewegung.

♊ Entschluß-Durchführung in der Praxis, gründend auf Auswahl- und Urteilsfähigkeit. Unterscheidendes Denken, summarisch in gut und böse, praktisch und unpraktisch, positiv und negativ spaltend. Nutzanwendung der vorhandenen Intensitäten, Ablehnung ausgedehnter Betrachtungen und metaphysischer

Versenkung. Wechselnde Sympathien, leicht hastiges Überspringen fremder Gefühle sowie Skrupellosigkeit. Bei Asz. ♊ außerdem S. 159 ☾ ♊ bis zum Zeichen <.

F = Konstitution in der Kindheit zart, später fester, meist schlank, beweglich. Gefahr von Lungen- und Kehlkopfleiden. Nervenaffektionen.

Krebs

Wasser. Führung.

Antrieb zu vitaler Manifestierung und Selbstgestaltung. ♋ Erlebnisfülle, sensitives Erfühlen kultureller Aufgaben und Werte, Aufnehmen und Durchdringung mit Eigenem. Wandelbares, weiches und nachgiebiges Gemüt. Anregungsbedürfnis und Abhängigsein von Eindrücken, daher Passivität, aber zähes Auswirken aufgenommener Anregung. Lange Lebensfrische, Erlebnishunger, Romantik. Lebhaftes, doch mit Gefühlsmomenten gemischtes Denken, kapriziös, Mannigfaltigkeit der Vorstellungen. Im praktischen Leben leicht inaktiv und launenhaft. Bei Asz. ♋ außerdem S. 159 ☾ ♋ bis zum Zeichen <.

F = Schwache Konstitution. Gefahr von Brust- und Magenerkrankungen.

Löwe

Feuer. Festigkeit.

Zentral gefestigte Manifestierung, lebendige Ordnung, Beherr- ♌ schen der Erscheinungsform. Sammlung und Ausstrahlung des Selbstbewußtseins, Organisationswille. Der aus dem Überblick ordnende, fördernde, neue Darstellungsmittel heranschaffende Sinn. Logischer, formvoller, nicht an seinen Schlüssen zweifelnder Geist, spielerisches, aber beherrschtes Denken. Gefühl aus dem Vollen, aus übersprudelnder Wärme schöpfend, im Einzelnen leicht unzuverlässig und allzu rasch in unerfüllbaren Versprechungen, eitel und anerkennungsbedürftig. Bei Asz. ♌ außerdem S. 160 ☾ ♌ bis zum Zeichen <.

F = Konstitution kräftig und bei allen Krankheiten von starkem Genesungswillen. Gefahr von organischen Herz- und Rückenmarksleiden. Starke, modulierfähige Stimme.

Jungfrau

Erde. Bewegung.

♍ Die sich auswirkende Manifestierung, restlose Auswertung und Umsetzung vorhandener Mittel. Ökonomie, Nützlichkeitssinn, Beobachtung, Selbstverfeinerung. Abwehr des Fremden, Bewahren, Sich-Verschließen, der Hingabe erwartend. Kritisch untersuchendes, analysierendes Denken, Verlieren in Einzelfeststellungen ohne Zusammenhang. Leicht übergroßer Egoismus. Verstandeskälte, Selbstbegrenzung, Selbstquälerei. Bei Asz. ♍ außerdem S. 161 ☾ ♍ bis zum Zeichen <.

F = Empfindliche Konstitution, die durch Hypochondrie meist noch geschwächt wird, Gefahr von Eingeweide- und besonders Darmerkrankungen.

Waage

Luft. Führung.

♎ Trieb zur Verarbeitung von Eindrücken, elastische Widerstandskraft, welche Gegenkräfte in sich aufnimmt. Ausgleich, Verbindung, Harmonie. Ruhende Fähigkeiten, die durch Anstoß von außen geweckt werden, daher Verlangen nach Gemeinschaft. Gerechtigkeit, Einigungsstreben. Denken leicht, frei und spielend, wenn angeregt; von sich aus indolent und schwer zu Entschlüssen sich sammelnd. Leicht Oberflächlichkeit, Handeln ohne entscheidenden Eigentrieb. Bei Asz. ♎ außerdem S. 161 ☾ ♎ bis zum Zeichen <.

F = kräftige, ausgeglichene Konstitution, Gefahr venerischer Krankheiten. Nierenaffektionen.

Skorpion

Wasser. Festigkeit.

Verarbeitungs-Festigkeit, Erfassen von Objektwirkungen im Eigenbewußtsein. Mystisch-sensitiver, metaphysischer, zersetzender und unruhiger Geist. Zerstörung des Hinfälligen mit der Idee der Festigung im Unvergänglichen. Abstrahierendes, theoretisches Denken, Bezweifeln des Natürlich-Anschaulichen, Glaube an Begriffe. Starke Sexualität. Leicht Negation, Gereiztsein, Brutalität, Vernichtung naiver Freude durch übersteigerte Leidenschaftlichkeit, andererseits Autoritätsglaube und übertriebener Ehrgeiz. Bei Asz. ♏ außerdem S. 162 ☾ ♏ bis zum Zeichen <. ♏

F = Konstitution mit stärkster Regenerationskraft, derber, widerstandsfähiger Körperbau. Gefahr von Erkrankung der Sexualorgane und des Darmausgangs. Magnetische Heilkräfte. Starke, leidenschaftliche, leicht rauhe Stimme.

Schütze

Feuer. Bewegung.

Folgeablauf von Zuständen der Verarbeitung, das Ergreifen jäh auftauchender Möglichkeiten. Entscheidung und impulsive Hingabe bis zur Erfahrung der Realität. Improvisation, begeistert ansteigendes Erleben solange die Gefühlsbeziehung zum Objekt anhält, dann Abbrechen. Friedfertigkeit, Wärme, Religiosität, expansiver und eroberungsbedürftiger Geist. Denken impulsiv gefärbt, greift entscheidende Fragen an. Leicht Abenteurertum und Sensationslust, Emotionen um ihrer selbst willen, sportmäßiges Durchführen gestellter Aufgaben. Bei Asz. ♐ außerdem S. 163 ☾ ♐ bis zum Zeichen <. ♐

F = Zähe Gesundheit, meist schlanke, sehnige Gestalt, Sportliebe. Gefahr entzündlicher Bluterkrankungen, solcher der Lunge, Beingeschwüre.

Steinbock

Erde. Führung.

♑ Trieb zur Loslösung, zur Abstraktion vom Scheinbaren, deshalb Schwere des Kampfes um die Lebensform. Konzentrierte, mühselige Durcharbeitung durch das Gewand der Dinge, Herausschälen der Ideen in ihrem gesetzmäßigen Zusammenhang. Anerkennung der sozial gültigen Beziehungen, der Konvention und Formalitäten. Sparsamkeit, Arbeitsamkeit, Geduld. Beschauliches, betrachtendes Denken, Erfahrungen zusammentragend, Begriffen und Dogmen nachgehend. Leicht schwerfällig, langsam, mißtrauisch, ängstlich, impulsleer. Bei Asz. ♑ außerdem S. 163 ☾ ♑ bis zum Zeichen <.

F = Schwache, aber zähe Konstitution, zur Erkältung geneigt, geringe Antriebskraft, gedrungene oder hagere, starkknochige Gestalt, Gefahr von Lähmungen, Haut- und Knochenerkrankungen.

Wassermann

Luft. Festigkeit.

♒ Freiwerden der geistigen Loslösung von den Dingen, Festigung im abstrakten Bereich der Ideen. Gleichmäßigkeit und Allgemeingültigkeit der Anschauungen, moderner, unsentimentaler Altruismus. Geistig leichtes Einpassen in ungewohnte Verhältnisse, selten jedoch Anpassung in Lebensgewohnheiten. Gefühle expulsiv durchdringend, ohne tiefgehende Wirkungen zu hinterlassen; intellektuell gefärbte Leidenschaft, breit angelegte Natur.

Synthetisches, intuitiv zusammenfassendes Denken, theoretisch ordnender Geist. Leicht Ideologie, Unsensitivität, Gleichgültigkeit. Bei Asz. ♒ außerdem S. 164 ☾ ♒ bis zum Zeichen <.

F = Kräftige Konstitution aber schwacher Blutumlauf, leicht Blutarmut, Krampfzustände. Starke, von Ideenspannung getragene Stimme.

Fische

Wasser. Bewegung.

♓

Durchführen von Wandlungen, Loslösung vom ursprünglichen Eigenleben, schrankenloseste Hingabe. Umhergetriebensein von Stimmungen, fremder Beeinflussung und allgemeinen Anforderungen. Uneigennützigkeit, Aufgehen im Hilfswerk und in sozialen Leistungen, dabei mangelndes Gefühl für Wertung und geringe Kraft des Durchsetzens der eigenen Person. Stilles oder exaltiert lautes Wesen, im Fühlen aufgelöst, auseinanderfallend, äußerst sensitiv. Instinktsicheres Denken, doch unmethodisch und ohne kritisch-exakte Bindung zum Realen. Leicht unordentlich, zerfahren und in sich zerrissen. Bei Asz. ♓ außerdem S. 164 f. ☾ ♓ bis zum Zeichen <.

F = Schwache Konstitution, geringe Lebenskraft, Gefahr von Ansteckungskrankheiten, Erkrankungen in Zusammenhang mit den Körperflüssigkeiten, Fußleiden.

*

DIE PLANETEN

Mond

Fruchtbarkeit

☾ Regler des Wachstums, das rhythmische An- und Abschwellen darin. Die Welt der Vorstellungen und Eindrücke und die Modulation der Handlungen des Individuums, die Gestaltungsseele. Beim Kind spielt diese eine größere Rolle, darum ist bis zum 14. Lebensjahre der Einfluß des Tierkreiszeichens, in dem ☾ steht, allem anderen vorherrschend. In der Zeit vom 14. bis zum 21. Lebensjahr gestaltet sich die Persönlichkeit, so daß also erst mit dem 21. Jahr das Tierkreiszeichen des Aszendenten voll zur Geltung kommt. Dann bezeichnet ☾ die vorübergehenden Neigungen der Persönlichkeit, die Gefühle, Emotionen, die Phantasie.

Alle die Lebensumstände formende Bewegtheit und Vielseitigkeit, Ereignisreichtum, Reisen, Wechsel in Besitz und Beruf sind Wirkungsentsprechungen der Mond-Energie. Das Weiblich-Mütterliche, Sich-Sorgen um andere Menschen, Umgeben der Dinge mit Zärtlichkeit, häuslicher Sinn, sind Grundzug im Mond-Beeinflußten. Im weiblichen Horoskop ist ☾ für Fragen der Fruchtbarkeit und Mutterschaft bedeutsam, im männlichen für die Gattin, ihre Gemütsveranlagung und Funktion als Mutter.

Der Mond ist der Sammler und Umgestalter der durch die Planeten gegebenen Kräfte, er macht sie wirksam in dem Erlebnisfeld, das er einnimmt, während die prinzipielle Art der Gesamtauswirkung durch das Zeichen, in dem er steht, charakterisiert wird. Seine mediale Wirksamkeit und die Farblosigkeit seiner Natur bringen stärker als die Kräfte anderer Planeten die Eigenart eines Tierkreiszeichens zur Geltung. Derjenige Planet, der einen Aspekt mit ☾ bildet, kommt stark zur Auswirkung, umso stärker, je mehr Aspekte der ☾ von anderen Planeten empfängt. Bei unaspektiertem ☾ bleiben die Individualkräfte mehr oder weniger verdeckt und gehemmt.

Harmonische Wirkungen:

Vielseitigkeit, Frische der Auffassung, Wandelbarkeit, Elastizität, Phantasiereichtum, Empfänglichkeit, farbenvolle Einbildungskraft, Fruchtbarkeit, Reichhaltigkeit der Anregung, Kindlichkeit, Mutterwitz, Hingebung, Gefälligkeit, Entgegenkommen.

Disharmonische Wirkungen:

Unbeständigkeit, Wankelmut, Ziellosigkeit, Schwanken, Unsicherheit, Furchtsamkeit, Inkonsequenz, Launenhaftigkeit, Nachgiebigkeit gegen Aufwallungen, Verweichlichung, Genußsucht, Sinnesschwäche, Mangel an Konzentration und Vertiefung, Ungeistigkeit, Sorglosigkeit, Seichtheit, zu großes Phlegma, Feigheit, Kleinmut.

Merkur

Intellekt. Verstandeskraft.

☿

Widerspiegelung der als Instinktregungen empfundenen Gestirneinflüsse in Bewußtseinsbildern. Logische Gliederung, der Anstoß zum bewußtseinsmäßigen Handeln. Manuelle Fertigkeiten und Verstandesregungen, seelenloses Erfassen der durch ☾ gegebenen Vorstellungswelt, ihre Verdichtung zu Begriffen, Unterscheidung, Ordnung, Abwägung und Auswertung. Die intellektuelle Zusammenfassung unter Menschen, verständigende Anpassungs- und Mitteilungsfähigkeit.

Merkur-Einfluß ist an sich farblos und von Aspektierung abhängig. Zum fruchtbaren Denken müssen ☿ und ☾, Intellekt und Vorstellungswelt, durch Aspekte verbunden sein. Auch disharmonische Aspekte wirken hier günstig, weil sie zum Nachdenken anregen. Erst mit Jupitereinfluß wird aber Verstand zur Vernunft. ☿ und ♃ brauchen dabei nicht in direktem Aspekt zu stehen, es genügt, wenn beide zu einem dritten Planeten einen Aspekt bilden.

Harmonische Wirkungen:

Scharfsinn, Gedächtnis, Raschheit der Auffasung, Witz, Satire, Beredsamkeit, Geschicklichkeit, Vermittlungsgabe,

Zwecksinn, Fleiß, Rührigkeit, Behendigkeit, Lernbegierde, Umsicht, Beobachtungsgabe, Vorsicht, Findigkeit, Orientierungssinn, Wissenschaftlichkeit, Freude an Forschung, Kunstfertigkeit.

Disharmonische Wirkungen:

Unrast, Neugierde, Dreistigkeit, Geschwätzigkeit, Argumentierlust, Freude an toten Feststellungen, Besserwissen, Eigensinn, Gabe der Überredung und Übervorteilung, Skrupellosigkeit, Gemütlosigkeit, übertriebener Egoismus, Ränkesucht, Unwahrhaftigkeit, Lüge, Täuschung, kalter Geschäftsgeist, innere Teilnahmslosigkeit.

Venus

Liebe. Harmonie, Kräfte-Latenz.

♀ Passives Ruhen im Gleichmaß mit dem Drang, zur Auswirkung der Fähigkeiten geweckt zu werden. Gemeinsamkeit, Geselligkeit, die Bindekräfte im Menschlichen. Wohlwollen, Freundschaft, Harmonie der Verhältnisse. Das weibliche Moment in allgemeiner wie in sexueller Bedeutung. Abschleifen aller Härten, sinnliches Erfühlen, Ästhetik, Künstlertum und Verhältnis zur Kunst.

Im weiblichen Horoskop die Art der sexuellen Erregbarkeit, im männlichen Horoskop die Frau und Geliebte im geschlechtlichen Ausgleich.

Harmonische Wirkungen:

Anmut, Liebreiz, Hingebung, Zärtlichkeit, Feinfühligkeit, Ziersinn, Sanftmut, Zufriedenheit, Keuschheit, naives Erwarten, Unschuld, Mitgefühl.

Disharmonische Wirkungen:

Indolenz, Bequemlichkeit, Verzärtelung, Unordentlichkeit, Leichtsinn, Naschhaftigkeit, Eitelkeit, Launenhaftigkeit, Vergnügungssucht, Ausschweifung, Wollust, Zuchtlosigkeit.

Sonne

Lebensenergie und Lebenswille.

☉

Das eigentliche Ich, der Gestaltungstrieb im Leben, der Kernpunkt des Individuums; Stellung der ☉ im Tierkreis und Aspektierung gibt seine besondere Färbung an. Macht, Sieg, Ruhm, Moralität. Die Willens-Zentrierung, weder reflektorische Begriffe noch zersplitternde Empfindungen zwischen Plan und Ausführung. Die Lebensaufgabe und Berufung des Individuums ist gekennzeichnet durch den Stand der ☉ im jeweiligen Zeichen und Erlebnisfeld, dadurch gibt ☉ die Eigenverantwortung dem Leben gegenüber an. Die frei verfügbare Lebensenergie braucht Aufgaben und Widerstände zu ihrer Betätigung, nur durch gleich starke Saturnstellung wird daher Vertiefung des Lebensinhalts erzielt. ☉ ist Triebkraft zur Lebensgestaltung, das zu gestaltende Material liegt fest im Aszendenten und in der Planetenverteilung auf die Felder.

Durch Stand und Aspektierung der ☉ ist im weiblichen Horoskop die Wesensart des Gatten und sein Einwirken auf das Leben der Frau ausgedrückt. Im männlichen Horoskop zeigt ☉ die väterliche, organisierende und Hilfsmittel findende Eigenschaft.

Harmonische Wirkungen:

Willensstärke, Zielbewußtsein, positives Können, Lebensmut, Hoffnung, Freudigkeit, Wagemut, Unternehmungsgeist, Organisationsgabe, Verantwortlichkeit, Selbsbeherrschung, freie Schaffensäußerung, Autoritätsbewußtsein, Stolz, Hoheit, Ehrgefühl, Großherzigkeit, Offenheit, Großmut, Wärme, Schenkfreude.

Disharmonische Wirkungen:

Anmaßung, Despotismus, Rechthaberei, Dummstolz, Prahlerei, Unzuverlässigkeit, Disziplinlosigkeit, Verschwendungssucht, Eitelkeit, Liederlichkeit, mangelnder Lebensernst, Spielertum, Hohlheit der Versprechungen.

Mars

Aktivität, Tatkraft.

♂ Ansporn, Steigerung, Spontaneität. Vertreter des Männlichen, Beunruhigung des Latenten und Zustandsmäßigen, das ♀ zu erhalten strebt. Führung, Zeugung, Kampf, das aktiv Willensmäßige, Befruchtung durch triebmäßige Taten, Kraftleistung und Anspannung, männliche Potenz. Änderungswille, der Vergangenes oder untüchtige Gegenwart seziert, im Bewußtsein als sarkastischer, beißender Spott erscheint. Krieg, Überraschung, Unfälle, Verletzungen, Operationen, Trennung zum Zwecke der Neugestaltung. Der Herd aller Leidenschaftlichkeit, impulsiven Ausbrüche, fieberhaften Ausscheidungs- und Reinigungsvorgänge.

Im männlichen Horoskop die Sexualpotenz, im weiblichen Horoskop der Mann und Liebhaber als Gegenpol im geschlechtlichen Ausgleich.

Harmonische Wirkungen:

Entschlossenheit, Tapferkeit, Kühnheit, Schlagfertigkeit, Gradheit, Unabhängigkeitssinn, Selbstvertrauen, Hochherzigkeit, Kraft zur Durchsetzung, Eifer, Vorkämpfertum, konstruktive Kraft, Potenz in jeder Beziehung.

Disharmonische Wirkungen:

Reizbarkeit, Zorn, Zerstörungslust, Wildheit, Verwegenheit, Abenteuererlust, Übertreibung, aufbrausendes Wesen, Maßlosigkeit, Gewalttätigkeit, Rohheit, affektive Grausamkeit, Mutwille, Mangel an Ausdauer, Begierde, triebmäßige Sinnlichkeit.

Jupiter

Menschlichkeit, Entfaltung, Würde.

♃ Alle Reife und Fülle, Rechtlichkeit, Religion, lebendiges Gesetz, Ruhe, Frieden, Gedeihen, Vervollkommnung, Wohlstand, Gewinn, Erfolg, Ehre. Vereint persönliche Aufgabe mit überpersönlicher Anforderung. Höchstmaß der Lebensgestaltung, die sich weder durch Härte der Erfahrung behindern, noch durch

Hemmungslosigkeit übertreiben läßt. Bestmöglicher Ausgleich der Daseinsbedingungen.

Bei hochentwickelten Menschen Erreichung des höchsten Bewußtseins, abgeklärte Weisheit und Begnadung mit Außergewöhnlichem. Im Allgemeinen glückliche Begabung und wohlwollender Optimismus, doch leicht Zufriedenheit ohne genialen Antrieb.

Harmonische Wirkungen:

Edelmut, Großherzigkeit, Gerechtigkeit, Würde, Güte, Generosität, Gönnerschaft, Opfermut, Maß, Gewissen, Glaube, Vertrauen, expansiver Geist, Begeisterungsfähigkeit, Zuversichtlichkeit, Fröhlichkeit, Jovialität.

Disharmonische Wirkungen:

Hochmut, Eitelkeit, Prahlerei, Übermaß, Völlerei, Schlaffheit der Gesinnung, Kompromisslerei, Oberflächlichkeit, Aberglaube, Scheinheiligkeit, Zeremonialität; bei gehemmtem Willen Vortäuschen positiver Eigenschaften.

Saturn

Widerstand.

Kraft der Beschränkung, die dem Lebenswillen die materielle ♄
Form zuweist. Verneiner alles Improvisierten und Erzwinger des Dauerhaften. Begrenzung der Lebensenergie durch Ermüdung, Krankheit, Tod. Sein langsamer, nachhaltiger Rhythmus zwingt zur Vertiefung, Konzentration, Härte, Entsagung, schneidet seichte Wünsche und Alltagshoffnungen ab. Alles Schwere, Ernste, Wuchtige, Unerbittliche, alles leichter Bewegtheit und Beschwingtheit im Leben sich Widersetzende, Vereinsamung, Not, Elend, Dürftigkeit sind Wirkungen dieses Gegenpols zur Sonnenenergie. Er preßt von außen dem Individuum seinen Schicksalsstempel auf, in ihm ruft er den Willen zur geistigen Umformung des materiellen Eindrucks hervor, verdichtet die Lebenserfahrungen zu Begriffen. Konservativismus, Konvention, Formalismus im Gesellschaftlichen, Allgemeingültigkeit der Anschauungen.

Harmonische Wirkungen:

Konzentration, Arbeitszähigkeit, Beharrlichkeit, Materialgefühl, Realismus der Beobachtung, Bedachtsamkeit, Genauigkeit, Berechnung, Mäßigung, Sparsamkeit, Vorsicht, Ernst, Vertiefung, Reserviertheit, Schweigsamkeit, Takt, Diplomatie.

Disharmonische Wirkungen:

Depression, Lebensverneinung, Abschließung, Selbstsucht, Schwermut, Unlust, Schwerfälligkeit, Beharrungszwang, Mißtrauen, Einengung, Angst, Finsterkeit, Dogmatismus, Verstocktheit, Gefühllosigkeit, Kälte, Grausamkeit, Mißgunst, Feigheit, Falschheit.

Uranus

Intuition.

♅ Denken, das mit sprunghaft präziser Sicherheit, ohne den Weg kausal-logischer Folgerungen gehen zu müssen, Wahrheiten erkennt. Kühne Bilder von rücksichtsloser Schärfe und Ursprünglichkeit. Revolutionierung alles Bestehenden, blitzartige Durchführung von Neuerungen, Exzentrik und Erfindergeist, reformatorische Spannkraft. Alles Plötzliche, jäh, unmittelbar erfaßte Richtigkeit, sonderbare Ausdrucksform.

Gleich ☿ ist ♅ an sich farblos und empfängt seine Wirkungs-Nuancierung durch Aspekte.

Harmonische Wirkungen:

Inspirative Lebendigkeit, minuziöser Esprit, ingeniöse Konstruktionsfähigkeit, intensivste Zweckbewegung, Hellsehen, Ferntasten, Altruismus, Weite des Weltbildes.

Disharmonische Wirkungen:

Nervöse Hochspannung, Explosivität, sinnlose Zerstörung, Neuerungssucht ohne aufbauende Kraft, Unverantwortlichkeit, Wirrköpfigkeit, Absurdität, Eigenbrödlerei, Ungeselligkeit, Oppositionsgeist, Fivolität.

Neptun

Universalität.

Atmosphärischer Ausdruck des ganzen Wesens, langsame Auflösung traditioneller Begrenztheiten und Erweiterung ins Kosmische. Vom Körperlichen sich lösende Liebesfähigkeit, überpersönliche Bindungen, schwer zu verarbeitende psychische Einflüsse. Mysteriöse Ereignisse, alles Vage und Unbestimmte, nebelhafte Zustände. Zerfall bisheriger Ordnung und Schaffung neuer sozialer Möglichkeiten. ♆

Gleich ♀ gibt ♆ Beziehung zum Künstlerischen und zum Sexuellen, steigert darin alles zu äußerstem Schmelz und Charme, zu Maßlosigkeit der Vorstellungen, die doch in höherem Sinne harmonisch zusammengehalten sind.

Harmonische Wirkungen:

Wesens-Weite, universelle Menschenliebe, Allverbundenheit, Sensibilität, verfeinerte Ästhetik, ins Transzendentale gesteigerte Emotionen und Glücksgefühle, Rauschbewußtsein, Selbstvergessen, Genialität, Mystik, Hellfühlen, magnetische Heilkraft.

Disharmonische Wirkungen:

Haltlosigkeit, Aufgelöstsein des Ordnungssinns, verschwommene und verquollene Gefühle oder Gedanken, Wahnvorstellungen, chaotische Stimmungen, Trunkenheit, Betäubungssucht und das Verlangen nach Rauschgiften, Perversität, Betrug, Vergiftung des Daseinswillens und folgernde Willenlosigkeit, Dumpfheit, Irrsinn.

*

Übereinstimmung – Widerspruch

Tierkreiszeichen sind gestaltgebende Prinzipien, Planeten die Kräfte ihrer Durchführung. Ein Tierkreiszeichen kommt zur direkten Äußerung, wenn ein Planet darin steht; sind mehrere Planeten darin, ist die Äußerung umso stärker. Es kommt zur indirekten Äußerung durch Felderspitzen oder sensitive Punkte, die Planetenaspekte empfangen. Die Charakteristik jedes Zeichens hat ihre Übereinstimmung in der Natur eines Planeten. Die Kraft eines Planeten wirkt sich in diesem seiner Wirkungsart entsprechenden Prinzip am reinsten aus, während sie im Oppositionsprinzip am meisten gehindert ist. Im Oppositionsprinzip steht der Planet im Widerspruch. Art und Stärke der Planetenkraft sind dann dieselben, nur ist die Wirkung durch gegenteilige Absichten aufgewühlt. Die resultierende Äußerung ist eine Umkehrung der Kraft ins Negative, wenn nicht der dem Individuum verfügbare freie Gestaltungswille den Widerspruch von Kraft und Prinzip bewältigt. Für die Deutung eines sensitiven Punkts oder des durch eine Felderspitze ausgedrückten Erlebnisgebiets ist außer ihrer Aspektierung noch die planetarische Übereinstimmung des Zeichens, in dem Punkt oder Felderspitze sich befinden, maßgebend.

Übereinstimmungen sind:

♈ = ♂	♋ = ☾	♎ = ♀	♑ = ♄
♉ = ♀	♌ = ☉	♏ = ♂	♒ = ♄ ⛢
♊ = ☿	♍ = ☿	♐ = ♃	♓ = ♃ ♆

*

PLANETEN IN DEN TIERKREISZEICHEN

Sonne

Gibt Entschlossenheit, die sich von innen her rasch und ohne lange Überlegungen durchzusetzen sucht, sich bewußt auf ein Ziel sammelt, mit starken Antrieben und Tatendrang, der sich aber rasch ausgibt. Führergeist, Stolz, Selbstgefühl; aus mangelnder Fühlung zu den Vorgängen der Umwelt krasser Subjektivismus. Der Charakter ist zuweilen roh, oft eifersüchtig, immer aber hoffnungsfreudig und unabhängig. Scharfsinn im Praktischen, einfache, klare Lebensansichten, Ablehnung alles Sinnlosen und Überflüssigen. ☉ ♈

Gibt Beständigkeit, die den Charakter von innen her langsam bildet und vereinheitlicht; bedachtsame Entschlüsse und zähes Festhalten daran, Beschaulichkeit, getragene Ausdrucksweise, Behagen, Gutmütigkeit, Freundlichkeit, meist taktvolle Zurückhaltung und Verschwiegenheit. Der Charakter ist leicht inaktiv und ohne fühlbare Antriebe, in der Grundstimmung melancholisch und schwer, findet sich neuen Anforderungen gegenüber nicht leicht zurecht, ist schwer erregbar, trotzdem zu starken Leidenschaften aufzustacheln. Unermüdlichkeit und Besonnenheit in gleichmäßiger Arbeit, Sachlichkeit und Realsinn, Unabhängigkeitsgefühl und Trotz, zuweilen Verbohrtheit in Verteidigung des Eigenbesitzes. Genußfreude, Farbgefühl, Musikliebe. ☉ ♉

Dualistische Natur, die im Hin und Her der Entschlüsse das Positive sucht, bespiegelt sich und alles, was ihr entgegenkommt, von zwei Seiten zugleich, trifft krasse und summarische Unterscheidungen, überwertet das Bejahte und setzt es skrupellos durch. Beweglich-praktischer Intellekt sucht mit Geschick den eigenen Vorteil. Vielseitigkeit, leicht aber Oberflächlichkeit und übertriebener Nützlichkeitssinn; Positivität und Energie im Verfol- ☉ ♊

gen praktischer Ziele. Wenn diese fehlen, leere Einbildungen, Spintisieren, Launenhaftigkeit, Unzuverlässigkeit. Sonst ist das Wesen frisch, zugänglich und von spontaner Freundlichkeit. Reisetrieb, künstlerisch-literarische Interessen.

☉ ♋ Sensitive Natur mit dem Verlangen nach Wechsel und Anregung; von vielseitiger Begabung, die zu Änderungen und Umstellungen führt, Erlebnisfrische und Gestaltungsfähigkeit. Romantisch, träumerisch, empfindsam, sympathiebedürftig, von der Umgebung abhängig und daher leicht zu beeinflussen; lebhafte, weitgreifende Vorstellungen, daher leicht umständlich im Handeln, schüchtern im Antrieb, zäh und beharrlich im Festhalten an Sachen; nimmt leicht fremde Formen auf, um sie mit Eigenem zu verschmelzen. Viel Ortsveränderungen und Reisen, trotzdem Häuslichkeitssinn.

☉ ♌ Übereinstimmung

Gibt eine selbstbewußte Natur, die von innen her ihre Hilfsmittel beherrscht und ihre Gaben auszuspielen weiß; Stolz, Formsicherheit, Organisationstalent. Der Charakter liebt Repräsentation, ist großzügig und daher leicht in Kleinigkeiten nachlässig, anspruchsvoll doch hilfsbereit, verantwortungsbewußt, vornehm, aufrecht, mutig, leicht erregbar, heftig und jähzornig, herrschsüchtig. Selten zu Niedrigkeiten fähig, teilt Pikanterien ohne Bosheit aus, liebt Wohlleben und luxuriöse Gewohnheiten; Geschmack und Ordnungssinn, Gastfreundschaft, Liebenswürdigkeit, Gerechtigkeitssinn, setzt sich für andere ein und wird daher leicht ausgenützt. Resolutes Durchsetzen eigener ehrgeiziger Pläne, selten frei von Eitelkeit, leicht Selbstüberschätzung.

☉ ♍ Gibt ein sich bewahrendes Wesen, das vorsichtig-prüfend, kritisch, spröde die Dinge an sich herankommen läßt, an Kleinigkeiten hängt, zu sehr ins Detail geht und dadurch leicht den großen Überblick verliert. Scharfe Beobachtung des Gegenständlichen, im Umgang mit den Dingen gewandt und sauber, methodisch, sorgsam, ordnungsliebend, geduldig; Nützlichkeitssinn der sich in wesentlichen Entscheidungen vordrängt. Feinnervig, in den das eigene Wesen nicht berührenden Dingen anpassungsfähig, im Kern aber auf dem eigenen Standpunkt verharrend, wenig Selbstvertrauen; Zuneigungen finden oft unbewußt ihren Ausdruck auf dem Umweg über materielle Erweisungen. Experimentierlust, wissenschaftliches Vorgehen bei allen Unternehmungen, Sparsamkeit, Ökonomie.

Gibt Streben nach Anschluß und Ausgleich, da die diesen ☉ ♎
Charakter beschwerende Gebundenheit und Indolenz nur durch Wechselbeziehung mit anderen sich löst und dadurch die ihm eigene Heiterkeit und Sorglosigkeit frei wird. Er ist daher ohne präzisierbaren Eigenwillen, leicht lässig, bequem, mit wenig Ausdauer und Nachdruck bei allem Tun, wie auch strebsam, optimistisch, geistig talentiert, feinfühlig, höflich, gefällig, ordnungsliebend, ehrlich. Die Weltauffassung ist harmonisch, auf objektiver Betrachtung der Dinge aufgebaut; daher verbindliches, diplomatisch-versöhnliches Wesen, liebebedürftig und mit Neigung zu Geselligkeit.

Gibt eine Natur, die von innen her scharf, schroff und rück- ☉ ♏
sichtslos objektive Eindrücke verarbeitet, infolge starker Empfänglichkeit immer wieder neu beeindruckt und aus ihrem Gleichmaß gebracht wird. Dem Charakter eignet eine Brutalität, mit der er ohne Rücksicht auf Konventionen Verschleiertes und Morsches bloßlegt oder zerstört. Unruhe und Leidenschaft sind verbunden mit zergliedernder Beobachtung, der Drang nach Erkennen ist stärker als das Empfinden für gute Form und läßt daher die Ausdrucksweise leicht ungraziös und plump werden. Verschiedenartigkeit der individuellen Prägung kommt hier durch die ausscheidende Kraft, die diesem Zeichen eigen ist, mehr als bei anderen zur Erscheinung und äußert sich in verschieden starker Betontheit von Passivität, Mystizismus, Autoritätsglaube, Schwärmerei, Sinnlichkeit, Eifersucht, Mißtrauen, Jähzorn, Aggressivität, starker Arbeitskraft, Kühnheit, Todesverachtung.

☉ ♐ Ein Wesen das stolz, impulsiv, begeisterungsfähig, erregbar ist, mit leicht verletzbarem Selbstgefühl, sich gegen jede Beschränkung seiner Freiheit aufbäumt, leicht ins Übermaß geht und zu Entscheidungen treibt. Von Natur aus offenherzig, mitteilsam, aufrichtig, hoffnungsvoll, wohlwollend, rasch aufbrausend und ebenso schnell wieder vergessend. Freude an Bewegung um ihrer selbst willen, auf und ab der Lebenslinie, leicht Abenteurer- und Spielernatur, selten aber niedrig und den großen Zug verlierend. Bei aller Arbeitsfreude unpraktisch in Bezug auf Nutzbarmachung, von Stimmungen abhängig, neigt mehr zu Improvisation als zu geduldiger, zäher Durchführung; bei Verwirklichung der Absichten Ausschließlichkeit der Hingabe, nach Rückschlägen immer wieder neu erwachender Unternehmungsgeist. Die Betrachtungsweise ist von Impulsen beeinflußt und religiös gefärbt.

☉ ♑ Gibt einen Charakter, der sich im zähen Erarbeiten von Erfahrungen bildet, sorgsam eins zum anderen häuft, von Ausdauer und konzentrierter Arbeitskraft; Realsinn, Schwere und Gründlichkeit der Lebensauffassung, Genügsamkeit, Geduld, Nachdenklichkeit, mit Hang zur Vertiefung. Der Geist ist konservativ, gehorsam gegenüber anerkannten Formen, Gesetz und Brauch, setzt sich streitbar für Dogmen ein, ist ehrgeizig, strebt nach Unabhängigkeit durch Erwerb und Stellung, zeigt Vorliebe für formelle Bedeutsamkeiten und gesellschaftliche Tradition; Melancholie, Teilnahmslosigkeit gegenüber lebendigen Vorgängen, Schroffheit und Hartherzigkeit in seelischen Dingen, meist krasser Egoismus, doch treues Festhalten an einmal geschlossenen Freundschaften; Sparsamkeit die leicht zu Geiz und Selbstbegrenzung wird, im Benehmen vorsichtig-diplomatisch, karg in Äußerungen und Mitteilungen.

☉ ♒ Widerspruch

Unsentimentaler, von Gefühlskomplexen freier Geist, der klar in der Beobachtung menschlicher Charaktere einen leidenschaftslosen und gleichmütigen Altruismus pflegt; intuitives Erfassen des Abstrakten, die Weltauffassung wird aus zu geringem Erleben der Gefühlsbindungen leicht schematisch und ideologisch, Lebenstheorien sind stärker als Impulse, die spontan, aber nicht nachhaltig erlebt werden. Die Natur verlangt nach bewußter Richtung, nach Schärfe und Präzision in allen Absichten und Zielen, ist intellektuell und mit konstruktiver Begabung; inneres Erleben wird nach dem Allgemeingültigen bewertet, und selten setzt sich daher das Persönlich-Besondere durch. Heftige, jähe Ausbrüche, schnell aber wieder Umschlagen in die gewohnte Gleichmäßigkeit; Tiefsinn wechselt unmittelbar mit Oberflächlichkeit, Pessimismus mit Optimismus, Grübelei mit positiver Tatkraft. Begeisterung für wissenschaftliche und philantropische Bestrebungen, Sinn für das Rechte, der Charakter strebsam, fleißig, fast immer zuverlässig und ehrlich, sparsam, doch meist ohne geistig am Materiellen zu hängen, für Ideen bisweilen verschwenderisch; geduldig, still, verschwiegen, jedoch gewandtes und sicheres Benehmen in allen Gesellschaftskreisen.

Von innen her Selbstlosigkeit und Sich-Versenken, oft ab- ☉ ♓
sichtslos und aus Schwäche, Teilnehmenmüssen am Schicksal anderer, Verlieren des eigenen Zusammenhalts. Sensitivität und darum Umhergetriebensein von Stimmungen; starke, tiefgehende Leidenschaften, zart in der Äußerung, geringe Kraft der Durchsetzung. Der Charakter hat wenig Rückhalt im Eigenbewußtsein, ist voller Gutherzigkeit, Sanftmut, Weichheit, Nachgiebigkeit, Freundlichkeit, er ist empfindsam, melancholisch-grüblerisch, meist unentschlossen, doch hilfsbereit, gastfreundlich, sucht Wahrheit und Parteilosigkeit, bleibt aber in seinen Absichten oft unverstanden. Äußerungen behalten leicht etwas Gedrücktes und Dienendes, es entsteht inneres Murren und Verzweiflung, wenn sich die angeborene Güte nicht auswirken kann. Freiheit und Lockerheit der Lebensweise, arbeitsfreudig, doch auf Wechsel eingestellt, mit Gesundheit und Besitz unvorsichtig, sinnlich, träumerisch, empfänglich für Natureindrücke.

*

Mond

☾♈ Laut, voreilig, frisch und kühn im Anpacken, energisch und rasch in der Durchführung, bei langer objektiver Inanspruchnahme aber leicht versagend, strebsamer Geist, scharfer Verstand, selbstbewußt, ehrgeizig, unabhängig, ehrfurchtlos. Variabilität der Pläne und Absichten. – Tätige, unruhige Jugend, Lernbegierde.<

Das seelische Moment drückt sich in unmittelbaren Aktionen aus, die stets persönlichen und spontan-eigenwilligen Charakter haben, weshalb es leicht isoliert bleibt, aus dem eigenen Vorstellungsbereich nicht heraus kann, nur schwer den Anschluß an Fremdes findet und aus Mangel an Anpassung verroht. Seine Stärke liegt im Vorwärtsdrängen nach eigenen, weitgefaßten Richtlinien. Die regen Impulse werfen sich auf vereinzelte, kurzfristige Unternehmungen, sind darin gefaßt, präzise und einheitlich. Anregungen werden sofort, ohne sentimentales Nach- oder Mitfühlen von Stimmungen, zu praktischen Zielen knapper Sachlichkeit verarbeitet.

☾♉ Schlicht, naiv-freudig, still, bequem, zurückhaltend doch aufnahmebedürftig, versonnen, sinnlich, ästhetisch-genießend, empfänglich, natürliche Instinkte, ausdauernd und trotzig im Gewohnten bleibend, Anschauungen konservativ, persönlich nachgiebig und freundlich. Musikliebe. – Gleichmäßige und verträumte Jugend, damit im Zusammenhang selten ein aufgewecktes Bewußtsein, meist Faulheit.<

Das seelische Moment bleibt nach außen hin meist unentfaltet, ruht im Unterbewußten, die Impulskräfte werden von den Anforderungen des eigenorganischen Aufbaus absorbiert, so daß die Oberfläche sich bewußten Anforderungen gegenüber stumpf, träge, lässig verhält. Seine Stärke liegt in der unbeirrbaren Festigkeit und Konsequenz des natürlichen Wachstums, das aus realen Bedingungen und Traditionen zustandekommt, theoretischer Begründung und Rechtfertigung nicht bedarf und keine Zweifelsmomente in sich duldet. Seelische Aktionen lösen sich nur schwer und werden dann sachlich, ohne Schwung und Begeisterung erfüllt. Verwachsensein mit der Natur, ohne daß sich das Verhältnis dazu sehr intensiv äußert.

☾ ♊

Überhastig oder unentschlossen, hin- und herirrend, unbeständig, bei alledem aber positiv und von starkem, eigenem Willen, beweglich im Intellekt, feinnervig, geschickt, geschäftig, wählerisch, im Entschluß rasch zupackend, summarisch urteilend, beredt, selbstquälerisch, oder beirrend und lärmend auf andere einwirkend. – In der Jugend vorwiegend intellektuelle Einstellung, Wißbegier bei ungefestigten Zielen.<

Das seelische Moment braucht Nervenreiz und Sensationen, Rekord und Überholung im Verfolgen sachlicher Interessen wie im moralischen Leben, macht sich leicht von Wertbegriffen des Milieus und eigenen Verstandesüberlegungen abhängig und entgeht dann selten der Gefahr, nüchternem Nützlichkeitssinn preisgegeben zu werden. Seine Stärke ist die Beweglichkeit, die sich in intensiver Unterscheidung und Auswahl des im Lebenssinne Positiven kundgibt, die Leichtigkeit der Loslösung von bestimmten Objekten oder Vorstellungen und das Erfassen neuer, entwicklungswichtiger Anregungen. Das Impulsleben stellt sich mit Hurtigkeit, Eifer und optimistischem Schwung auf praktische Tagesforderungen oder intellektuelle Ziele genügender Spannkraft ein.

☾ ♋ Übereinstimmung

Weich, sensitiv, romantisch, schwärmerisch, alle Dinge mütterlich umfassend, Hang zu Phantasien und Träumereien, Lebenshunger, Reiselust, Unbeständigkeit, Verlangen nach Veränderung in Beruf und Erlebnisbedingungen, wechselnd in Freundschaften, nachahmend, Eindrücke aus Gemütserlebnissen bewahrend, vielseitige Auswertung der Kräfte und Mittel. – In der Jugend schüchtern und lebhaften Emotionen unterworfen, Wechsel der Lebensumstände, Reisen.<

Das seelische Moment beansprucht Raum und Umfang der Lebensverhältnisse, um die breite Anlage der Eigennatur voll zu durchwirken, das Übermaß der Einfühlungsgabe ist schwer längere Zeit auf eine bestimmte Realität zu konzentrieren, kapriziös oder kindlich-naiv umgeht es harte Forderungen und wendet sich neuen Dingen zu. Seine Stärke liegt in der Unmittelbarkeit, Frische und Ausschließlichkeit der Empfindungen, die sich durch keine Verstandesbedenken beeinträchtigen lassen, keiner Konvention unterordnen und im Nach- oder Mitfühlen fremder Impulse sich in zahlreichen Variationen darstellen können. Praktische Aktionen werden leicht durch abschweifende Stimmungen verzettelt, da ein Verhältnis zu den Dingen nur solange erhalten bleibt, als sie der Selbstgestaltung Anregung bieten.

☾ ♌ Stolz, leidenschaftlich, unternehmungsfreudig, optimistisch, spekulativ, Tatkraft und Verlangen nach Verantwortung, aber auch Würdigung und Anerkennung, formell gewandt, kultiviert, Hang zu Schönheit, Wohlleben und Luxus, gastfrei, großzügig in Versprechungen und auch vertrauenswürdig, dabei aber die kleinen Bedingtheiten oft übersehend. – Warmes und organisch lebendiges Erleben in der Jugend, die meist in angenehmen Lebensumständen verbracht wird.<

Das seelische Moment beruht auf dem Stolz der Eigenverantwortung, lebt in der Organisierung und Disziplinierung realer Lebenstatsachen auf, machtvolle Entfaltung der Eigennatur und Beherrschung jeder Situation aus unabhängigem Geist stehen im Mittelpunkt der Empfindungen, die imponierende Form des Auftretens und der Darbietung wird leicht über die Mittel hinaus forciert, um die Vormachtstellung oder den Schein einer solchen zu wahren. Seine Stärke ist der Drang nach Vollständigkeit, Formvollendung in allen auf die äußere Erscheinung bezogenen Dingen und die fest in der Persönlichkeit verankerte Lebensbejahung. Die leicht aktivierbaren Impulse folgen warmem menschlichem Verständnis und loyaler Haltung in den verschiedensten Lebenssituationen.

Kritisch, intelligenter Beobachter, präzise in Feststellungen, begabt für Übermittlung und Verwertung, daher geschäftstüchtig, ökonomisch, ordentlich, sauber, auf Kleidung und Sitte achtend, persönlich oft unfrei, unentschlossen, veränderlich. Mangelnde Fähigkeit, Gefühlsregungen anderer mitzuempfinden, ausgenommen die der eigenen Familie. – Die Jugend ist leicht Einwirkungen beschränkender Art unterworfen, die Erlebnisse sind stark vom Familiengeist beeinflußt.< ☾ ♍

Das seelische Moment verbirgt sich unter Realleistungen, die, durch Nützlichkeitssinn veranlaßt, in der Vollführung durch detaillistische Fertigkeiten bestimmt werden, Vorsicht tastet vor jeder Unternehmung den Umkreis gefährdender Umstände ab und läßt Empfindungen nur da sich entfalten, wo die Dinge bekannt und keine unerwarteten Begebenheiten möglich sind. Es beschränkt sich auf die Durchführung der subjektiven Lebensregungen, seine Stärke ist die Reinhaltung des Eigenlebens von unklaren Rauschmomenten; die Furcht vor Bloßlegung und Banalisierung des Gefühlslebens läßt Hingabe selten zum Erlebnis werden, störende Kleinigkeiten können die beginnende Erschließung wieder zur Teilnahmslosigkeit umstimmen. Die minuziöse Beobachtung des Sachverhalts wird einer Unmittelbarkeit der Impulsäußerung vorangestellt, Aktionen lösen sich methodisch, in schrittweisem Vorgehen.

Ein ausgeglichenes Wesen das auch auf andere versöhnend wirkt, umgeht Aufregungen, ist leicht indolent, leichtsinnig, vergnügungssüchtig, aber gutherzig, höflich, mit angenehmen Umgangsformen, verbindlich, geselligkeitsliebend, nimmt das Leben von der charmanten Seite, ist anschlußbereit und teilnehmend, strebsam in gemeinsamen Unternehmungen. Zuneigung zum anderen Geschlecht ist ausgesprochen. – Gleichmäßige, harmonische Jugend, leicht bewegt und reich an Geselligkeit.< ☾ ♎

Das seelische Moment sucht Harmonie und Leichtigkeit im Aufgreifen verschiedenster Gefühlsanlässe, es ist passiv und wird weniger von eigenen Vorstellungen als von fremden Erlebnistatsachen geweckt, im eigenen Erlebnis von der Art und Fülle der als Einheit empfundenen Dinge bestimmt; fehlen diese Anregungen, so fehlt ihm leicht Ziel und Richtung, es geht in Schlaffheit und Nachlässigkeit unter. Seine Stärke ist das instinktive Auffinden objektiver Richtlinien, die begütigende Kraft des die Eindrükke zusammenfassenden Gegenschwungs, der Härten abschleift, Ungleichheiten ebnet und ausbalanciert und aus dissonierenden Strömungen stets das Gemeinsame findet. Die gelockerten Impulse können sich leicht verschenken und den Eigenheiten fremder Naturen anschmiegen, ohne damit ihre Spannkraft aufzugeben, die Empfindungskurve verläuft ohne Stockung, gleitet spielerisch, tänzelnd um Kanten und Hindernisse.

☾ ♏ Aufgewühlt, leidenschaftlich, zu Extremen erregbar, standhaft, aber bequem, mystisch-sensitiv; Wahrheitsbedürfnis, das nicht immer einwandfreie Wege geht, starke Begierden, schroffe Ausdrucksweise, Neigung zu sarkastischer Äußerung und Anmaßung, wodurch oft die Harmlosigkeit anderer verletzt wird. Körpermagnetismus. – Innerlich unruhige, in wechselnder Seelenverfassung verlebte Jugend.<

Das seelische Moment tritt selten einheitlich zusammengefaßt auf, es zerfällt in sich befehdende Sondertendenzen; die nacheinander entwickelten Gefühle wirken aufrüttelnd, zerwühlend, die Oberflächenbewegung treibt instinktiv zu kritischen Punkten, auf das Entdecken bröckliger oder morscher Stellen hin und widersetzt sich natürlicher Ordnung oder gleichmäßiger Gestaltung. Seine Stärke ist die Rücksichtslosigkeit des Kampfes um Selbstgestaltung unter wechselnden Ausdrucksformen, das Ertragenkönnen von Trennungen und Schroffheiten des realen Lebens um des seelischen Aufschwungs willen. Die schwere, gründliche Natur wird durch abstrakte Ziele oder dumpfes Wahrheitsverlangen zu Aktionen aufgepeitscht. Die Impulse sind aggressiv, von durchdringender Schärfe und können sich brüsk über organische Erfordernisse hinwegsetzen.

Rasch aufflammende Gefühle und bewegte Vorstellungen, ins Barocke gehende, dramatische Äußerungen, Freimut, Offenheit, aber Unruhe und Unbeständigkeit. Güte, Friedfertigkeit, ebenso schnell zu erregende wie zu besänftigende Zornesausbrüche, Auflehnung gegen jede Gebundenheit, Widerspruchsgeist. – In der Jugend starkes Freiheitsbedürfnis, das sich temperamentvoll durchsetzt.< ☾ ♐

Das seelische Moment ist getragen vom Gefühl der Unabhängigkeit, das sich in weit ausgreifenden Unternehmungen und Risiko zu beweisen sucht; es braucht Gefahrenmomente, um zu der ihm notwendigen Steigerung zu kommen, seine affektbetonte Spannung liebt Zuspitzung der Situationen, geht daher leicht in tollkühner Übertreibung bis zur theatralischen Geste. Seine Stärke ist die Ausschließlichkeit der Hingabe an ein Ziel, die von Gewohnheiten unbeeinträchtigte offene Entfaltung von Empfindungen, die Toleranz des Mitempfindens organischer Tatsachen. Der Schwung der Impulse läßt sich durch Nützlichkeitsforderungen nicht beirren, die Umstände des praktischen Lebens werden in den dadurch herbeigerufenen Krisenpunkten rasch improvisiert.

Schwache, doch zähe Lebensimpulse, leicht negative Tendenzen, aber beharrlich, mit Verlangen nach Aufstieg und sozialen Ehren; Selbstbeschränkung in Geste und Ausdruck infolge starker Bindung zu Konvention und Norm, nachdenklich, sparsam, arbeitsam, Kampf mit Widerständen von außen und Zuständen eigener Unlust, daher leicht ängstlich, gedrückt, unfrisch, müde. – Langsame Entwicklung und schon in der Jugend beginnendes Mühen um Gestaltung oder Arbeit.< ☾ ♑ Widerspruch

Das seelische Moment ist untrennbar mit den durch das Bewußtsein anerkannten Realitäten verbunden, es gibt sich meist in der Befolgung gesellschaftlicher Rücksichten aus und wird von der Erfüllung allgemeiner Gepflogenheiten oder Verpflichtungen aufgesogen. Seine Stärke ist die Konsequenz der Einordnung in eine Aufgabe, ein von den Erfahrungen anerkanntes Gesetz, eine soziale Struktur; die sich in diesem Rahmen durchsetzende seelische

Darbietung ist formvoll und gepflegt. Pflichtbewußtsein überwiegt die Eigenimpulse und lähmt selbständige Aktionen, die bewußte Regelung der Zeiteinteilung schneidet Lebensvariationen ab, die Impulse äußern sich leicht hart und dogmatisch nach innen und außen.

☾ ♒ Weitherzig, idealistisch, rasches Zurechtfinden in neuen Anforderungen und leichtes, schwungvolles Bewältigen der Aufgaben; wenig sensitives Erfassen und ebenso rasches Vergessen in Gefühlsangelegenheiten, allgemein humane Anschauung, die aber nicht genügend auf die Individualität des Einzelfalls eingeht, unabhängig, gleichmütig, leicht bequem, aber Interesse für alles Außergewöhnliche. – Meist gleichmäßige Lebensumstände in der Jugend, intellektuell aufnahmefähig und im Gefühlsleben zu Extremen geneigt.<

Das seelische Moment beruht auf Gleichmut, Liberalität und Breite des Verstehens, gestattet daher ein leichtes Identifizieren mit den verschiedensten Dingen, es bekommt durch das Auftauchen abstrakter Ziele oder durch materielle Forderungen, an die sich bestimmte Ideen knüpfen, plötzlich Spannung und Richtung. In der raschen, konsequenten Durchführung dieser Absichten kann es sich zu Kälte und Grausamkeit planmäßiger Aktionen steigern. Seine Stärke ist Duldsamkeit und die Ausdauer des Ertragens schmerzvoller Empfindungen für ein hohes Ziel. Impulse wechseln mit der Ideenspannung, Gefühlsausbrüche werden für Umsturz des Bestehenden oder für traditionelle Realitäten eingesetzt, wie es die Sicherheit der immateriellen Empfindungsbasis braucht.

☾ ♓ Schlicht und selbstlos, sensuell-zartsinnig, gastfreundlich, bescheiden, zurückgezogen, schüchtern, beeinflußbar, weniger präzise in Einzelfeststellungen als begabt im Erfühlen komplexer Zusammenhänge und deren Übermittlung; Gefahr, sich in eine Sache zu verlieren, oft von Phantasien bedrückt und von unkontrollierten Stimmungen umhergetrieben; das Wesen neigt zu Extremen, ist überlaut und forciert lustig oder mutlos und niedergeschlagen. – An Gefühlserlebnissen reiche Jugend, äußerlich etwas bedrückt oder unruhig.<

Das seelische Moment läßt sich leicht von imaginären Strömungen zu unvorsichtigen Ausbrüchen fortreißen, hat wenig Kraft zur Behauptung eigener Ansprüche und zur Einschaltung des Widerstands gegen Fremdforderungen, gibt sich in Einzelaktionen aus, die ohne Zusammenhang mit Regeln der Nützlichkeit erlebt werden. Seine Stärke liegt im Erfühlen der inneren Zusammenhänge, im vorbehaltlosen Verstehen und Miterleben jeder menschlichen Situation. Das Wesen findet sich aus chaotischen Zuständen, im Umgehen der Einseitigkeit individueller Standpunkte immer wieder zurecht, Stimmungen und Traumvorstellungen verbinden sich organisch mit der realen Bedingtheit der Wachbegriffe, Vollständigkeit wird in sensiblen Situationen gesucht. Die Impulse sind schwankend, unsicher wo sie praktischen Richtlinien gegenüber sich durchsetzen sollen, aber sehr ausschließlich und sicher, wo es auf seelische Qualitäten ankommt, sie finden positiven Aufschwung auch in Zuständen der Gedrücktheit und Armut.

*

Merkur

☿ ♈ Scharfes, aber an das Gegenständliche gebundenes Denken, Lernbegierde, zwar wenig ausdauernd im Durchdenken einer Idee, doch lebendig im Auffinden neuer, wesentlicher Anregungen, rasch und heftig im Argumentieren, rücksichtslos, geradezu im Widerspruch; wenn angegriffen schnell sich fassend, geistesgegenwärtig und schlagfertig; klare, bestimmte Wahrnehmungen, praktisch in der Formulierung der Absichten. Meist gesundes, robustes und bewußt beherrschtes Nervensystem.

☿ ♉ Langsames, mehr unterbewußtes und oft dumpfes Denken in bildmäßigen Vorstellungen, Schwierigkeiten im Aufnehmen von Neuem, besonders Abstraktem, was aber erfaßt ist wird behalten und zäh bewahrt; realpraktisch veranlagt, mit taktvoller und diplomatischer Redeweise, zuverlässig, verschwiegen, beharrlich, unbeugsam in den Anschauungen. Empfindliches Nervensystem mit langsamen Reaktionen, leicht außer Bewußtseinskontrolle.

☿ ♊ Übereinstimmung

Klar urteilender, zwischen Dingen und Werten unterscheidender Intellekt, wechselnd in Zielen und Vorhaben, stets das Ertragreichste suchend, praktischer Geschäftsgeist, Instinkt für Auswahl in entwicklungsfördernden Dingen, geistreich, beredt, gewandt und schnell im schriftlichen Ausdruck, geschickt und fingerfertig, Reisetrieb. Bewegliches Nervensystem, in der Reaktion leicht mitgehend und nach dem Reiz der Abwechslung verlangend.

☿ ♋ Anpassendes, aufnahmefähiges, leicht mit Gefühlen sich mischendes Denken, Frühreife; anregende und lebendige Redeweise, mehr auf Buntheit wie auch Tiefe der Erlebnisse als auf Realistik der Erfahrungen eingestellt, gutes Gedächtnis, rasches Sich-Einfinden in alle Verhältnisse, Lust zu beschaulichen Reisen, zielbewußt im Streben, aber leicht beeinflußbar und mit Neigung zu Wechsel in der Unternehmung. Leicht anzuregendes, sensitives Nervensystem, lebhafte Reaktionen.

Logisch ordnendes Denken, das mehr nach konkreter Form als nach abstrakter Betrachtung strebt, das spekulativ ist und leicht Wege und Hilfsmittel für das jeweilige Ziel findet; produktiv im praktischen Organisieren, formsichere, selbstbewußte Redeweise, entschlossen, ausdauernd. Gesundes, Reizungen gegenüber widerstandsfähiges Nervensystem mit kräftigen und beherrschten Reaktionen. ☿ ♌

Analytisches, jede Sache scharf auf ihre Bestandteile untersuchendes Denken, kritisch und schwer zu überzeugen, von greifbaren Beweisen abhängig, Freude am Experiment, wißbegierig, sucht mehr Einzelfeststellungen als Zusammenhänge; Sinn für ökonomische Auswertung einer gegebenen Sache, feine Wahrnehmungsinstinkte, gewandter rednerischer und schriftlicher Ausdruck. Zartes und sensibles Nervensystem mit schnellen aber vorsichtigen Reaktionen. ☿ ♍ Übereinstimmung

Vergleichendes und vermittelndes Denken das nach harmonischem Ausgleich strebt, von sich aus inaktiv, deshalb antriebsbedürftig, von der Umgebung abhängig, hat aber die Begabung, aus verschiedenen Meinungen das Wesentliche herauszuholen und darzustellen; objektive Betrachtung, ausgeglichene, verfeinerte, getragene Redeweise, gewandt auf alles eingehende Geste. Leicht sich einfühlende und anpassungsfähige Nerven, oft flau in den Reaktionen. ☿ ♎

Denken, das kritisch, sezierend, aufwühlend den Schein der Dinge angreift um abstrakte Zusammenhänge bloßzulegen; scharfsinnig, anästhetisch, Zweifel gegenüber dem Bestehenden und rücksichtsloses Wahrheitsbedürfnis, Neigung zu Mystik und zu okkulten Methoden, bei nicht genügendem Abstraktionsvermögen Freude an Zersetzung und Verfall, Zynismus gegenüber dem Anerkannten bei Festhalten an Begriffsdogmen. Dauernd bewegtes, leicht aufgewühltes und nach Reizung verlangendes Nervensystem, heftige Reaktionen. ☿ ♏

☿ ♐ Widerspruch

Ein Denken, das weniger die Fähigkeit zu geduldiger und präziser Beobachtung als mehr zu rhythmischer Aufnahme und Wiedergabe hat; es neigt zu philosophischer Anschauung, drängt nach Entscheidungsfragen, nimmt vorbehaltlos und mit Schwung zielgerichtete Ideengänge auf, beim Verfolg aber oft kurz abbrechend, wenn die lebendige Fühlungnahme nachläßt. Leicht einseitig und zu intensiv in Begeisterung und Ablehnung, die Voraussetzung der Willensfreiheit ist charakteristisch für Fragestellung und Entscheidung, Ungelenkheit in praktischen Anforderungen, Pläne gehen oft ins Irreale, die Redeweise impulsiv, mit Steigerungsfähigkeit ins Dramatische. Zu Erlebnisstimmungen drängendes Nervensystem mit raschen und fieberhaften Reaktionen.

☿ ♑

Langsames, konzentriertes, durchdringendes Denken, das, da es sich auf Verarbeitung von Erfahrungen aufbaut, leicht mühselig wird. Herausbilden des Erkenntnismäßig-Abstrakten aus der Erscheinungsform, Anerkennung von Gesetz und Formalität, Zahl- und Ordnungsgedächtnis, zäh und beharrlich im Aufdecken von Unklarem, ehrgeizig im Verfolgen einer Sache, ausdauernd und ökonomisch. Widerstandsfähiges, leicht passives Nervensystem, schwerfällige, wenn erregt aber wuchtige Reaktionen.

☿ ♒

Intuitiv gefärbtes Denken in abstrakten Begriffen, ideologisch, Aufgaben werden von Ideen aus erfaßt und mit praktischem Geist verwirklicht, soweit sie durch Systematik, funktionelle Regelung und flotte Disposition zu lösen sind; hier besteht die Gefahr zuweitgehender Theoretisierung. Leichte Lernfähigkeit, rhetorisch sicher, ohne sich durch Impulse beirren zu lassen, synthetisch zusammenfassend in den Anschauungen, kühl, überschauend, konzentriert, unabhängig. Fein organisiertes und daher entweder leicht gleichgültiges oder unkontrolliertes Nervensystem mit plötzlichen Reaktionen.

☿ ♓ Widerspruch

Unmethodisches Denken, das sich auf Instinktregungen aufbaut und schwer sich in intellektuelle Ordnung einfügt, daher leicht zerfahrene Ausdrucksweise. Unlogik aber Instinktsicherheit, oft wahllos in Bezug auf die Mittel zur Durchführung einer Aufgabe. Empfänglichkeit für fremde Ideen, im Verfolg einer Sache nicht eine Richtung einhaltend, sondern von verschiedenen Punkten zugleich angreifend, unkonzentriert, leicht geschwätzig, unbeständig. Sensitives, anregungsbedürftiges, zu rauschhaften Stimmungen neigendes Nervensystem; verhaltene, aber intensive Reaktionen, die sich im ganzen System fühlbar machen.

*

Venus

Rasche, bestimmt und klar gerichtete Leidenschaften, aggressive Sinnlichkeit, unproblematisch und selbstverständlich in der Darbietung eigener Empfindungen, unkollegial im Verhalten zu Gleichgeschlechtlichen, die Gefühle richten sich enthusiastisch auf ihr Ziel und verlangen nach realer Grundlage, entschlossenes Anpacken der Widerstände darin, meist Mangel an Sozialgefühl; Eigenwille und Zielbewußtsein in ästhetischen Ansprüchen, übergroßer Aufwand oder puritanische Nüchternheit, wenig Zartgefühl und Anpassung, oft derbe, burschikose Manieren. ♀ ♈ Widerspruch

Höflichkeit, Treue, Güte, Korrektheit, Beachten der Form, kultivierte Lebensansprüche, Geschmack, gutes Farbgefühl. Naturgegebene, ursprünglich aber passive und verträumte Sinnlichkeit; die eigene Empfindungswelt ist schwer zugänglich, es muß erst eine Basis des Vertrauens geschaffen werden, ehe ein Erlebnis zur innigeren Beziehung wird; Gefühle lösen sich nur innerhalb solcher Bedingungen aus, die den ästhetischen und materiellen Ansprüchen genügen; aus nicht entfalteten Gefühlen entstehen leicht Belastungen. ♀ ♉ Übereinstimmung

♀♊ Feingefühl und Sexualität verbunden mit geistigen Reflexionen und Wahlmomenten, die durch Nützlichkeitssinn oder moralische Forderungen bestimmt sind, Gefühle können mit der Verfolgung praktischer Zwecke parallel gehen, Zuneigung findet den Weg zum positiven Ausdruck. Wenig Beruhen, kein Auskosten der Empfindungen, sondern Verlangen nach ablenkenden Sensationen, Gabe der praktischen Anwendung und Verwertung ästhetischer Momente, schöngeistige Redeweise, liebenswürdiges Benehmen, Unbeständigkeit, aber optimistische Auffassung.

♀♋ Rasch erregte Sinnlichkeit, auf Lebendigkeit und Frische reagierend, weich, nachgiebig, Erlebnishunger und Empfindungsreichtum, Wankelmut, oft Wahllosigkeit im Umgang, Nachlässigkeit in der Auswertung sozialer Beziehungen. Das Gefühl macht sich vom seelischen Eindruck abhängig, schreckt vor Realforderungen zurück, geht harten Ansprüchen aus dem Wege und kann sich nur da entfalten, wo auf die ihm eigene Sensibilität eingegangen wird. Beziehungen werden nicht aus praktischen Erwägungen aufgegriffen, obschon ein Verlangen nach Lebensgenuß besteht, das seelische Ergriffensein bestimmt die ästhetischen Anschauungen.

♀♌ Stark aufflammende Empfindungen, doch selbstbewußte Zurückhaltung, Liberalität der Gefühle, solange die Vormachtstellung der eigenen Ansprüche respektiert wird, wechselndes Spiel mit Mutwille und Zartheit, in der Leidenschaft pathetisch und nicht ohne Eifersucht. Guter Humor, Freimut, Schenkfreude, Gastfreundschaft, die sich impulsiv und großzügig betätigt, Herzlichkeit, Höflichkeit, Stolz. Das im Gefühl voll durchblutete Wesen strebt nach Erhaltung der großen Linie, ohne es in Einzelheiten allzu genau zu nehmen, Loyalität überwindet erlittene Enttäuschungen, die Äußerungen sind unmittelbar und ohne Umschweife, sie werden anmaßend, wenn sich das Selbstbewußtsein angegriffen fühlt. Das ästhetische Bedürfnis will sich durch dekorativen Aufwand, Schmuck und gewählte Allüren zur Geltung bringen.

Schwer zum freien Ausdruck kommendes Gefühl, oft durch kleinliche Überlegungen in Engen hineingetrieben, Empfindungen werden nicht unmittelbar ausgesprochen, sie tun sich in Fürsorge und Vorbedachtsamkeit realer Handlungen und praktischer Maßnahmen kund, sind in ihrer Art und Richtung vom Milieu abhängig und bleiben oft im Erlebnisfeld der Herkunft und eigenen Familie haften. Mitteilsamkeit, doch gefühlsmäßig asoziale Einstellung zum Leben, meist zurückgezogne Lebensweise, mit Vorliebe genaues, ausführliches Eingehen auf Oberflächenerlebnisse und nüchterne Tatsachen bei Zurückhaltung der Gefühle; die herbe, abgeschlossene Form der Darbietung wird selten aufgegeben, seelische Verbindung betätigt sich durch eine Menge von scheinbar nebensächlichen und unbedeutsamen Zuweisungen. Das ästhetische Empfinden unterstellt sich den Bedingungen praktischer Verwendbarkeit, seine Gestaltung ist methodisch und sauber, Kunstfertigkeit. ♀ ♍

Ein ruhiges, passives Genießen, das in der Harmonie und Leichtigkeit nicht beeinträchtigt sein will, gelockerte aber maßvolle Sinnlichkeit, Empfindungen behalten das Heitere, Spielerische, Tänzelnde, sie ordnen sich schwer einem harten Anspruch unter, sondern suchen ihn diplomatisch zu umgehen. Liebreiz, Anmut, Feinheit und Frohsinn suchen Konflikte aus der Welt zu schaffen, die seelische Hingabe an das Erlebnis ist von momentaner Überbetonung, kann aber leicht auf eine neue Erlebnisbeziehung, einen anderen Menschen, anderen Wunsch übergleiten. Rasch zu weckendes Gemeinschaftsgefühl, vom sozialen Gleichgewichtsempfinden gelenktes gütiges, höfliches Benehmen, die schöne Form wird nie verletzt, eher der Inhalt vernachlässigt, ausgeglichene ästhetische Neigungen, Musikempfinden. ♀ ♎ Übereinstimmung

Heftiges Begehren nach Aufpeitschung der Leidenschaften, Ernst und Gewicht der Gefühle, Erfüllungen werden konkret gesucht, lassen aber trotz der dafür eingesetzten Energie unbefriedigt; starke Ansprüche an den Erlebnisgehalt, das weiche, sensiti- ♀ ♏ Widerspruch ve Empfinden kommt selten rein zum Durchbruch, sondern verbirgt sich hinter schroffen Formen der Aggressivität oder Abwehr; Bewußtheit im Sexuellen, auch in nahen Gefühlsbindungen bleibt ein Spielraum für Sarkasmus und Zerstörung gewahrt, der organische Aufbau seelischer Beziehung wird leicht durch rücksichtslos offene oder durch verborgen wirksame Bewußtseinskritik untergraben. Aufsuchen ästhetischer Werte, die sich begrifflicher Sinngebung unterordnen, in Unruhemomenten, Auflösungszuständen und Zerfallserscheinungen; Gefühlsinteresse an Umschichtungen gesellschaftlicher Struktur, im Benehmen bisweilen Formlosigkeit und Zügellosigkeit.

♀ ♐ Rasche, ruhelose Impulse, Erlebnisse werden durch den Anspruch der Ausschließlichkeit auf Entscheidungen hingetrieben, Gefühlsziele erhalten sich gegen den Angriff der Realitäten, gegen praktische Erwägungen und Vernunftsgründe, Sexualität verbunden mit ausgesprochenem Wahlinstinkt, der die Intensität der eigenen Erlebnisfähigkeit fordert. Loyales Verhalten in sozialen Dingen, solange die eigene Unabhängigkeit nicht angegriffen ist, die Umgangsweise beweglich, optimistisch, friedfertig, mitfühlend, vertrauensselig. Ästhetische Werte werden als Mittel der nach Steigerung verlangenden Gefühlsintensität eingesetzt, Improvisationen, der Eigenimpuls schafft Milieu und Situationen nach seinen enthusiastischen Neigungen, ohne die Umstände der eigenen Herkunft als Richtschnur zu nehmen.

♀ ♑ Zurückgezogene, meist keusche Gesinnung und Lebensart, im Wesen leicht Impulsarmut und Mangel an Güte, aber Beständigkeit der Zuneigung; Empfindungen kämpfen darum, sich gegen Traditionen und Pflichten zu behaupten oder werden der treuen Befolgung von Gesetz und Brauch geopfert, Gefühlsansprüche bleiben streng in den Grenzen der Rechtlichkeit, Unterdrückung persönlicher Erlebnisse oder, in Konsequenz ihrer Auswirkung, Erfassen der aus ihnen sich ergebenden sozialen Verpflichtungen. Die ästhetischen Ansprüche ordnen sich allgemeinen Anschauungen oder begrifflicher Forderung unter, beschränken sich fast stets auf das durch Tradition und Familie Naheliegende; Benehmen nach der Voraussetzung, daß auch andere das Allgemeingültige in den Vordergrund stellen, Verlangen nach gesellschaftlichen Ehren und einer Ehe nach der Konvention.

Unbeschwerte Gefühle und Aufrichtigkeit der Bezeugung, Toleranz der Empfindungen, die sich verschiedensten Milieus und Situationen anpassen können, ohne ihre Frische zu verlieren; Gefühlshingabe folgt schrankenlos den Sympathien und Antipathien, die variabel sind; jähes Umschlagen der Stimmungen schafft neue Sachlagen, doch kann, wenn ein bestimmter ideeller oder materieller Zweck verfolgt wird, eine Gefühlsbeziehung als leidenschaftslose Funktion gelebt werden. Da die Erlebnisse mehr auf Intensitätsspannung beruhen als auf Gebundensein an die Individualität der anderen Person, fällt in sexuellen Beziehungen ein Loslösen und Vertauschen relativ leicht. Herzlichkeit, Freundlichkeit, Gleichmut gegenüber sozialen Gebräuchen, aber leichtes Beherrschen der Formen, ästhetische Ansprüche gehorchen ideeller Zweckmäßigkeit. ♀ ♒

Sensibilität der Gefühle, vorbehaltlose Einfühlung, vollkommenes Außerachtlassen praktischer Erwägungen gegenüber Augenblicksempfindungen, Zaghaftigkeit und mangelnde Präzision der aus seelischen Bindungen folgernden Ansprüche, leicht verletzte und schwer zu behandelnde Empfindsamkeit, Weitherzigkeit im Sexuellen, aber auch Leichtblütigkeit, Wankelmut, unökonomisches Eingehen auf alle äußeren Anlässe, hemmungslose Hingabe an eine einmal geweckte Empfindung, doch leichtes Abirren in andere Richtung. Unverstellte und rückhaltlose Hingabe auch sozialen Forderungen gegenüber, Mittlerfähigkeit, geeignet zur Durchführung von Aufgaben der Verbindung und Angleichung, in ästhetischen Dingen ein Reagieren auf feine und subtile Äußerungen, „Fingerspitzengefühl“, ästhetische Anschauungen sind mit seelischen Eindrücken verknüpft. ♀ ♓

Mars

♂ ♈ Übereinstimmung

Kühne, klare, zweifelsfreie Energie, Edelmut, Stolz, Frische, reger tätiger Geist, Unerschrockenheit, Wagemut, Hitzköpfigkeit, Streitlust, Dreistigkeit, Handfertigkeit, Geschicklichkeit, Liebe zu Sport. Entfaltung durch tätiges Vorwärtsstreben und durch Neugestaltung aus der eigenen Persönlichkeit.

♂ ♉ Widerspruch

Zähe, beharrende und gegen Änderungen widerspenstige Energie, ruhiges und bestimmtes Auftreten, aber bei zu starker Inanspruchnahme durch wechselnde Bedingungen leicht Stocken des Unternehmergeists; dem Handeln fehlt Leichtigkeit und Schwung des Ansatzes, bei Angriffen auf die Unabhängigkeit Jähzorn und Halsstarrigkeit, im Anspornen eigener Kräfte und Fähigkeiten oft zu milde und nachlässig, Geduld und Ausdauer in freigewählter Arbeit. Entfaltung durch Festigen des Erworbenen in fruchtbringendem Aufbau.

♂ ♊

Gewandte, rastlose Energie mit wechselnden Interessen und mit der Begabung, sich in neuen Aufgaben schnell zurechtzufinden; Verlangen nach Präzision des Handelns, scharfer, auf reale Ziele ausgehender Geist, bestimmt und witzig in der Meinungsäußerung, Freude an Wortgefechten. Entfaltung durch praktisches Urteil und intensive Nutzbarmachung.

♂ ♋

Im Ansatz frische und unabhängige Energie, die dazu neigt, vielen Zielen nachzustreben, schwer aber ein Ziel mit Konzentration verfolgen kann und daher unter Mangel an Nachdruck in Einzelunternehmungen leidet; vielseitige Begabung, Neigung zu Berufswechsel; Betriebsamkeit und Ehrgeiz, ohne die Behaglichkeit zu opfern, Streben nach Anleitung und pädagogischer Einwirkung solange der Reiz des Neuartigen besteht, bei längerer Beanspruchung Unlust und Autokratie. Entfaltung in konsequenter Durchführung der aus Erlebniswerten angeregten Wandlungen.

♂ ♌

Positive, selbstbewußte Energie, Unerschöpflichkeit im Heranziehen von Argumenten und Mitteln, klare, übersichtliche Leitung aller Handlungen; durch Widerspruch und Einmischung leicht Gereiztheit, nie aber nachtragende Gesinnung; die Äußerungen tätig, vorwärtsstrebend, frei, offen, lebhaft, optimistisch, großzügig, eifrig im Verfolgen der Pläne. Starke sexuelle Triebkraft, Neigung zu Narkotika, Sportliebe. Entfaltung durch Maß und Verantwortungsgeist.

♂ ♍

Zäh am Materiellen haftende, im Minuziösen sich entfaltende Energie, im Verfolg einer Arbeit methodisch, aber leicht umständlich und abschweifend; Sauberkeit, die leicht zur Pedanterie wird, Spitzfindigkeit, leicht Sterilität, Unproduktivität bei äußerer Betriebsamkeit, raschem Auffassungsvermögen und Unternehmungslust; egoistisches Handeln, mangelndes Eingehen auf die Gefühle anderer. Entfaltung durch großzügige und übersichtliche Anwendung des Nützlichkeitssinns.

♂ ♎
Widerspruch

Energie, die Kräfte aus fremden Ideen und Arbeiten sammelt und produktiv macht; da die Willenstriebe auf das in fremden Absichten Gemeinsame gerichtet sind, tritt leicht Indolenz und Gleichgültigkeit ein, wenn Anregung von außen her fehlt; günstiges Zusammenwirken mit anderen, Fähigkeit zu Schlichtung und Vermittlung, meist Geschick in Kleidung und Auftreten, Kunstsinn, starker Sexualtrieb. Entfaltung durch Teilhaberschaft und Gemeinschaftsarbeit.

♂ ♏
Übereinstimmung

Unruhige Energie, die mit Schärfe und Leidenschaft ihr Ziel verfolgt, zähe Arbeitskraft, gleich stark im Ertragen von Widerwärtigkeiten wie im Bewältigen von Anforderungen, Mut, Opferbereitschaft bis zur Todesverachtung; diese leicht aufzustachelnde Energie kann zerstörend wirken, da sie imstande ist, auch Fremder Leben und Eigentum einer Theorie wegen in Gefahr zu bringen; scharfsinniger Geist, Körperkraft, Neigung zu Sarkasmus, starke sexuelle Triebkraft. Entfaltung durch Verarbeitung der Widerstände und bewußtes Erfassen ihrer Bedingtheit.

♂ ♐ Bewegliche Energie mit dem Verlangen, eine Sache rasch zu Ende zu führen, bei rasch Durchzuführendem Zielsicherheit, Begeisterungsfähigkeit mit der Gabe zu überreden und mitzureißen; Ehrgeiz, Neigung zu Wechsel in Unternehmungen, Ungeduld bei gleichmäßiger Arbeit oder dauernder Inanspruchnahme, Bedürfnis nach erlebnismäßiger Anregung und Beifall, Hast, Leidenschaft, Tollkühnheit. Entfaltung durch Einsetzen aller Kräfte an entscheidenden Punkten.

♂ ♑ Geduldige, zähe, von Erfahrung zu Erfahrung schreitende Energie, gesammelt bei der Arbeit und vor keiner Mühe zurückschreckend, beherrschter, gleichmäßig und stetig sich durchsetzender Ehrgeiz, Sich-Einsetzen für abstrakte Ziele auf materieller Grundlage, harte, rücksichtslose Abwehrkraft, leicht mit Bosheit gemischter Jähzorn, oft Zudringlichkeit in der Bewerbung um eine Sache, aber auch Verantwortungsgeist in der Durchführung. Entfaltung durch Ausdauer.

♂ ♒ Fest und sicher einer Idee folgende Energie, Wissen des Zwecks ist Voraussetzung zur Durchführung einer Arbeit; Originalität, Unabhängigkeit, Scharfsinn, Erfindergeist, unsentimentale Einstellung zu den Dingen und Erlebnissen, Erfolg in zeitgemäßen Berufen; starker Ehrgeiz, der trotzdem die Verrichtung jeder Arbeit im Sinne eines darüberstehenden Standpunktes zuläßt. Entfaltung durch lebendiges Verwirklichen der Ziele.

♂ ♓ Von sich aus ungerichtete, ins Weite strebende Energie, die ihre Absichten mit viel Intensität verfolgt, sich aber leicht verzettelt und im Dienst anderer tätig ist; oft zu geringes Selbstvertrauen und spontane Ausbrüche aggressiver Fassungslosigkeit, stark in anonymer Tätigkeit und in Mitwirkung bei der Gestaltung umfassender Aufgaben. Entfaltung durch Arbeit, die den Interessen der Allgemeinheit entspringt.

Jupiter

Expansiver Drang, Führerschaft, Generosität, Offenheit, Fülle neuer Ideen; zielbewußtes, aber oft übereiltes Handeln, Opferfähigkeit, Mut; energisch in Neuerungen, aber mit Fühlung zur Tradition, liberale Fortschrittlichkeit. Aufstieg durch praktisches Erfassen von Menschheitsforderungen. ♃ ♈

Genießende Ruhe und Warmherzigkeit des Wesens, mildes, mitfühlendes, taktvolles Benehmen, weiches Gefühlsleben, leicht Passivität und Meiden jeder Anstrengung, Freude an Vergnügungen; gute Verwaltungsgabe, die trotz Sparsamkeit Schenkfreude bewahrt. Aufstieg durch Pflichterfüllung. ♃ ♉

Streben nach Einigung von Gewinnsucht und Rechtlichkeit, das in inneren Problemen gelöst wird oder zu Rechtsstreitigkeiten führt; höfliches, zuvorkommendes Benehmen, Feingeistigkeit, Trieb zu Studien und Reisen, Entwicklung in intellektuellen Berufen. Aufstieg durch Nutzbarmachung schärfster Kalkulationen für die Allgemeinheit. ♃ ♊ Widerspruch

Erlebnisdrang, Fülle und Vielartigkeit der Beziehungen, die meist nur oberflächlich beibehalten werden; mannigfaltige Fähigkeiten und anregende Wirkung auf andere, aber Neigung zu Wohlleben und Verweichlichung, Träumerei; zu große Nachgiebigkeit. Aufstieg durch Bildung des Einheitlichen aus dem Vielgestaltigen heraus. ♃ ♋

Drang zum Organisieren großzügiger Entfaltung, leicht zu abhängig von Repräsentation und Aufzeichnung; Ehrgeiz und leicht Hochmut, starke Ansprüche, Prachtliebe, doch Verwaltungsgabe, Verantwortungsgefühl, Führergeist, Verlangen nach entgegengebrachtem Vertrauen. Aufstieg liegt im Lösen von Problemen durch Organisation. ♃ ♌

♃ ♍ Widerspruch

Streben nach Erweiterung der Erkenntnis im Minuziösen und Differenzierten, leicht Spitzfindigkeit und Experimentierlust, unermüdliches Verlangen nach realen Beweisen, das durch seelische Eindrücke unbeeinflußbar bleibt; Hang zur Analyse und kritischen Betrachtung. Aufstieg durch methodische Lösung feinst abgestimmter Aufgaben, die sich aus einem größeren Gefüge ergeben.

♃ ♎

Drang nach Ausgleich, Vermittlung und gerechter Verteilung, nach harmonischer Anschauung und Geste; das Wesen ist heiter, schönheitsliebend, verfeinert, sympathiebedürftig, wenn ohne Anregung aber inaktiv. Aufstieg durch Überblicken individueller Verschiedenheiten und ihrem Erfassen im Punkte der Einigung.

♃ ♏

Drang nach Änderung, verbunden mit leidenschaftlichem Erleben, Angriffslust, Scharfsinn, Ehrgeiz, Zuversicht; Hang zur Kritik an bestehenden Werten führt zum Theoretisieren über Neuerungen; Gärung und innere Unruhe, starke Arbeitskraft, Robustheit. Aufstieg durch Erkämpfen schwer zu erringender Ziele, Opfermut, offenes Bekenntnis.

♃ ♐ Übereinstimmung

Drang nach Unabhängigkeit im Denken und Handeln, verbunden mit impulsiver Jovialität, Frische, Eroberungslust, Großzügigkeit, Weitblick, Edelmut, überzeugendem Auftreten und mit gerechtem Auswirken der gegebenen Fähigkeiten. Liebe zu Spiel und Schaustellung, Extravaganzen und Sport. Aufstieg durch persönlich wirkungsvolle Darstellung und gesteigertes Erstreben hochgesteckter Ziele.

♃ ♑

Drang zum Aufstieg, zu Ehren und Wertschätzung, Glaube an Sitte und konventionelle Form; Klugheit, Selbstzucht, Ehrenhaftigkeit, Ernst, Verschwiegenheit, zähes Durchsetzen von Vorhaben und Aufträgen, ohne daß der Erfolg mit persönlichem Stolz erlebt wird, Gefahr der Engherzigkeit. Aufstieg durch Zuverlässigkeit und gewissenhafte Erfüllung der aus Lebensverpflichtungen erwachsenden Forderungen.

Unsentimentaler Erkenntnisdrang, der gestaltungsfähige Ideen auch in extremen Erscheinungsformen findet, immer waches Interesse für Arbeitsunternehmungen mit der Idee der Neugestaltung; mitteilsames Wesen, Optimismus, intuitive Menschenkenntnis. Aufstieg liegt in ideeller Durchdringung des Praktischen. ♃ ♒

Drang nach umfassendem Erfühlen menschlichen Erlebens, nach gütigem Verstehen und weitherzigem Aufnehmen; Arglosigkeit, Gastfreiheit, Mildtätigkeit; einfache, großzügige Weltauffassung, leicht aber Gefühlsüberschwang und Willensschwäche. Aufstieg liegt in fein empfindendem Durchführen umfangreicher, groß angelegter Aufgaben. ♃ ♓ Übereinstimmung

*

Saturn

♄ ♈ Klares, bestimmtes, aber schroffes und rücksichtsloses Auftreten mit wenig Takt und Geduld, meist selbstsüchtige, ehrgeizige Energie, Mißtrauen und Neigung zur Abgeschlossenheit, Organisationsgabe, der aber das Gefühl für das Lebendige fehlt; Resolutheit in der Durchführung, Strenge gegen andere wie auch gegen die eigene Person, Trotz, Jähzorn, oft Eifersucht und Gemütlosigkeit. Überwinden der Widerstände durch bewußt geleitetes Einsetzen der Entschlossenheit.

♄ ♉ Beharrung und Standhaftigkeit, zähes Festhalten an Meinungen, Langsamkeit in allen Handlungen, Willensfestigkeit, die in der Arbeit schwerfällig, unbeholfen, aber geduldig und ökonomisch sich auswirkt; abwartendes Verhalten und gewichtige Redeweise, meist Verschwiegenheit, Reserviertheit, oft Trotz und Schlauheit, verdeckte Leidenschaft. Überwinden von Widerständen durch Bewahren der Kräfte und durch Ausdauer.

♄ ♊ Langsam aus schwankenden Schlüssen sich herausbildendes Urteil, das aber dann hart und leicht dogmatisch ist, scharf in zwei Gruppen trennt, ohne Zwischentöne zu sehen und mildernde Gefühle zuzulassen; zäh im Verfolgen praktischer Ziele, anpassungsfähig in der Methode, unbeirrt in der Durchführung, meist konsequent, scharfsinnig und exakt. Überwinden der Wiederstände durch Methode und Taktik.

♄ ♋ Widerspruch

Wechsel zwischen Lebensmut und Bedrücktheit, daher leicht zu lähmende Entschlußkraft, Schüchternheit, Verdrießlichkeit, Grillen, in Unternehmungen oft Willkür und Autokratie, aber auch teilnehmendes Verständnis für die Sorgen der Umgebung; Bestreben, mit Kräften und Mitteln hauszuhalten, tiefgehende Emotionen. Überwinden der Widerstände durch Schmiegsamkeit und Anpassung.

Ein Verlangen nach Form und Gehalt, das ehrgeizige Leidenschaften und übertriebene Machtgelüste bändigt; Konzentriertheit, Wille zu Aufstieg und Geltung, leicht Jähzorn und Eifersucht, meist taktvolles Benehmen und Ordnungsliebe, Lebensverneinung wechselt mit impulsiver Entschlossenheit. Überwinden der Widerstände durch selbstbewußtes Vorgehen und diplomatisches Verhalten. ♄ ♌ Widerspruch

Vorsicht, Zurückhaltung und Abwehr, die leicht zu selbstquälerischem Trübsinn führen, in einem scharfen, analysierend-kritischen Intellekt aber ihre Gestaltung finden; Lernbegierde, realwissenschaftliche Betrachtungsweise, Nützlichkeitssinn, Gebundensein an Einschränkung und Verzögerung, Begabung zu minuziöser Sparsamkeit und für methodische Auswertung, schildernde, aber oft abschweifende Redeweise, in gegebenen Fällen Verschwiegenheit oder auch winkelzügige Unbestimmtheit. Überwinden der Widerstände durch klare Darstellung des Sachverhalts. ♄ ♍

Streben nach objektiver Auffassung, die durch Einsicht aus dem Zusammenschluß der Erfahrungen gebildet wird, aufnahmebereit für neue Erlebnisse und elastisch gegenüber Widerständen bleibt; Verlangen nach Erkenntnis und gedanklicher Begründung gefühlsmäßig gefundener Zusammenhänge, daher leicht spekulative Phantasie, ohne mit der Erfahrung in Widerspruch zu kommen, Neigung zum Disput. Überwinden von Widerständen durch Ausgleichsbestrebung und Kombination. ♄ ♎

Analysierender Geist mit Härte und Nachdruck, der theoretische Folgerungen aus realen Erlebnissen und praktischen Leistungen zieht, dessen Urteilsschärfe aber leicht negativ und zerstörend wirkt; Mut und Zähigkeit im Ausharren stehen leicht mit einer passiven Lebensauffassung in Zusammenhang. Liebe zu Autorität und Macht, oft Herrschsucht und Unterdrückung des Widerspruchs. Überwinden der Widerstände durch kritisches Erfassen und Einsatz der ganzen Persönlichkeit. ♄ ♏

♄ ♐ Impulsivität, die zu Einseitigkeit neigt und daher leicht zum Fanatismus wird oder zu Bedrückungen führt; ernste Anschauung menschlicher Probleme, die aber oft im Kampf mit der Realität liegt; Bedürfnis nach Achtung und Vertrauen, Ehrgeiz, oft Unduldsamkeit, Starrsinn und Widerspruchsgeist. Überwinden von Widerständen durch Nachdruck im gegebenen Augenblick.

♄ ♑ Übereinstimmung Geduldiges, zähes, gründliches Erarbeiten von Position und Geltung, klar gefaßte Ziele, deren Verwirklichung oft lange Zeit in Anspruch nimmt, was aber wohl bedacht ist; Unabhängigkeitsliebe, die leicht zu Eigensinn und Herrschsucht wird, Gefühl für Tradition, Fremdem und Neuartigem gegenüber leicht mißtrauisch, mit melancholischer Empfindung des Ausgeschaltetseins dabei, vielfach Ängstlichkeit, Schweigsamkeit. Überwinden der Widerstände durch zähes Bearbeiten.

♄ ♒ Übereinstimmung Nüchterne, intelligente Beobachtung mit erfolgreichen Ideen, Verlangen nach exaktem und klarem Durchführen der Absichten; Gewandtheit und Tüchtigkeit, die aber leicht im Formellen steckenbleibt, überzeugendes Auftreten beim Verfolgen einer Idee, geduldiges Eingehen auf Vorschläge und Anordnungen; Fügsamkeit, die leicht auszunützen ist, Neigung zu theoretisch wissenschaftlicher Betrachtung. Überwinden der Widerstände durch überholende Ideen und überlegene Gesichtspunkte.

♄ ♓ Empfängliches Gemüt, dem die sachlich-positive Verarbeitung von Erfahrungen erschwert ist durch Wiederkehr stimmungsmäßig festsitzender Eindrücke aus negativen Erlebnissen, daher leicht Melancholie und Pessimismus; das Handeln ist oft von Gefühlseindrücken geleitet, die den eigenen Erwägungen widersprechen, der persönliche Ehrgeiz ist gering oder wirkt im Sinne allgemeiner Interessen, das Auftreten hat meist etwas Dienendes und Gedrücktes, wenn nicht durch das Bewußtsein einer Leistung gestützt. Überwinden der Widerstände durch Einfühlung und überraschendes Angreifen der schwachen Punkte.

Uranus

Vorwärtsdrängender, unabhängiger Geist, der heftig, scharf, schroff, explosiv, eigenwillig skurrilen Ideen mit rücksichtsloser Schärfe folgt. ♅ ♈

Defensives Wesen, das bei Angriff Trotz und Verstocktheit zeigt, im übrigen mit Feinsinnigkeit und Ästhetik begabt ist. ♅ ♉

Sprühender Intellekt, der über scharfes Urteil und technische Erfindergabe verfügt, geschmeidig im Argumentieren. Originalität, Reiselust. ♅ ♊

Phantasiereiches Seelenleben, das sich in Liebe zu Altertümern oder zu neuen ungewöhnlichen Plänen kundgibt, leicht zu Snobismus führt, bisweilen Medialität. Gefahr für Trennung von der Familie. ♅ ♋

Stark selbstbewußte Geistigkeit, außergewöhnlich und witzig in Einfällen, setzt sich logisch gegen Konventionen für extreme Ansichten ein; das Benehmen ist meist exzentrisch, oft bis zur Zügellosigkeit. ♅ ♌ Widerspruch

Kritischer Intellekt, Esprit, der Winkelzüge und plötzliche Wendungen liebt und leicht sophistisch wird, Geschäftsgeist mit spontanem Erfassen von Unternehmungen und Vorsicht in der Methode. ♅ ♍

Scharfsinniges Erfassen und feingeistiges Zusammenfügen von Anregungen, Gefühl für organische Beziehung und Gleichgewichtung, das auch der Lösung praktischer Aufgaben etwas Formvolles gibt. Das Streben, stets die eigene Originalität zu wahren, führt leicht zu Konflikten im Gemeinschaftsleben und bei Teilhaberschaften. ♅ ♎

♅ ♏ Scharf analysierendes, mystisch gefärbtes Denken, unerschrockener, rücksichtsloser und oft sarkastischer Ausdruck, unruhiges Wesen, das zu Umsturz der bestehenden Ordnung treibt.

♅ ♐ Bewegliche Intuition, die bis zu äußersten Konsequenzen vordringt, rasche Begeisterung, die in Pathos übergeht und leicht zur Geste wird, bisweilen visionäres Erleben übersinnlicher Dinge. Gefahr für Rechtskonflikte.

♅ ♑ Gründlichkeit und Tiefe des Denkens, soweit ohne Umschweife intuitiv erreichbar, Ehrgeiz, der weitgesteckte Ziele in schrittweisem Vordringen zäh erkämpft, leicht Eigensinn, der auch Sonderlichkeiten hartnäckig verteidigt.

♅ ♒ Übereinstimmung Leichte, von Vorurteilen unbeschwerte Intuition, inspiratives Erfassen verschiedenartigster Lebensmöglichkeiten, konstruktive Begabung, Neigung zu erfinderischer, revolutionierender Leistung.

♅ ♓ Impulsives, leicht auseinanderfallendes Wesen, das zu plötzlichen Ausbrüchen neigt und sich schwer überblicken kann, träumerisch, mystisch; bisweilen chaotische Verfassung, die zum Aufgehen unter anderen Menschen oder zur Einsamkeit drängt.

*

Neptun

♆ ♈ Phantasie, die sich meist in realen Vorstellungen bewegt und zu Zielen drängt, die willensmäßig zu erreichen sind, Begeisterungsfähigkeit, impulsives Erfassen formaler Neuerungen bei entwicklungswichtigen Dingen. Oft steht die Gabe sensiblen Erfassens in Widerspruch zu Gewaltsamkeiten der Forderungen und Ausdrucksweise.

Phantasie, die in mehr passiver Weise Realvorstellungen aufnimmt und sie ästhetisch durchfühlt, Fähigkeit zur Geschmacksverfeinerung, meist sensible Sinnlichkeit, Sinn für Musik und stimmungsmäßiges Erleben von Natureindrücken. Oft Widerspruch zwischen leidenschaftsvoll angeregten und melancholisch bedrückten Gemütsstimmungen. ♆ ♉

Phantasie, die Anregung und Entwicklung durch außergewöhnliches Erleben und Sensationen sucht, Verlangen nach klärender Beurteilung weitgreifender Probleme, Empfänglichkeit und inspiratives Erfassen, die aber leicht zu Ruhelosigkeit führen. Oft Neigung zu intellektuellem Spiel mit vagen Möglichkeiten, das durch visionär überstürztes Handeln abgebrochen wird. ♆ ♊

Phantasie, die nach Gemütserregung durch lebendige und abwechselnde Vorstellungen verlangt; Wandlungsfähigkeit des Empfindens und Beeindruckbarkeit der Illusionen geben rasche und leichte Einfühlung in andere, meist Feingefühl in menschlichen Beziehungen. Oft Widerspruch zwischen medialen, unkontrollierten Handlungen und eigensinnigen Anschauungen. ♆ ♋

Phantasie, deren Vorstellungen ins Große gehen und den Unternehmungsgeist auf umfassende Pläne richten, die aber leicht von einer exakten Durchführung der Einzelheiten ablenkt; Selbstbewußtsein, das aber selten den gesellschaftlichen Takt verletzt und seine Forderungen feinsinnig zum Ausdruck bringt. Oft entstehen Widersprüche durch Versprechen, die aus warmherziger Überzeugung oder einer Geste zuliebe gegeben werden, ohne an die Möglichkeit der Durchführung zu denken. ♆ ♌

*

DIE ASPEKTE

Aspekte sind die Winkel der Planetenstellungen. Sie zeigen das gegenseitige Verhältnis der Gestaltungskräfte und dadurch die Lebensprobleme an. Je mehr Aspekte ein Planet hat, desto stärker wirkt sich die durch ihn angezeigte Kraft aus.

Die Aspekte, ihre Wirkung und Stärkegrade sind:

Aspekt		Winkel	Wirkung	Stärkegrad
☌	Konjunktion	0°	relativ	stark
⚺	Semisextil	30°	harmonisch	schwach
∠	Semiquadrat	45°	disharmonisch	schwach
⚹	Sextil	60°	harmonisch	mittel
□	Quadrat	90°	disharmonisch	stark
△	Trigon	120°	harmonisch	stark
⚼	Sesquiquadrat	135°	disharmonisch	mittel
⚻	Quincunx	150°	relativ	mittel
☍	Opposition	180°	disharmonisch	stark
//	Parallelschein	—	relativ	stark

Für die relativen Aspekte (☌, // und ⚻) gilt der erläuternde Text, der der Beschreibung harmonischer oder disharmonischer Wirkung vorangeht.

Die ☌ und der // vereinen die Eigenart zweier Gestaltungskräfte zu einer einzigen Kraftwirkung. Die Äußerung des ⚻ ist ähnlich, ist aber schwieriger zu bewältigen und deshalb meist lähmend und disharmonisch. Wird jedoch das darin gegebene spezielle Problem bewußt erfaßt, so ist die Auswirkung eine umfassendere als bei der ☌.

Ein Aspekt ist exakt, wenn die vorgeschriebene Gradzahl erreicht ist. Er macht sich aber schon einige Grad vorher und noch einige Grad nachher fühlbar. Je unexakter, desto schwächer ist der

Aspekt. Die Grenze der Wirkung ist bei den einzelnen Planeten verschieden: ☉ 15°, ☾ 12°, ♄ und ♃ 10°, ♂ ♀ ☿ 8°, ♅ ♆ 6°.

Bei schwachen Aspekten darf aber nicht über 5° hinausgegangen werden, die angegebenen Verhältniswerte gelten für starke und mittlere Aspekte.

Um die äußerste Grenze eines Aspekts zu ermitteln, ist die durchschnittliche Reichweite der beiden im Aspekt verbundenen Planeten zu bilden. Beispiel:

☾ 12°
♆ 6°
______
18° : 2 = 9° Reichweite des Aspekts zwischen ☾ und ♆.

*

Sonne und Mond

Logik und Phantasie. Der innere Lebenskern in Verhältnisbeziehung zur formalen Auswirkung. ☉ ☾

Harmonische Wirkungen:

Beides im Einklang, äußere Haltung entspricht stets der inneren Meinung. Das Schicksal gestaltet sich gemäß der Lebensaufgabe; Harmonie, Anerkennung, Erfolg in allen emotionell erfaßbaren Dingen. Gute Lebenskraft.

Disharmonische Wirkungen:

Besonders bei ☍ Zwiespalt zwischen Wollen und Ereignis, Wesen und Form des Individuums. Kampf um Geltung, um Gewinnung des Halts in sich. Meist Wechsel zwischen vordrängender Selbstüberschätzung und Unentschlossenheit, Unbeständigkeit, Hemmungen der Lebenskraft und des äußeren Erfolges.

Sonne und Merkur

☉ ☿ Ordnung und Verstand. Die geeignete Anwendung der Verstandesbegriffe, Wissenschaftlichkeit, Klarheit des Ausdrucks, Beredsamkeit, Intelligenz, geordnetes Gedächtnis.

Harmonische Wirkungen:

Bei ⚺ Denkfreiheit und leichte Entschlußkraft.

Disharmonische Wirkungen:

Steht ☿ innerhalb 5° Entfernung von der ☉, häufig Schwierigkeit im objektiven Denken, stärkeres Gebundensein an den eigenen Standpunkt.

Weitere Aspekte kommen nicht vor. Bei Taggeburt (wenn ☉ in den Erlebnisfeldern 7-12) ist rednerischer, bei Nachtgeburt (in 1-6) schriftlicher Ausdruck erfolgreicher.

Sonne und Venus

☉ ♀ Eigenwille und Sozialgefühl. Glanz und eigene Entfaltung verbunden mit menschlichem Teilnehmen am Schicksal anderer.

Harmonische Wirkungen:

☌ und ⚺. Starke Liebesfähigkeit und harmonischer Sinn. Wohlwollen, Naivität, Einfachheit, Liebenswürdigkeit. Starke Sexualkraft und Reichtum dadurch bedingter Ereignisse, Kunstgefühl. Günstig für Eheschluß, sozialen Wohlstand, Beliebtheit, genußreiche Reisen.

Disharmonische Wirkungen:

Nur ∠. Macht es schwer, Moral durchzusetzen. Äußert sich meist in Gefallsucht, Luxus, Verweltlichung, Naschsucht, Enttäuschungen in Gefühlsangelegenheiten, Ehezwistigkeiten.

Sonne und Mars

☉ ♂ Lebenszentrum und Triebkraft. In ihrer Verbindung stärkste Vitalität, Impulsivität, Kraft der Durchsetzung. In jeder Verbindung Mut, Stolz, Selbstbewußtsein, Unternehmungsgeist, körperliche Kraft.

Harmonische Wirkungen:

Weise und beherrschte Anwendung der Tatkraft, Eifer, Trieb zu organisatorischen Aufgaben, Begeisterung, Edelmut, Treue, Verantwortungsgefühl, Erfolg in Industrie, Chirurgie, in Gewinnung von Eisen und jeder Form seiner Anwendung, Neigung zu Militär, Sport, praktischem Führertum. Gesundheit, lebhafte Blutentwicklung.

Disharmonische Wirkungen:

Überreiztheit, die leicht in Jähzorn umschlägt, überhitzte Vorstellungen, die lebhaft verfochten werden. Angriffslust, Streitsucht, Verwirrung und Stauung der Kräfte, Gewaltsamkeiten im inneren und äußeren Schicksal, fieberhafte Krankheiten.

Sonne und Jupiter

Gesammeltheit und Hingebung. Erwirkt Gelingen und Gedeihen des Lebenswerks, Glaubensstärke, Selbstbewußtsein, Daseinsfülle. ☉ ♃

Harmonische Wirkungen:

Hinführen an die oberste Grenze der inneren und äußeren Entfaltung. Glück, Gesundheit, Wohlstand, Würden, Reichtum, Anerkennung durch Obrigkeit, segensreiche Wirkung auf Untergebene. Hoffnungsfreude, philantropische und ehrliche Gesinnung, verfeinerter, edler Charakter, moralisches, gerechtes Streben, jovialer Humor, Freigebigkeit, Liberalität, Religiosität. Wenn nicht starke Saturnaspekte einschränkend wirken, wird Vertiefung wie Besinnung auf den inneren Menschen leicht in der Überfülle äußeren Glücks erstickt.

Disharmonische Wirkungen:

Durch soziale und innere Schwierigkeiten hindurch kämpfen um Entfaltung. Zerwürfnisse mit Gesetz und Religion. Bei schwachen Naturen Vortäuschen der positiven Eigenschaften, meist Heuchelei, Anmaßung, Genußsucht, Verschwendungsliebe, Aberglaube, Eitelkeit. Üppiges Leben, dadurch Schädigung von Gesundheit und Wohlstand.

Sonne und Saturn

☉ ♄ Lebenstrieb und Schicksalsschwere, die beiden Hauptkräfte des Daseins. Sie formen Widerstandsfähigkeit und Härte des Charakters.

Harmonische Wirkungen:

Zäh und dauerhaft beherrscht, erfahren, materialgerecht, sorgfältig, methodisch, umsichtig, geduldig, taktvoll, arbeitsam. Keine Tat ist unüberlegt und ohne Aussicht auf äußeres Gelingen. Unbeirrtheit, Strenge, konservativer Geist. Sympathie beim Alter, Positionen, die durch Arbeit erworben werden.

Disharmonische Wirkungen:

Der Daseinswille hat mit stärksten Belastungen zu kämpfen, Einschränkungen und Enttäuschungen nehmen ihn in Zucht, die Freiheit der Impulse sieht sich stets der Abrechnung durch reale Folgen gegenüber. Schwache Naturen werden verdrießlich, bösartig, perfide, starr, furchtsam, autokratisch, selbstsüchtig, maliziös, gefühllos. Gesundheitlich schwächend, finanzielle Hemmnisse.

Sonne und Uranus

☉ ♅ Zentralisation und Dezentralisation. Ordnungssinn im Verhältnis zur exzentrischen Schwungkraft. Gespannte nervöse Gefühle verfechten die Freiheit des Ego und betonen Originalität.

Harmonische Wirkungen:

Der Lebenswille folgt intuitiven Erleuchtungen, blitzartige Impulse wirken revolutionierend, verhüten Stauungen und Müdigkeiten. Erfolg durch Erfindungen und neuzeitliche Unternehmungen.

Disharmonische Wirkungen:

Das aufrührerische Element stört den Willen zum Zusammenhalt, jähe Impulse äußern sich scharf und rücksichtslos explosiv, Widerspenstigkeit gegen fremde Beeinflussung und Unzuverlässigkeit nehmen meist überhand. Plötzliche Trennungen und Schicksalsschläge, Unfälle durch Blitz, Elektrizität, Explosion.

Sonne und Neptun

Zusammenhalt und Auflösung. Das Einfühlen in umspannendere Daseinsmöglichkeiten äußert sich in allen Schattierungen von Genialität bis Irrsinn. Die Wirkung dieser Aspekte ist am meisten von allen vom Niveau des Individuums abhängig. ☉♆

Harmonische Wirkungen:

Sensibilität für seelische Eindrücke, gebändigte Rauschempfindungen, Verfeinerung, musikalische Inspiration, mystisches Fühlen, Psychometrie.

Disharmonische Wirkungen:

Der Lebenswille ist in chaotische, unklare Strömungen hineingetrieben, hat um Form und Halt zu kämpfen, die Beeindruckung durch seltsame Schicksale läßt ihn in keiner Lebensaufgabe Genüge finden; Verleumdung, Betrug, Schwierigkeiten, Verwicklungen von außen stellen ihn vor immer neue Tatsachen. Die Reaktion ist in den meisten Fällen Unklarheit, Verwirrung, Unehrlichkeit und moralische Auflösung.

Viele und harmonische Aspekte der ☉ bringen Förderung, Aufstieg, Gewinn, Anerkennung und Gunst durch gesellschaftlich Höherstehende, disharmonische zwingen zum Kampf darum. Die Gegenkraft des ♄ ist das gesellschaftlich Niederdrückende, Herabziehende, Unglück und Sturz Verursachende, wirkt auch in harmonischen Aspekten verzögernd und verschleppend. Ebenso gesundheitlich: ☉ stärkend und antreibend, ♄ lähmend und schwächend.

*

Saturn und Mond

♄ ☾ Hinderung und Lebensfrische. Das Schicksalhafte prägt sich dem Individuum ein.

Harmonische Wirkungen:

Ernst, Tiefe, Absichtlichkeit in den Handlungen, die Ausdrucksweise ist reserviert, kühl, diplomatisch, formell, das Wesen scheu, geduldig, empfindsam, zurückgezogen, Gesetze und ökonomische Forderungen achtend, alles sich langsam und methodisch durch Erfahrungen erarbeitend. Die Jugend unterliegt Einschränkungen, später folgt langsamer Aufstieg zu dauerhaften Stellungen.

Disharmonische Wirkungen:

Der am schwersten zu verarbeitende Aspekt überhaupt. Mißgeschick, Kummer, schwache Gesundheit machen die meisten kalt, mürrisch, indolent, argwöhnisch, niedergeschlagen, unzufrieden, falsch, zaghaft, ängstlich. Lebendigkeit und Frische haben sich gegen stärkste Belastungen zu wehren. Von Kindheit an lasten Druck und Entbehrung auf dem Individuum, Leichtigkeit und Mutwille werden durch Zwang von Innen und Außen abgeschnitten, der Unternehmungsgeist wird durch negative Erfahrungen gelähmt. Für die mütterliche Funktion der Frau ungünstig.

Saturn und Merkur

♄ ☿ Erfahrung und Verstand. Die Flüchtigkeit der Merkurbegabung wird durch den Konzentrationswillen des ♄ zum Erfassen des Inhalts gezwungen.

Harmonische Wirkungen:

Kühler, klarer, mathematisch veranlagter Denker, langsam in der Aneignung, aber sicher im Behalten, geduldiger Rechner, findiger Kopf, systematischer Arbeiter. Einfachheit, Takt, Ordnungsliebe, Gründlichkeit, Scharfsinn, Verläßlichkeit, formelle Talente und Fähigkeiten, Sprachen- und Paragraphengedächtnis, logisches Planen, zähes Anwenden des Ausgedachten. Erwerbssinn und Ausdauer verschaffen Erfolge im Beruf.

Disharmonische Wirkungen:

Kampf um die gleichen Eigenschaften, das produktive Können hat sich mit begrifflichen Hemmungen abzufinden. In schwachen Naturen ergibt dies Eifersucht, Treulosigkeit, Hinterlist, Unaufrichtigkeit, Stumpfheit gegenüber Gefühlsforderungen, Intrigensucht. Schwierigkeiten auf Reisen, Unruhe, Verluste, hinterhältige Feinde.

Saturn und Venus

Konzentration und Harmonie. Besinnung auf struktive Gesetzmäßigkeit und maßvolle Gestaltung. ♄ ♀

Harmonische Wirkungen:

Bescheidenheit, Sauberkeit der Gesinnung, Ehrenhaftigkeit, Zufriedenheit, Unbestechlichkeit, Aufrichtigkeit, Systematik, Ordnungssinn, taktvoll sich äußerndes Mitleid; Liebenswürdigkeit und Ausdauer in der Freundschaft, Treue und Beständigkeit in der Liebe, doch wenig Hingabe und Aufnahmefähigkeit, Neigung zu Enthaltsamkeit und Selbstzucht. Günstig für Finanzen und vorsichtige Spekulationen.

Disharmonische Wirkungen:

Übermäßige Selbstsucht in allem Sozialen und Sexuellen, Perversion, Neid, Ausschweifung, Eifersucht, Geiz, wenn nicht ganz starke Natur sich diesen Neigungen widersetzt. Unglück durch gesellschaftliche Verhältnisse, besonders aber durch Frauen.

Saturn und Mars

Schicksalszwang und Aktivität. Jeder Aspekt dieser beiden Planeten ergibt Kampf und Gewaltsamkeit, Unbeugsamkeit, Härte, Schroffheit des Individuums und seines Schicksals. ♄ ♂

Harmonische Wirkungen:

Der Unternehmungsdrang ist von Materialkenntnis oder dem Streben danach beherrscht, oder aber die erfolgreichsten Unternehmungen sind die, die sich mit direkter Verarbeitung von Rohmaterial befassen. Schnelligkeit der Durchführung verbindet sich mit Ausdauer, Energie des Handelns mit zähem Ehrgeiz. Entschlossenheit, Scharfsinn, Konsequenz. Jedes Übermaß wird durch schicksalhafte Ereignisse in Bann gehalten, jeder Impuls hat sich sofort mit der Erfahrung abzufinden.

Disharmonische Wirkungen:

Zerstörend nach innen und außen und daher schwer zu bewältigen. Leidenschaft und Zorn sind leicht durch Widerstände aufzustacheln, die schicksalsmäßig auftreten, auf Affekte folgen Zeiten der Lähmung und Energielosigkeit. Kälte mit Hitzköpfigkeit wechselnd, Unzulänglichkeit, Hartnäckigkeit, wenn beider Wirkung nicht durch andere Aspekte ins Harmonische gemildert ist. Hinterlist, Grausamkeit, Rachsucht, Verrat, Unglücksfälle, besonders Sturz, auf sehr niedriger Entwicklungsstufe Verbrechertum.

Saturn und Jupiter

♄ ♃ Vergeltung und Gnade. Härte der Widerstände in Verbindung mit glückhaft mühelosem Gelingen und Entgegenkommen der Verhältnisse.

Harmonische Wirkungen:

Maß, Würde, Gesetzlichkeit, Pflichtgefühl, aufrechte und sichere Haltung in allen Lebenslagen, politische Fähigkeit, religiöser Ernst, der aber leicht ins Dogmatische geht, tief eindringendes Denken; gesundes juristisches und wirtschaftliches Urteil, Wohltätigkeit, die aber nicht von Selbstgefälligkeit frei ist.

Disharmonische Wirkungen:

Begrenzung und Eindämmung der Wünsche und des Glücksgefühls, alle Pläne werden vom Schicksal durchkreuzt, oder die Erfüllung bleibt hinter der Erwartung zurück, stets tauchen mehr Möglichkeiten zum Erfolg auf, als sich im Realen durchsetzen können. Daraus entstehen meist Willensschwäche, Argwohn, Mißtrauen, Intoleranz, Indifferenz und die Neigung, sich vom Leben treiben zu lassen; nur starke Naturen können sich unter diesem Aspekt auf ihre Ziele sachlich konzentrieren. Schwanken von Irreligiosität zu Bigotterie. Nachteil durch Behörden, durch Streitigkeiten und Prozesse, wirtschaftliches Unglück.

Saturn und Uranus

Schwere und Schwungkraft. Die zähe Konzentration der Erfahrungen vereint sich mit der geballten Intensität des Willens zur Neuerung. ♄ ♅

Harmonische Wirkungen:

Gabe blitzschneller Vertiefung und Eindringung in die jeweilige Situation, großzügige Auffassung, Präzision und Schärfe der Ansichten. Günstig für Berufe in Verkehrswesen und Technik.

Disharmonische Wirkungen:

Kluft zwischen intuitiver Schauung und Erfahrungstatsachen, revolutionierende Elemente liegen im Kampf mit konservativen Tendenzen. Meist skrupellose plötzliche Härten und jähe Ausbrüche; exzentrische Charakterzüge, die sich allem gegenüber mitleidslos durchsetzen; wenn keine mildernden Aspekte vorhanden, List und Verrat, jähe Unfälle, Ohnmachten.

Saturn und Neptun

Dichte und Gelöstheit. Konzentration der Erfahrung in Verbindung mit Weite der Illusionen. ♄ ♆

Harmonische Wirkungen:

Beide Kräfte halten einander die Waage: bei aller sensiblen Gefühlsweise und Irregularität der Anschauungen bleibt stets ein harmonischer Zusammenhalt, kühle Ausdauer hält das Erworbene fest. Feingeistigkeit und diplomatische Schlauheit wissen das Entlegenste zu begründen, Tiefe, Klarheit dienen einer mystischen Weltauffassung. Erfolg in Geheimdienst und in Stellungen, die Reife und Reserviertheit verlangen.

Disharmonische Wirkungen:

Beharrungszwang in einmal gefaßten Begriffen sperrt die Sensibilität, nebelhafte Gefühle stören umgekehrt den Realsinn. Oft Mißtrauen und Eifersucht, Neid, Rachsucht, die mit betrügerischer Absicht verschleiert oder vom Individuum selbst nicht erkannt werden. Verluste durch Betrug und Verleumdung oder durch unglückliche Verkettung von Umständen, an die nicht heranzukommen ist. Schroffe Ablehnung oder übermäßiger Gebrauch der Narkotika.

*

Bei Mondaspekten wird die Eigenart des aspektierenden Planeten auf das Erlebnisfeld des Mondorts hinübergezogen und dort zur Auswirkung gebracht. Harmonisch ist dies ein ungestörter lebendiger Vorgang, disharmonisch ein Kampf, in dem sich die Kräfte gegenseitig stauen und drängen.

Mond und Merkur

☾☿ Gemüt und Verstand. Empfindungen und Vorstellungen sind mit Begriffsfeststellung verbunden. Alle Aspekte geben Fruchtbarkeit und Beweglichkeit des Denkens.

Harmonische Wirkungen:

Anpassungsfähigkeit, Beobachtung, rhetorische Begabung, Vielseitigkeit, Schlagfertigkeit und gutes Gedächtnis. Unruhiges bewegtes Leben, Reisen, kaufmännische oder literarische Erfolge.

Disharmonische Wirkungen:

Spannt zum Erwerben von Können und Erfahrung an, intellektuelle Schwierigkeit im Beherrschen der Situation. Bei schwachen Naturen Unentschiedenheit, Oberflächlichkeit, Mangel an Konzentration.

Mond und Venus

Bildefähigkeit und Bindekraft. Das Mütterlich-Formende in Verbindung mit dem Weiblich-Aufnehmenden. ☾♀

Harmonische Wirkungen:

Zartheit, Sanftmut, Ergebenheit, Güte, Empfänglichkeit, sorgendes Verständnis für andere. Neigung für Schmuck und Kunst, lebendige Sexualität. Günstig für die Umstände der Mutterschaft.

Disharmonische Wirkungen:

Verstehen und Würdigung im Kampf mit Reiz und naschhafter Lüsternheit. Sorglosigkeit, Indolenz, meist Lockerheit der Grundgesinnung, Ausschweifung, Untreue, Laxheit oder aber Hemmung und Unterbindung der Lustgefühle. Oft Launenhaftigkeit, Nachlässigkeit in Bezug auf Wohnung und Kleidung, Unordentlichkeit, unbeherrschte Einbildungen. Unannehmlichkeiten durch Frauen, ungünstig für die Umstände der Mutterschaft.

Mond und Mars

Emotion und Trieb. Umfang und Beweglichkeit der Gefühlserregungen im Verhältnis zur Steigerungskraft. ☾♂

Harmonische Wirkungen:

Ungewöhnliche Energie auf dem durch den Mondort angezeigten Erlebnisgebiet, seelische Vorgänge wirken sich in unmittelbaren Aktionen aus. Kühnheit, Kraft, Ehrgeiz, Wille, sich durchzusetzen und der Drang, Gefühl zur Realität werden zu lassen. Entschlußfähigkeit und Mut mit wechselnden Zielen. Praktisches Geschick im Reden und Handeln, Erfolg in Technik und Industrie. Gute Gesundheit, das optimistische Lebensgefühl bewältigt die jeweiligen Umstände in positiver Form.

Disharmonische Wirkungen:

Zustände der Kälte wechseln mit Überhitztheit, meist rücksichtslose Schroffheit, die auf Zerfahrenheit und Überreiztheit folgt, Maßlosigkeit des Begehrens oder Stumpfheit durch innere Stauungen, übertriebene Einbildung, Herrschsucht, Ungebändigtheit der Ansprüche, Prahlerei, Abenteurertum, rasches Aufflackern und Abbrechen der Gefühle. Streitigkeiten, Gefahr der Verletzung, Fieber.

Mond und Jupiter

☾ ♃ Weg und Erfolg. Die Mittel in Verbindung mit Würde und Umfang der Lebensgestaltung.

Harmonische Wirkungen:

Je nach Tierkreiszeichen und anderen Aspekten des ♃ alle Schattierungen der Devotion und der Loyalität, ferner Optimismus, Gerechtigkeit, Großzügigkeit, Religiosität, Gefühl, progressive Tatkraft, Sinn für das Volkstümliche. Finanzielles und soziales Glück, Entfaltung der Kräfte, Popularität.

Disharmonische Wirkungen:

Fruchtbarkeit und Expansionsdrang steigern sich ins Maßlose, meist ergibt sich Völlerei, Verfettung, Selbstherrlichkeit, Unüberlegtheit wechselnd mit Unentschlossenheit, übertriebene Ansprüche ohne Kraft der Durchsetzung, Verweltlichung, Unehrlichkeit, Üppigkeit. Unangenehme Prozesse und verlorene Spekulationen, Gefahr des Bankrotts.

Mond und Uranus

☾ ♅ Vielseitigkeit und Plötzlichkeit. Lebendige Vorstellung verbunden mit Raschheit und Präzision des Ausdrucks.

Harmonische Wirkungen:

Sprühender Geist, intuitive Gewandtheit und Schärfe des Urteils, Geistesgegenwart, Erfindungsgabe. Okkulte Veranlagung. Ungewöhnliches Leben, schwankende, aber im Ganzen günstige Finanzen.

Disharmonische Wirkungen:

Nervöse Überreiztheit, Romantik, hochgespannte Erwartungen bei abirrenden Zielen, Unbeständigkeit, Eigensinn, meist Zynismus und Perversität.

Mond und Neptun

Vorstellungskraft und Universalität. Formungsgabe im Zusammenhang mit Weite der Ziele und Wirkungen. ☾ ♆

Harmonische Wirkungen:

Umspannende Gefühle, feingeistige sensible Regungen, Vorwiegen der Gemütsstimmungen und Impulse, Verträumtsein, Medialität, Hellfühlen, Wahrträume, Offenbarungen, überpersönliches Künstlertum. Wenn nicht ☿ stark aspektiert, entstehen verschrobene Einbildungen und unfaßbare, verquollene Stimmungen.

Disharmonische Wirkungen:

Dieselbe empfängliche Gemütsart, doch wird meist durch Narkotika, Verschleierung der Wahrheit, Liederlichkeit der Lebensweise eine Auflösung gewohnter Ordnung der Zustände gesucht. Unangenehm für Beziehung zu Frauen, Skandal, Verleumdung.

*

Merkur und Venus

Verstand und Harmonie. Logische Feststellung verbindet sich mit ästhetischem Zusammenfühlen. ☿ ♀

Harmonische Wirkungen:

Kunstgefühl, das in Nervenerlebnisse und manuelle Geschicklichkeit übergreift, Gewandtheit mit Geschmack verbunden, Schmuckliebe, Schöngeistigkeit, Zierlichkeit in Rede und Benehmen, Höflichkeit, Leichtigkeit, Frohsinn bei der Arbeit. Angenehme soziale Umstände, Beschäftigung mit Kunst, Dichtung oder Interesse dafür.

Disharmonische Wirkungen:

(auch bei ☌, wenn beide durch disharmonische Aspekte angegriffen) meist das Nichtgelingen solcher Tendenzen oder Überfluß an unsinnigem Zierrat, Unsachlichkeit, Widerspruch in sich selbst zwischen Verstand und Gefühl. Wirtschaftlich ungünstig.

Merkur und Mars

☿ ♂ Beobachtung und sezierende Schärfe. Feststellung verbunden mit Antrieb zu Demonstration und Kundgebung.

Harmonische Wirkungen:

Gute Urteilskraft, aktiver praktischer Geist, Scharfsinn, Unternehmungsfreude vereint mit spontaner Sachlichkeit, Kritik, Witz, Begeisterungsfähigkeit, mitreißende Energie im Wortwechsel. Gewandtheit im Denken und Handfertigkeit, Erfolg in Berufen, die dies erfordern.

Disharmonische Wirkungen:

Meist übertriebene Sezierlust, Sarkasmus, überhastetes Handeln, nervöse Übersteigerung der Tatkraft, Unbedachtsamkeit und Voreiligkeit der Worte oder die Neigung, jede Äußerung vorher begrifflich in sich festzulegen, wodurch dann die freie Produktion gelähmt wird. Rasche akute Erkrankungen, Nerven- und Gehirnfieber, Fehlschläge in technischen Unternehmungen.

Merkur und Jupiter

☿ ♃ Feststellung und lebendige Darstellung. Verbindung des Begriffsvermögens mit Fülle organischer Entfaltung.

Harmonische Wirkungen:

Weisheit, Ökonomie, Gerechtigkeit des gesunden Menschenverstandes, sorgfältiges Überlegen, Aufrichtigkeit im Urteil, philosophischer Geist, Ehrenhaftigkeit, philantropische Gesinnung, Hoffnungsfreude, weltmännisches Benehmen. Erfolgreiche kaufmännische oder juristische Begabung, weitblickende Verwaltungstätigkeit.

Disharmonische Wirkungen:

Meist Vortäuschung dieser Eigenschaften, Kluft zwischen Meinung und Geste, Schwanken, Veränderlichkeit und Unschlüssigkeit in entscheidenden Augenblicken, Schwatzhaftigkeit, Vorurteil in moralischen und rechtlichen Fragen. Fehlschläge im Geschäft, auf Reisen, bei Prozessen, in Bezug auf Teilhaber – durch eigene Unterlassungssünden.

Merkur und Uranus

Logik und Intuition. Das rechnende, von Beweis zu Beweis schreitende Durchdenken der Folgerichtigkeit und die sprunghafte, blitzartig in Wahrheiten eindringende Erleuchtung. ☿ ♅

Harmonische Wirkungen:

Raschheit der Eingebung leitet mühelos in Sachlickeit des Durchdenkens über, schöpferischer Geist, schnelle Auffassungsgabe, Konstruktion eigener Systeme in Weltauffassung und Arbeitsweise, Umformung des Überlieferten. Viele und gewinnbringende Reisen.

Disharmonische Wirkungen:

Das logische ☿-Denken im Kampf mit dem intuitiven ♅-Denken, das in seiner Plötzlichkeit vorauseilt und mühsam verarbeitet werden muß. Widerspenstigkeit, Überspanntheit, nervöse Überreizung, Exzentrik, Wirrköpfigkeit bei oft grausamer Schärfe der Ansichten. Nur bei ganz starker Natur sind diese Aspekte fruchtbringend, dann Genialität. Verwirrung im äußeren Schicksal, fruchtlose plötzliche Reisen, Verzettelung der Kräfte.

Merkur und Neptun

Begreifen und Erfühlen. Feststellen und logisches Einordnen verbindet sich mit gefühlsmäßigem Durchdringen. ☿ ♆

Harmonische Wirkungen:

Fähigkeit, Okkultes und Mystisches zu durchdenken und auf feste Begriffe zu bringen. Anderseits ist im Denken die Fähigkeit gegeben, niemals bei analytischen Feststellungen stehen zu bleiben, sondern sie zu einem umfassenden Weltbild zu verbinden. Idealistischer, verfeinerter, doch leicht romantischer Geist, Mediumität, Künstlertum, geniale wirtschaftliche Ideen, die aber allzu leicht den realen Boden verlieren.

Disharmonische Wirkungen:

Eigentümliche Störungen im Denken, Wahnideen, schwaches Gedächtnis, Gleichgültigkeit und Schlaffheit nehmen meist überhand oder werden zu bewußter Lüge und Nachahmung. Kleptomanie, Irrsinn und Selbstmordideen, wenn die Aspekte sehr disharmonisch sind.

*

Venus und Mars

♀ ♂ Liebe und Gewalt. Die im Gleichgewicht ruhenden Kräfte der Bereitschaft, durch Aktivität geweckt und zur Auswirkung gebracht.

Harmonische Wirkungen:

Starke Vitalität im Sexuellen, durchblutete Sinnlichkeit und Steigerung der Lebenskräfte überhaupt, gesunde, unverstellte Leidenschaft, ein volles, aber beherrschtes Ausleben, Freude an Vergnügungen und Abenteuern, Freimut im gesellschaftlichen Verkehr, Sorglosigkeit im Finanziellen. Früher Eheschluß.

Disharmonische Wirkungen:

Übertriebene oder gehemmte Sexualität, in jedem Fall unbewältigte Leidenschaft, Vergeuden der verliehenen Kräfte; Leichtlebigkeit und Genußfreude, die nicht immer Maß hält, oft ist Ausschweifung, Wechsel von Überreizung und Apathie die Folge. Dreistigkeit im Verhältnis zum anderen Geschlecht. Überstürzter oder unterbliebener Eheschluß.

Venus und Jupiter

♀ ♃ Ausgleich und Expansion. Maß und Schönheit im Verlangen nach Darstellung.

Harmonische Wirkungen:

Gibt dem Lebensgenuß einen ästhetischen Grundzug; Aufstieg, Wohltun, runde Entfaltung aller Kräfte, Gastfreundschaft, Duldsamkeit, Offenheit, Großherzigkeit, Religiosität, Reinlichkeit, Beliebtheit und Freundschaft, glückliche Ehe.

Disharmonische Wirkungen:

Wunsch nach bequemem Leben und Sättigung der leicht übertriebenen Ansprüche, Schlaffheit im Verfolgen der Ziele, Eitelkeit, Hang zum schönen Schein, Üppigkeit über die Mittel hinaus, Verweichlichung, Beschönigen eigener Anlagen und der Fehler darin. Mangelnde Geschäftstüchtigkeit und daher oft Fehlen am Lebensnötigen. Überstürzte Liebesangelegenheiten.

Venus und Uranus

Gleichmaß und Erfindung. Gefühlte Maß- und Zustandswerte ♀♅ werden durchgeistigt und aus intuitiver Gestaltungskraft heraus in harmonische Neubeziehung gebracht.

Harmonische Wirkungen:

Vielseitige Interessen an technischen oder künstlerischen Dingen, auch an okkulten Ideengängen, in manchen Fällen geniale Konstruktionsfähigkeit in ingenieurtechnischer, künstlerischer oder literarischer Hinsicht. Verfeinerte geistvolle Gestaltung sexueller Emotionen. Sonderbare Ereignisse, unvorhergesehene Änderungen der sozialen Stellung, meist plötzliche Ehe.

Disharmonische Wirkungen:

Sonderlichkeit und Exzentrik fügen sich schwer einer Ordnung ein, leicht entsteht Zügellosigkeit der Gefühle, Perversität im Sexuellen, übertriebene Liberalität oder verschrobene Eifersucht. Skandale, Enttäuschungen, plötzliche Verhinderungen.

Venus und Neptun

Gefügtheit und Entbundenheit. Gleichmaßempfindungen erwachsen ♀♆ aus dem Persönlichen zum Überpersönlichen, aus dem Bedingten zum Unbedingten.

Harmonische Wirkungen:

Verfeinerung der Sinne, Empfänglichkeit, sensibles Erfühlen menschlicher Bindungen, Menschenliebe, Gefühl des

Verbundenseins mit der Welt und ihren Geschöpfen, das sich oft in Liebeswerken äußert, auflösende und zugleich beglükkende Hingabe an Stimmungen, Empfindsamkeit für Musik.

Disharmonische Wirkungen:

Verwirrend und chaotisch, tasten nach neuen Idealen, unklare, bisweilen entartete und unsaubere Phantasie, irrender Geschmack, Perversität und abweichende Neigungen, Haltlosigkeit im Sozialen, Verluste durch Betrug und aus Urteilslosigkeit, Liebesenttäuschungen.

Mars und Jupiter

♂ ♃ Aktivität und Erfüllung. Aus dem vollen schöpfende Tatkraft und Entgegenkommen.

Harmonische Wirkungen:

Unermüdlich zur Eroberung, zum Ins-Werk-Setzen großer Pläne, zu raschem freudigen Tun anregend. Enthusiasmus, aufbauende Tüchtigkeit, Stolz und Selbstvertrauen. Erfolg in der Öffentlichkeit durch kaufmännisches oder technisches Geschick, Sportliebe. Reiche Blutbildung, feste Gesundheit.

Disharmonische Wirkungen:

Ins Maßlose gesteigerte Ansprüche, es wird mehr gewollt als in der Realität durchzuführen geht. Meist unbeherrschte Naturen, die impulsiv alles auf eine Karte setzen, mit dem Glück spielen, ihre Kräfte verschwenden, in denen Grobheit und Güte im Widerspruch liegt, in deren impulsiven Äußerungen sich Skepsis mit Unaufrichtigkeit mischt.

Mars und Uranus

♂ ⛢ Willenskraft und Plötzlichkeit. Die beunruhigendsten Kräfte, die in der Verbindung etwas Exaltiertes und Aufgewühltes geben.

Harmonische Wirkungen:

Fähigkeit zu rasch inspiriertem Handeln, sprunghafte Sicherheit des Tuns, Geistesgegenwart in schwierigsten Umständen, weiter, praktischer Blick, Urteilsschnelle und Energie im gefaßten Entschluß, zersetzende Kritik, Ironie. Liebe zu Altertümern oder zu modernsten technischen Konstruktionen und Berufsmöglichkeiten, Reisetrieb. Sprunghaftes Ansetzen und immer wiederholtes Aufgreifen erfinderischer Ideen, Erfolge dadurch.

Disharmonische Wirkungen:

Meist hartherzige Leidenschaftlichkeit, unbeherrschte eruptive Ausbrüche; vernichtender und den Aufbau störender Sarkasmus, dem unbewältigte Energie zugrunde liegt, Halsstarrigkeit, Fanatismus, schroffe Einseitigkeit. Streit, plötzliche seltsame Unglücksfälle.

Mars und Neptun

Tatkraft und Phantastik. Zu klaren Zielen treibende Energie und den Blick weitende Vorstellungswelt. ♂ ♆

Harmonische Wirkungen:

Gelingen umspannender Pläne und Aufgaben, künstlerische Einbildungskraft verbunden mit energievoll plastischer Gestaltung, stark eigentümliche Sinnlichkeit, glutvolle Phantasie, Sensibilität nimmt dem ♂-Charakter seine Schroffheit und Härte.

Disharmonische Wirkungen:

Aktivität, die leicht ins Haltlose und Ziellose stürzt, Phantomen nachjagt, in der klaren Durchführung der Absichten gestört und durch neue Möglichkeiten, chaotische Visionen, abgelenkt wird. Meist Unbeständigkeit, Schwindel, Aufrührertum, Unzuverlässigkeit. Gefahr durch Wasser, Gifte.

*

Jupiter und Uranus

♃ ♅ Einordnung und Originalität. Würdigung und Angleichung verbunden mit bizarrem Geist.

Harmonische Wirkungen:

Philosophischer und politischer Weitblick, eigendurchdachte Rechtsanschauungen, Gefühlswärme und Scharfsinnigkeit. Fülle lebendiger, sonderbarer Einfälle. Günstige Spekulation und richtige Verwaltung des Erworbenen, Erfolg durch Industrie.

Disharmonische Wirkungen:

Verzerrte Einsicht, Täuschung über sich und andere, leicht oberflächlicher Optimismus, übereilte Entschlüsse, Querköpfigkeit, Possenreißerei, Skurrilität. Extravaganzen der Lebensweise, Schädigung durch Unbeständigkeit und falsche Spekulation, Gefahr gerichtlicher Konflikte.

Jupiter und Neptun

♃ ♆ Fülle und Weite. Entfaltung durch Rechtsempfinden verbunden mit weitgehendem Einfühlungsvermögen, umfassende Darstellung eigener Fähigkeiten bei Loyalität der Gesinnung.

Harmonische Wirkungen:

Herzensgüte, mystisch gefärbtes religiöses Empfinden, je nach gefühlsmäßiger oder praktischer Veranlagung geniales Künstlertum oder diplomatische Begabung und Eignung für Vertrauensposten.

Disharmonische Wirkungen:

Die Begabung kommt selten zu klarer Darstellung, leicht Verwirrung der Willensabsichten, Schwanken, schwacher Rückhalt, Mediumismus, Überempfänglichkeit, passive Hingabe an Stimmungen. Bei mangelnder Selbstzucht Lasterhaftigkeit, endlich Zerrüttung des Gefühlslebens und der Anschauungen.

*

Uranus und Neptun

Offenbarung und Überbewußtsein. Plötzliche Eröffnungen und Schauen umspannendster Bindungen. ♅ ♆

Harmonische Wirkungen:

Weite des Weltbildes und der Anschauungen, die in prägnanter, geistreicher Weise und überraschender Form zum Ausdruck kommt, geistiges Führertum, Übernationalität, Visionen, Hellsehen, Wahrträume.

Disharmonische Wirkungen:

Starke mystische Kräfte, aber Überstürztheit, Unberechenbarkeit, phantastische abrupte Vorstellungen, die sich in manischer Weise aufdrängen. Unerwartete täuschende Zwischenfälle und Hinderungen im Leben, Gefahr öffentlicher Mißachtung.

*

DIE ERLEBNISFELDER

1 - 6: Erlebnis des Subjektiven

Persönlichkeit

1 Die Erscheinungsform der Persönlichkeit und die Charakteristik der unmittelbaren Äußerungen.

2 Das Verhältnis der persönlichen Finanzen und materiellen Lebensumstände, Erwerbssinn, Unabhängigkeitsgefühl und Besitzbewußtsein.

3 Das Anwachsen der Persönlichkeit durch Dinge täglichen Umgangs, dadurch bedingte Reisen, Geschwisterkreis, Schule, Berufstechnik, Literatur, Korrespondenz.

Eigenleben

4 Die Gestaltung der Eigenart aus der Herkunft, das Elternhaus, das eigene Heim, die Scholle, die Altersumstände.

5 Die Erfüllung der Arttriebe durch Kinder, Zöglinge, Liebesobjekte, Kunstwerke, geistige und geschäftliche Spekulationen, Vergnügungen und Lustbarkeiten.

6 Die Auswirkung der Eigenart in Arbeitsleistung, gewollten oder reflektorischen Handlungen, Sport; Körperfunktionen und ihre Störungen, Hygiene, Bedienung und Dienstbarkeit, Kleidung.

7 - 12: Erfahrung des Objektiven

Gemeinschaft

7 Das Gemeinschaftsleben, soziale Bindungen und Verträge, Ehe, Teilhaberschaft, die aus der Gemeinschaft sich ergebenden Streitigkeiten und Prozesse.

8 Durch Vergemeinschaftung bedingter Bestand und Besitz, öffentliche Gelder, Stiftung, Erbschaft, Mitgift, Gütergemeinschaft,

Steuern, Sozialgewissen, Besitzentäußerung, Körperzerfall, Tod, Metaphysik.

9 Das Einwirken des Vergemeinschafteten auf das Eigenleben, Sozialinteresse, Verkehrswesen, Welthandel, Forschung, in diesem Sinne Reisen und Literatur, Philosophie, Religion, Visionen und Traumleben.

Gesellschaft

10 Die Stellung in Gesellschaft und Öffentlichkeit durch berufliche Gestaltung und Geltung, Weltauffassung, Ehrgeiz, Beförderung, Ehre, Macht, Ruhm.

11 Reichweite und Erfolg der Wünsche nach Vergesellschaftung, Gönner, Förderungen, Freundschaften, Sympathie und Antipathie, Begabung, Begnadung.

12 Die durch Tun und Lassen erwirkte freiwillige oder erzwungene Einfügung in die Gesellschaftsordnung, Mitarbeit am Allgemeinwohl und an Staatsinteressen, tätiger oder zwangsläufiger Aufenthalt in Krankenhäusern, Irrenhäusern, Arbeitshäusern, an Orten der Entsagung und Verbannung, in Klöstern, Gefängnissen; Einsamkeit, Verlassenheit, soziale Einschränkungen und Verfolgungen.

*

Die Sensitiven Punkte

Sensitive Punkte sind Endpunkte des Gradabstandes zwischen zwei Planeten, der vom Aszendenten aus in Richtung des Tierkreises abgetragen wird. Sie bedeuten die Produkte dieser beiden Planetenkräfte, bezogen auf die persönliche Veranlagung, und werden durch empfangene Planetenaspekte aktiv, je nach Aspekt in harmonischer oder disharmonischer Weise. Die hier angegebenen Verhältniswerte gelten für Taggeburt (☉ in den Feldern 7-12). Bei Nachtgeburt (☉ in 1-6) gilt das umgekehrte Verhältnis, also statt ☉ : ☾ dann ☾ : ☉.

☉ : ☾ Innerer Wesenskern, in Einklang gebracht mit den Fähigkeiten der äußeren Erscheinungsform, in seinem Verhältnis zur funktionellen Lebensgestaltung; das Glück, der Ausgleich der Bestrebungen, Harmonie und Befriedigung des Wesens.

♄ : ☾ Der in der persönlichen Erscheinungsform verankerte Daseinswille, der sich im Verhältnis zu Widerständen äußert, die vom Vater ererbte positive Lebenskraft und rückschließend der Vater selbst.

♀ : ☾ Die in der persönlichen Erscheinungsform verankerte Harmonie in ihrem Verhältnis zur seelisch-funktionellen Form der Daseinsgestaltung, die von der Mutter ererbte Gemütsart und rückschließend die Mutter selbst.

♄ : ♃ Die zu persönlicher Eigenart geformte Materie im Verhältnis zum Umfang ihrer Entfaltung, die Ausdehnung der Herkunfts-Beziehungen, das stofflich Verwandte, die Geschwister. Zahl und Art der Aspekte dieses Punkts, wenn bestätigt durch ebensoviel Aspekte, die die Spitze des 3. Erlebnisfeldes empfängt, gibt Auskunft über Zahl und Art der Geschwister.

♃ : ♄ Die Entfaltung und Fortpflanzung der persönlichen Erscheinungsform im Verhältnis zu stofflichen Umständen und Hemmungen, der Niederschlag der schöpferischen Auswirkung im Lebenswerk, ideelle oder dingliche Erzeugnisse, Kinder. Zahl und Art der Aspekte dieses Punkts, wenn bestätigt durch Aspekte, die die Spitze des 5. Erlebnisfeldes empfängt und durch Planeten in diesem Feld, gibt Auskunft über Zahl und Art der Kinder.

♄ : ♂ Das innerhalb der persönlichen Erscheinungsform erlebte Verhältnis zwischen lebensverneinenden Widerständen und übersteigender Aktivität, in den Äußerungen Zerfall, Krankheit und Tod.

☉ : ♀ Die persönlich unmittelbar erlebte Daseinsbejahung, wie sie sich im Verhältnis zu harmonisierenden Bindungen ausdrückt; die Liebe in geschlechtlicher, wie in allgemein menschlicher Bedeutung.

♀ : ♃ Die Bindung der Persönlichkeit in gesellschaftlicher oder in geschlechtlicher Beziehung im Verhältnis zur fruchtbringenden Lebensentfaltung, in der Äußerung als Gemeinschaftsbestrebungen, Verträge, Ehe.

Das persönlich erlebte Verhältnis von Schlichtung und Über- ♃ : ♂
blick zu Momenten der Spaltung und Beunruhigung; Rechtsfragen,
Prozesse.

Komplexe Vererbungen, die mit der persönlichen Erschei- ☉ : ♄
nungsform gegeben sind, in ihrem Auftreten innerhalb der funktio-
nellen Lebensgestaltung; jede Form von Erbschaft materieller, see-
lischer oder geistiger Güter.

Das Höchstmaß der aus der persönlichen Erscheinung gegebe- ☉ : ♃
nen Lebensentfaltung im Verhältnis zum Wesenskern und zur
Sammlung äußerer Anerkennung; Nachwirken, Ehre, Ruhm, Ver-
dienst.

Das in persönlicher Form erlebte Harmoniegefühl im Verhält- ♀ : ☿
nis zu logischer Auffassung und manueller Geschicklichkeit; die
Gestaltung des Schönen, Harmonie des Benehmens, Kunst.

Die in der Persönlichkeit auftretende logische Verknüpfung ☿ : ☾
von Vorstellungen und Erlebnisformen zur Folgerichtigkeit; Wis-
sen und Erziehung.

Das Verhältnis persönlicher Lebensgestaltung zu logischer ☾ : ☿
Zweckmäßigkeit, jede Form von Nutzbarmachung, Zweck-
bewegung, Reisetendenzen.

*

Aufsteigender und absteigender Mondknoten

Die Mondknoten sind die Schnittpunkte zwischen Mondbahn ☊
und Ekliptik. Sie bezeichnen die Grenzpunkte – Maximum und ☋
Minimum – der funktionellen Lebensgestaltung. Zeichen, Feld und Aspektierung des aufsteigenden Mondknotens erschließen Aufstieg, Gelingen, die Möglichkeit positivster Gestaltung im Leben, während der absteigende Mondknoten Abstieg, Mißlingen und Negationen ausdrückt.

*

Beispielhoroskop: Goethe.

Geburtszeit: 28. August 1749, 12 Uhr mittags.

Geburtsort: Frankfurt am Main.

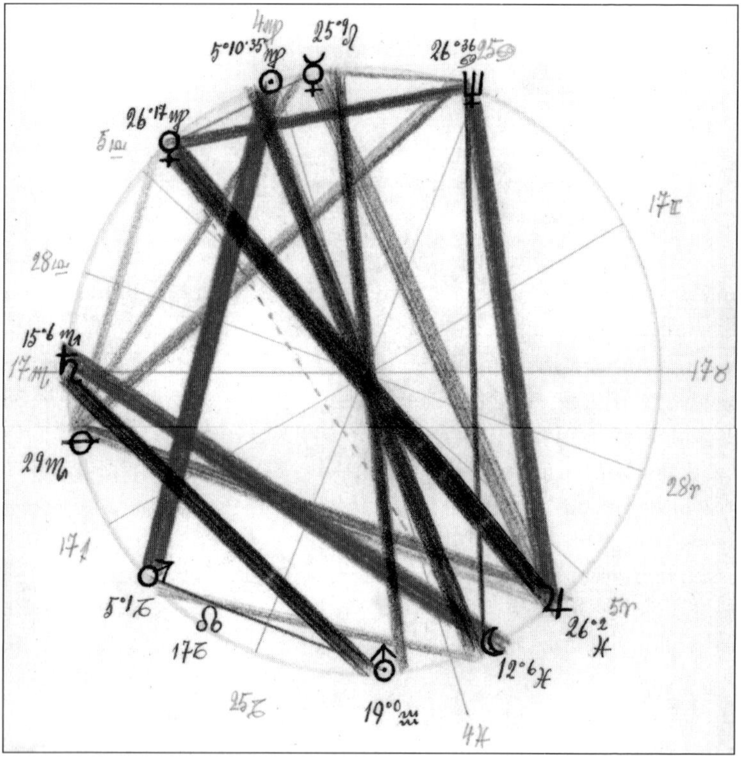

Goethes Horoskop wurde als Beispiel gewählt, da die Geburtszeit beglaubigt ist (siehe Dichtung und Wahrheit) und weil die Tatsachen seines Lebens allgemein bekannt sind. Die Analyse nach dem Deutungsschema gibt das Charakterbild ohne Rücksicht auf die vom fertigen Lebenswerk und von persönlichen Meinungen darüber ausgehenden Bearbeitungen der Philologen. Sie legt die ursprüngliche Anlage bloß und zeigt das In- und Gegeneinanderarbeiten der Kräfte noch im unmittelbaren Kampf mit den Realitäten.

1. Grundveranlagung

a. Wie ist die persönliche Erscheinungsform?
S. 141 Aphorismus ♏.

b. Wie ist der innere Wesenskern?
S. 154 f. Aphorismus ☉ ♍.

c. Wie ist die Form der Lebensgestaltung?
S. 164 f. Aphorismus ☾ ♓.

Um das Verhältnis dieser drei Wesensseiten abschätzen zu können bedenke man, daß in der Kindheit die natürliche Form der Lebensgestaltung (c) sich weniger kontrolliert auswirkt als später (s. S. 144, Aphor. ☾). Mit dem 21. Jahre bekommt die persönliche Erscheinungsform (a) mehr Prägnanz, und erst mit dem Vollbewußtsein der Individualität bricht der eigentliche Wesenskern (b) durch. Diese bei allen Menschen gleiche zeitliche Aufeinanderfolge äußert sich bei den einzelnen Individuen verschieden, je nach der verschiedenen Stellung der Punkte a, b, c. Bei Goethe mußte daher bis zur Begegnung mit Herder (September 1770) die lyrische Stimmungsnatur ☾ ♓ überwiegen, die dann ihren bezeichnendsten Ausdruck im Werther fand.

Mit Erstarken des Aszendenten ♏ löst Derbheit der Ausdrucksweise, starke Sexualität, dann Kritik am Bestehenden und persönliche Umwertung des Vorgefundenen, schließlich mystische Großartigkeit der Anschauung die sensiblere Empfindungswelt der Jugend ab (Götz, Urfaust als persönlichster Niederschlag). Mit Durchbruch des Wesenskerns ☉ ♍ überwiegen wissenschaftliche Neigungen (Farbenlehre, Metamorphose, Geologie), methodisch-politische Lebenseinstellung (Ministertätigkeit) und weltmännisches Ausleben der Eigeninteressen (italienische Reise).

d. Wie ist die individuelle Kräfteverteilung?

☿ Intellekt, Verstandeskraft
S. 167 Aphorismus ☿ ♌.
Trotz der abstrakten, theoretisierenden und metaphysischen Einstellung der Persönlichkeit (Asz. ♏) gegenüber den Dingen stellt die Verbindung von Begriffen in der literarischen Ausdrucksweise eine konkrete Anschaulichkeit her (z.B. Egmont).

♀ Liebe, Kunst, Harmonie, Kräfte-Latenz.
S. 171 Aphorismus ♀ ♍.
Trotz des sensuell-leichtblütigen Ausdrucks der Lebensgestaltung (☾ ♓) kommt das eigentliche Gefühl, besonders in sexuellen Regungen, schwer zur freien, unbezweifelten Äußerung. Als gesuchter Gegenpol im geschlechtlichen Ausgleich (s. S. 146, Aphor. ♀) bestimmt ♀ ♍ hier die Vorliebe für einen zurückgezogenen, herben, abgeschlossenen Frauentyp (z.B. Friederike Brion). In künstlerischen Dingen Anregungsbedürfnis, doch zugleich Abwehr des die Persönlichkeit Gefährdenden (Ablehnung Schuberts und Jean Pauls). Detaillistische Kunstfertigkeit im Zeichnen und Radieren. Ausfeilung der Silbenmasse bis zum Überwiegen der Vers-Methodik gegenüber dem ausgedrückten Gefühl (Iphigenie, vergl. S. 140 die Natur des ♍-Prinzips).

♂ Aktivität, Tatkraft.
S. 176 Aphorismus ♂ ♑.
Die Energie sucht im mühseligen Herantragen symbolisch bildhafter oder logischer Argumente (Sammlertätigkeit und statistisches Interesse) einen gesetzmäßigen Zusammenhang zu konzentrieren (s. Natur des ♑-Prinzips S. 142). Formalismus der politischen Tätigkeit und wirtschaftlich-materiellen Lebenshaltung der reifen Zeit. Zähe Durchführung langwieriger Arbeiten (Faust, wissenschaftliche Untersuchungen).

♃ Menschlichkeit, Entfaltung Würde.
S. 179 Aphorismus ♃ ♓.
Große Linie der Entfaltung seelischer Qualitäten, Erlebnis

umfangreicher und tiefgreifender menschlicher Probleme. Bezeichnend für die weitschweifige, Einzelheiten durchfühlende Selbstgestaltung ist Wilhelm Meister. Charakteristisch für die gleiche Kraft ♃ ♓ mit Einbeziehung der später zu untersuchenden Opposition von ♀ ♍ ist Hermann und Dorothea, wo bei Beschränkung auf ein pastorales Milieu die Fühlung zu einer Menge von Einzeldingen aufgegriffen wird.

Widerstand. ♄

S. 181 Aphorismus ♄ ♏.

Der Schwerpunkt aller Erfahrungs-Verarbeitung stellt hier harte, unnachgiebige Thesen verneinender Tendenz auf, wenn die Persönlichkeit sich selbst überlassen bleibt (Mephisto-Problem in der eigenen Persönlichkeit). Das Verlangen allein zu sein (siehe ♄-Natur S. 149 f.), läßt Beziehungen kurz abbrechen bis, der geänderten Persönlichkeit entsprechend, neue Verhältnisse geschaffen sind (schroffer Abbruch der Leipziger Orientierung Oeser – Wieland, Selbstprüfung).

Intuition. ⛢

S. 184 Aphorismus ⛢ ♒.

Eingehen des geistigen Schaffens auf die Vielartigkeit der Inspirationen, theoretische Neukonstruktionen aus intuitiven Anlässen (Konzeption der Wirbeltheorie durch den Anblick eines zerborstenen Schafschädels, momentane Bestätigung der intuitiven Entdeckung „Urpflanze“ durch Betrachtung eines Gartens in Sizilien).

Universalität. ♆

S. 185 Aphorismus ♆ ♋.

Starke Sensitivität, Begabung des zweiten Gesichts (Erlebnis in Sesenheim), übersinnliches Traumleben, das ins Wachbewußtsein übergreift (Notiz vom 19. Oktober 1786, Bologna, über den Traum im Jahr vorher).

e. Wie ist das Temperament?

S. 136 Elementarcharakteristik der Zeichen.

Feuer	Erde	Luft	Wasser
☿	☉ ♀ ♂	♅	Asz. ☾ ♃ ♄ ♆

Die Hälfte der zu zählenden Punkte, darunter Aszendent und ☾, sind in „wässerigen" Zeichen; drei Punkte, darunter die infolge ihrer Zentralstellung besonders wichtige ☉, sind in „irdischen" Zeichen. Ergebnis: phlegmatisches Temperament mit melancholischem Einschlag. Siehe die entsprechenden Aussagen S. 136 f. Die literarischen Werke können leicht über das persönliche Temperament täuschen, weil die darin formgebende ☿-Funktion „feurigen" Charakter hat.

f. Wie ist die grundsätzliche Begabung?

S. 136 f. Kausalcharakteristik der Zeichen.

Führung	Festigkeit	Bewegung
♂ ♆	Asz. ♄ ♅ ☿	☉ ☾ ♀ ♃

Gleich stark sind Festigkeit und Bewegung. Die Individualität ist daher weniger Bahnbrecher als Erhalter und Vollender. Außer der auf Erwerb von Besitz und Unabhängigkeit gerichteten Energie (♂ im 2. Feld) hat nur die auf Entwicklung des Überpersönlichen gerichtete universale Phantasie und Vorstellungsgabe (♆ an der Spitze des 9. Feldes) führenden Charakter. Öffentlichkeit und Selbst (10. u. 4. Feld) haben den Charakter der Bewegungsnatur: Verbindung und Angleichung, Ausfeilung und Vollendung bereits eingeschlagener Schaffensrichtungen. Die Begabung zur Befestigung und zum weiteren fundamentalen Ausbau gegebener Schaffensmomente liegt in der unmittelbaren persönlichen Natur (♄ nahe am Aszendenten) sowie in den Denkkräften, die hier die persönliche und überpersönliche Entwicklungsrichtung bestimmen: Intuitionsdenken (♅ in 3) bei Erledigung persönlich-literarischer Äußerungen und Verstandesdenken (☿ in 9) bei Behandlung philosophischer und wissenschaftlicher Fragen. Siehe die Aussagen über Kausalcharakteristik S. 136 f.

g. Wie ist die Körperkonstitution?

S. 137 ff. Funktionscharakteristik der Zeichen.

Die Konstitution der äußeren Erscheinung ist entsprechend dem Zeichen ♏ (s. S. 141, Aphor. ♏ F). Die innere vitale Kraft ist entsprechend dem Zeichen ♍ (s. S. 140, Aphor. ♍ F), geschwächt durch die Opposition des ☾ auf ☉. Die Körperkonstitution ist also robuster und regenerationskräftiger als der sich durch hypochondrische Vorstellungen verzettelnde oder durch Empfindsamkeit in seelischen Irrungen verzärtelnde Lebensmut. Im 6. und 8. Feld sind keine Planeten, doch ♂ und ☿ im △ zur Spitze des 6. Feldes zeigen Beherrschung der Körperfunktionen durch Energie und Logik. Im □ zum Aszendenten, doch im △ zur Spitze des 8. Feldes steht ♅. Dies deutet auf Nervenkrisen durch Überspannung (Zwischenaufenthalt in Frankfurt zwischen Leipzig und Straßburg), doch andererseits auf Bewältigung der Zerfallstendenzen durch intuitiv gelenkte Spannkraft. Das △ des ☾ zum Aszendenten bedeutet, daß das körperliche Gleichgewicht durch die Auswirkung der seelischen Eigennatur (☾ in 4) stets wiedergefunden wird.

Die Aufsuchung der aus Planetenaspekten zu ermittelnden Variationen wird besser zurückgestellt, bis aus der Bearbeitung des Abschnitts 2. die Natur der Aspekte bekannt ist.

*

2. Förderungen und Hemmungen

Nach Angabe S. 186 werden die Aspekte geordnet und in harmonische und disharmonische unterschieden. Die eingeklammerten Zahlen hinter den Aspekten sind die Gradzahlen der Ungenauigkeit des jeweiligen Aspekts, die, mit der durchschnittlichen Reichweite verglichen (s. S. 187), die relative Fühlbarkeit angeben. Je exakter, desto fühlbarer.

	harmonisch	neutral	disharmonisch
stark	☉ △ ♂ (1,5°)	☉ ☌ ☿ (9°)	♃ ☍ ♀ (0°)
	♄ △ ☽ (3°)		☉ ☍ ☽ (7°)
	♃ △ ♆ (2°)		♄ □ ♅ (4°)
			♀ □ ♂ (7°)
			♂ □ ♃ (7°)
mittel	♀ ⚹ ♆ (2°)		☽ ⚼ ♆ (2,5°)
			♄ ⚼ ♃ (4°)
schwach	♀ ⚺ ☿ (0,5°)	♃ ⚻ ☿ (0°)	♂ ∠ ♅ (0,5°)
	♆ ⚺ ☿ (1,5°)		♄ ∠ ♂ (3,5°)
			♀ ∠ ♄ (3,5°)

Jede einzelne Aspektwirkung ist S. 187-207 nachzusehen. Die Wirkung variiert durch die besondere Charakteristik, die die Planeten in den jeweiligen Zeichen annehmen.

Beispiel: der disharmonische Aspekt ♄ □ ♅. Als Aspektwirkung ist unter Saturn-Uranus dish. (S. 195) eine Kluft zwischen intuitiver Schauung und den Erfahrungstatsachen festgestellt. Die Aussage über ♄ ♏ (S. 181) ergibt einen analysierenden Geist, der theoretische Folgerungen aus realen Erlebnissen zieht. Erfahrungstatsachen werden also nicht mit absichtsloser Beobachtung aufgenommen und bewahrt, sondern als Material für die Auswirkung der Urteilsschärfe erlebt. Aus der Gebundenheit des persönlichen Standpunkts ergeben sich Fehlerquellen in der subjektiven Zulassung oder Abwehr bestimmter Erfahrungen, weil die Realitätsverarbeitung sich eng an den persönlichen Standpunkt bindet. Dieses Theoretisieren auf Grund persönlicher Erfahrung steht in disharmonischem Verhältnis zu dem, was sich aus ♅ ♒ ergibt (S. 184), zu gelockerter Intuition und konstruktiver Begabung, zu revolutionierender Leistung von der Idee aus (Vergl. die abstrakte Natur des ♒-Prinzips S. 142). Ergebnis: ideologische Konstruktionen, die ihr Anschauungsmaterial aus bereits vom Leben Abstrahiertem nehmen und dadurch in Gefahr sind, blutleer zu wirken (Iphigenie, Stellen im 2. Teil des Faust). Die ideologische Vorstellung vom Griechentum ist infolge der langsamen Uranus-Bewegung eine Eigenheit der ganzen Generation, die die Ideenkonstruktion über die historische Realität stellte. Die Disharmonie zwischen der konservativen ♄-Kraft im Punkte der persönlichen Haltung und der revolutionären ♅-Kraft äußerer Entwicklungsangelegenheiten erklärt Goethes Stellung gegenüber der französischen Revolution und den dem Wiener Kongreß vorangehenden Freiheitsbewegungen.

*

3. Auswirkungen auf den Erlebnisgebieten

Die Erlebnismöglichkeiten des Individuums bilden in der astrologischen Betrachtung einen Kreis logisch zusammenhängender Felder. Die Anordnung der Erlebnisgebiete ist S. 208 f. nachzusehen. Im Beispiel wird das 3. Feld gedeutet, alle anderen Felder müssen in der gleichen Weise behandelt werden.

a. Das Zeichen an der Spitze des 3. Feldes ist ♑. Die Aussage S. 142, Aphor. ♑, ist anzuwenden auf alles, was nach der Aussage S. 208 aus Feld 3 geschlossen werden kann. Hier gibt ♑ die Tendenz an, der die persönliche Entwicklung folgt. Das Zeichen an der Felderspitze drückt aber zunächst nur eine allgemeine Tendenz aus. Eine besondere Kraft ist auf dem jeweiligen Gebiet erst dann wirksam, wenn ein Planet im entsprechenden Feld steht.

b. Im 3. Feld steht ♅. Nach der Aussage S. 150 über ♅ werden die Angelegenheiten persönlicher Entwicklung durch Intuition vorwärtsgetrieben, auch empfängt die Persönlichkeit Anregung und Bereicherung durch plötzliche, jäh umgestaltende Ereignisse (intuitiv plötzlicher Beginn der italienischen Reise, entscheidender Einfluß der Begegnung mit Herder). Da ♅ nur einen disharmonischen Aspekt hat, gilt als Gefahrmoment für Entwicklungskrisen die disharmonische ♅-Wirkung (S. 150). Die Farblosigkeit der ♅-Wirkung an sich bedingt eine starke Nuancierung durch die disharmonische ♄-Wirkung (S. 150), also durch äußere und innere Widerstände, Hemmungen, Verzögerungen, welche die den Entwicklungswillen lenkende Intuition aufpeitschen. Die über ♅ bereits vorher gewonnenen Aussagen (S. 183 und S. 195) müssen nun auf die Angelegenheiten des 3. Feldes bezogen werden.

Der Aspekt ♅ □ ♄ läßt auf einen im Grundsätzlichen entwicklungsfähigen Kampf, gemäß der Natur dieser Kräfte, im Zusammenhang mit Schule und Berufstechnik schließen. Die revolutionierende Tendenz der Eigenentwicklung widersetzte sich einem durch Konvention und Formalismus der gesellschaftlichen Herkunft aufgeprägten Entwicklungsschema – Auflehnung gegen den juristischen Beruf.

Planeten im 3. Felde zeigen auch ganz konkret Geschwister an. Das Geschlecht ist aus dem Horoskop nicht mit Sicherheit zu bestimmen, da eine Schwester männlichen Charakter und ein Bruder weiblichen Charakter haben kann. Wohl aber ist die Zahl der Geschwister ziemlich genau, und in exakter Weise ist der Charakter in seiner Einwirkung auf den Träger der Konstellation zu bestimmen. Ein Planet im 3. Feld zeigt einen Bruder oder eine Schwester an, die Aussage muß bestätigt werden durch entsprechende Planetenaspekte auf die Spitze des 3. Feldes und auf den Punkt „Geschwister“ (nur bei genau bekannter Geburtszeit angängig). Der Charakter ist, der Aussage ♅ ♒ entsprechend, intuitiv, vielseitig, geistig angeregt, der disharmonische ♄-Aspekt läßt auf sehr viel Widerstände im Leben schließen. Die Opposition des ♄ zum Punkt „Ehe“, ♅ im □-Aspekt dazu läßt eine unglückliche Ehe der Schwester Goethes vermuten.

c. Die Spitze des 3. Feldes empfängt zwei harmonische Aspekte: △ ♀ und ⚹ ♃. Von harmonischem Einfluß auf die persönliche

Entwicklung sind gemäß Aphor. ♀ S. 146 sexuelle Erlebnisse und künstlerische Auswirkung (siehe harmonische Venus-Wirkung). Zwischen ♀ und den Angelegenheiten des 3. Feldes besteht ein funktionell günstiger Zusammenhang. Da ♀ selbst im 10. Feld steht, bedeutet dies öffentliche Geltung durch literarische Dinge (hier durch eigene Produktion, bei abhängigerem Charakter durch Verkauf, Vertrieb, verlegerische Tätigkeit), ferner gesellschaftliche Förderung durch Frauengunst, mit harmonischer Rückwirkung auf die persönliche Entwicklung. In schwächerer Weise (da schwächerer Aspekt) wirkt alles S. 148 f. Aphor. ♃ Ausgesagte harmonisch auf die Dinge der persönlichen Entwicklung ein. Alle persönlichen Fortschritte durch Reisen, Änderungen des Gesichtskreises (3. Feld) verbinden sich harmonisch mit der Gestaltung der Eigenart (4. Feld) zur loyalen, menschlichen Entfaltung eines Charakters von Ausmaß und Großzügigkeit (S. 179 Aphor. ♃ ♓).

Der harmonische Aspekt der ♀ bestätigt die unter b. gegebene Aussage über Geschwister, läßt eine Schwester vermuten und gibt als Charakterandeutung noch die Aussage S. 171 Aphor. ♀ ♍ zu dem bereits Gewonnenen. Der harmonische Aspekt des ♃ könnte einen Bruder anzeigen. Als weitere Kontrolle wird der Punkt „Geschwister" auf seine Aspekte hin untersucht. Er steht dicht bei ♃ in Opposition zu ♀ und im □ zum ♂, der in der Nähe des Punktes „Krankheit und Tod" steht. Es kann sich also kaum um ein lebensfähiges Kind handeln, sondern um eine Totgeburt oder Fehlgeburt, die die Mutter außer den beiden lebensfähigen Kindern gehabt haben müßte.

d. Die planetarische Entsprechung des Zeichens ♑ ist ♄, der im Horoskop eine überwiegend harmonische Stellung einnimmt. Das Anwachsen der Persönlichkeit vollzieht sich also, saturnischem Charakter gemäß (s. S. 149 f.), durch Widerstände hindurch zum konsquenten Auswirken der Eigennatur (♄ △ ☾). Entsprechend der Stellung des ♄ in ♏ gelingt die Überwindung der Widerstände durch ihr kritisches Erfassen und durch Einsatz der ganzen Persönlichkeit.

e. Als sensitiver Punkt steht „Vater“ (Bedeutung siehe S. 211, ☉ : ♄) im ♄-Zeichen ♑ an der Spitze des 3. Feldes. Die entwicklungswichtige Bedeutung des Vaters besteht im vorliegenden Fall in Übertragung der „Statur“, der Konventionen, gesellschaftlichen Haltung, der arbeitsamen, nüchternen Erledigung von Formalitäten (s. S. 142 Aphor. ♑). Typisch für das saturnische Prinzip der Gesetzlichkeit ist der juristische Beruf. Die Aspekte △ ♀ und ⚹ ♃ lassen auf Güte und Menschlichkeit unter einer strengen Außenseite des väterlichen Charakters schließen.

* * *

NACHWORT

Thomas Ring und die Astrologie zwischen 1920 und 1945

von Erp Ring

Im November 1919 kehrte der gerade 27-jährige Thomas Ring aus englischer Kriegsgefangenschaft zurück in ein Berlin, das im Umbruch stand und dabei war, ein bedeutendes geistiges und künstlerisches Zentrum zu werden. Über fünf Jahre war er Soldat, wurde 1914 an der Westfront verwundet und geriet 1917, bei der Tankschlacht von Cambray, in Gefangenschaft. Seine ersten modernen Gedichte wurden seit 1915 in der Zeitschrift „Der Sturm" von Herwarth Walden veröffentlicht. Abstrakte Bilder des ausgebildeten Kunstmalers, in denen von Anfang an Winkelverhältnisse eine bedeutende Rolle spielten, lagen als „Kristalline" seit eben dieser Zeit vor. Sein erster Weg führte ihn nach der Heimkehr zum „Sturm", wo er alte Malerfreunde wieder traf und die Leiterin der Sturmbuchhandlung, Gertrud Schröder, Tochter eines Klavierbauers, kennenlernte und ein Jahr später heiratete. 1922 wurde ich als ältester Sohn dieser Ehe geboren. Die Eltern sorgten dafür, daß die Geburtszeit genauestens notiert und auch ein passender Name zur entsprechenden Gestirnkonstellation gefunden wurde.

Mit neuem Eifer ging Thomas Ring 1920 an die Arbeit. Er malte, zeichnete, schnitzte in einer alten Waschküche, vorwiegend abstrakte Werke, beteiligte sich an Kunstausstellungen, schrieb Gedichte, Essays, Kurzgeschichten und war auch kurze Zeit Dadaist. Teilweise verdiente er sein Geld als Grotesktänzer im Sturmcabaret, wo er, von seiner Frau am Klavier begleitet, in selbstgefertigten Masken auftrat. Zwischendurch arbeitete er als Ziegelträger auf dem Bau, war arbeitslos und studierte neben all dem an der Universität. Schon vor dem Krieg hatte er viele wissenschaftliche Bücher gelesen, als 16-jähriger sich sogar an Kant gewagt. „Astrologie war mir zuerst nur hinsichtlich ihrer geschichtlichen

Rolle im menschlichen Geistesleben bekannt", sagte er und „sah darin einen überholten Irrtum".

Drei Erlebnisse erweckten seine Neugier gegenüber der Astrologie: Das erste war die Beschäftigung mit Keplers Gedankenwelt: „Ich sah, daß ein Mann von Rang astrologisches Denken nicht nur ernst nehmen, sondern im Geiste einer Weltharmonik ihm tiefere Bedeutung abgewinnen konnte." Das zweite war: „Ein geschätzter und kritisch vertrauenswürdiger Freund berichtete mir, er habe sich einmal die anrüchige astrologische Deutungstechnik vorgenommen und gefunden, es müsse ein wahrer Kern darin stecken. Die Probe an meinem eigenen Horoskop nahm ich mit größter Skepsis hin, hatte er doch, wie mir dünkte, leicht einiges Richtiges herauszudeuten, da er mich genau kannte." Immerhin war dies für Thomas Ring Anlaß genug, sich etwas mit der Tierkreissymbolik zu beschäftigen. Da kam nun das Dritte hinzu: Beim Vergleichen der Tierkreisbilder fiel ihm die Ähnlichkeit mit einem kreisläufigen System auf, das er sich selbst als Erklärung für die Auseinandersetzung des Menschen mit der Umwelt nach Gedanken Fichtes und der ihm in Andeutungen bekannten Uexküll'schen Umweltlehre zurechtgelegt hatte.

Daraufhin begann eine Phase intensiver Auseinandersetzung mit der Astrologie. Er suchte zusammen, was es darüber unter den, wie es damals hieß, „Afterwissenschaften" zu lesen gab. Er machte außerdem nicht bei Paracelsus oder Kepler halt, sondern bezog die Literatur der alten Griechen und die Entwicklung der Tierkreissymbolik ein und ließ auch den fernen Osten nicht außer Betracht. Empirisch stieß er auf Zusammenhänge, die man nicht wegdiskutieren konnte. Diese überzeugten nicht nur ihn „als ungläubigen Thomas" – wie er sich manchmal bezeichnete –, sondern auch seine Frau, die sehr skeptisch seinen Äußerungen von Anfang an gefolgt war. Sie prüften nun gemeinsam die Entsprechungen in der Praxis, nichts wurde ungeprüft übernommen. Gesammelt wurden Geburtsdaten von historischen Persönlichkeiten, von Bekannten, Familienangehörigen usw. Danach faßte Thomas Ring Horoskope mit gleichen Positionen zusammen und prüfte die Übereinstimmung mit der Wirklichkeit. Was verbindet also Menschen mit Saturn am Aszendenten, mit Quadrat zur Sonne, mit Häufungen in bestimmten Tierkreiszeichen, Häusern usw.? Dies alles gehörte zum mühsamen praktischen Teil, der seine Spuren noch in dem hier wiedergegebenen frühesten Buch von 1925 erkennen läßt. Darin gibt er eine Einführung, wie man Kernelemente des Horoskops verbinden und grob ihren Wahrheitsgehalt überprüfen kann. Allerdings, die Hauptleistung einer umfassenden Kombination ergibt sich erst aus der Kunst der Zusammenschau aller Elemente, also entwicklungsfähiger Anlagen, für die Thomas Ring damals erst die Basis legen mußte. Erste Veröffentlichungen der Horoskope von Hugo Stinnes und Otto Dix folgten und leiteten diesen Weg ein.[1]

Von Anfang an beschäftigte Thomas Ring die Frage, wie ein solcher Zusammenhang möglich ist, was dies für unsere Weltschau bedeutet: „War Astrologie ernstzunehmen, so muß sie mit unserem wissenschaftlichen Weltbild vereinbar sein... . Die beliebten pseudowissenschaftlichen Erklärungen... waren offenkundig Holzwege. So nahm ich eine Schwenkung um 180 Grad vor und dachte an Erscheinungen, welche das kosmisch sich einordnende organische Leben aus sich hervorbringt. Dies gab mir eine Arbeitshypothese. Nicht mit Einflüssen, Gestirnwirkungen haben wir es demnach zu tun, sondern mit durchaus erd- und lebenseigentümlichen Entsprechungen.“ Um hier weiterzukommen, hatte er sich einen, wie er sagte, „ganz verrückten Studienplan“ zurechtgelegt, denn er brauchte weitere Erkenntnisse aus den Bereichen Philosopie, Psychologie, Biologie, Chemie, Physik. Außerdem holte er sich Kenntnisse in Therapie bei einer Freud'schen Lehranalyse.

Gleichzeitig fanden immer wieder Diskussionsrunden statt, bei denen er seine Positionen darlegte und verteidigte. Da standen Künstler, Wissenschaftler und andere am Themenkreis Interessierte in harten Auseinandersetzungen um die Astrologie. Solche Gespräche zogen sich meist weit in die Nacht hinein. „Meine... Frau enthüllte dabei einen unwahrscheinlich exakten philosophischen Instinkt. Sobald ein nicht ganz stichhaltiges Argument kam, fuhr sie ehrfurchtslos dazwischen mit der liebenswürdigen Grausamkeit einer Katze. Da gab es keine Autorität, und zu mir war sie bei einem Ausgleiter besonders scharf.“ Zu Hause wurde dann gemeinsam nach den fehlenden Fakten und Argumenten gesucht, und wenn ihm das bei einer Diskussion fehlende Zwischenglied einfiel, hörte er von ihr: „Warum hast Du das nicht gesagt!“ Auf seine lapidare Antwort „Das ist mir nicht eingefallen“ kam die Antwort: „Das hat Dir aber einzufallen!“ Dies alles wirkte sich positiv auf seine Reaktionen in Diskussionen aus. Schnelligkeit und Sicherheit nahmen ebenso zu wie seine Argumentationsbreite. Auch Gertrud Ring begnügte sich nicht mit ihrer Forderung. Mit dem Gespür der gelernten Buchhändlerin suchte sie Bibliotheken und Buchhandlungen auf, blätterte Bücher durch, las manche Passagen an und kam dann mit drei oder vier Büchern nach Hause. Dort schlug sie der Reihe nach einige Seiten auf: „Das mußt du lesen! Und hier steht das Wesentliche zu diesem Thema und dort... .“ So ging es weiter, bis sie ihn auf vieles Wichtige hingewiesen hatte. Seiner geistigen Quellen blieb sich Thomas Ring immer bewußt. Seine Gedanken „setzen nur in der jüngeren Forschung schwebend Vorhandenes fort. Als Lehrer und persönliche Wegbereiter... nenne ich Albert Einstein, Nicolai Hartmann, Jakob von Uexküll, Hans Driesch, Heinrich Zimmer, Graf Hermann Keyserling, Hans Kayser, ... R. H. Francé.“[2]

Von Anfang an war Thomas Ring klar, daß im Horoskop nicht das steht, was viele Menschen vom Astrologen erfahren möchten: „Die orakelhafte Anwendung jedoch war mir ein Greuel, geradezu ein Abfall von einem an sich großen Gedanken“, und weiter: „Strikt wende ich mich gegen die fatalistische Auffassung, daß Ereignisse sozusagen fertig vorausbestimmt seien. Den Schwerpunkt der Astrologie sehe ich überhaupt nicht auf dieser Ereignisseite, sondern im Charakterologischen, praktisch gehandhabt in den Möglichkeiten der Lebensberatung und der psychotherapeutischen Auswertung.“ Er merkte sehr früh, was nicht im Horoskop steht: Zum „Kosmotypus“, der Ordnungsstruktur, kommen noch der spezielle genetische Faktor auf der einen und konkrete Umweltwirkungen auf der anderen Seite hinzu. Vor allem bleibt die Entscheidungsfreiheit. Wie man mit den Anlagen umgeht, die gestellte Aufgabe bewältigt, das ist Sache des einzelnen. Er berichtet, wie er in den zwanziger Jahren in vielen mühsamen Therapiestunden eine Musikerin mit Saturn und Uranus im achten Felde in Quadrat zur Sonne usw. zum Leben zurückgeführt hat.

Als Maler bemerkte Thomas Ring beim Anblick der Horoskopzeichnungen, daß vieles nicht nur für den Laien unübersichtlich, überladen gezeichnet war. Er, für den Kunst „Beschränkung auf das Wesentliche" war, wendete diesen Gesichtspunkt auch auf die Horoskopzeichnung an, die viele seiner Schüler mit Lineal und Kreisscheibe selbst aus dem leeren Kreis entwickeln mußten. Entscheidend war für ihn das Aspektgerüst, und gerade dies kam bisher zu kurz. So setzte er die Planeten auf den Kreisrand und zeichnete als erster die Aspekte der Planeten zueinander gradgenau ein. Synthetische oder wie er damals sagte, „harmonische" Verbindungen waren rot, analytische oder „disharmonische" blau.[3] Je nach Gewicht und Genauigkeit der Verbindungen wurden die Linien stärker oder schwächer gezeichnet. Da sie bis zum Kreisrand führten, war auch sichtbar gemacht, ob beispielsweise ein Planet in einen Aspekt hinein- oder aus ihm herausläuft. Anderes wurde der Übersichtlichkeit geopfert, etwa die Numerierung der Häuser, das oft dominierende Tierkreisband. Solche „Strukturbilder" hatte er zu einer Sammlung zusammengefügt, die er gerne Freunden zeigte und die gerade in Künstlerkreisen besonderen Anklang fanden. Sie stellten nämlich optisch deutlich die Anlagenstruktur dar[4] und erleichterten auch die Interpretation. Allein der Künstlerkreis, der sich damals für seine Sicht der Astrologie interessierte, war mit Herwarth und Nell Walden, Georg Muche, Hannah Höch, Raoul Hausmann, Sophie van Leer, Otto Nebel, Oskar Oehme, Otto Dix, Johannes Itten, Johannes Molzahn, Lothar Schreyer, Kurt Liebmann, Gertrud Grunow u.a. sehr groß.

Er gewann durch die Astrologie auch sonst Freunde wie zum Beispiel Hans Bender: „Wäre Bender nicht von der Persönlichkeit Rings so sehr angerührt worden, er hätte sich vielleicht nie ernsthaft mit astrologischen Fragestellungen auseinandergesetzt", sagt Benders Biograph Elmar R. Gruber, und weiter, Ring legte ihm „ein so detailliertes Bild seines Charakters, seiner Neigungen, seiner Stärken und Schwächen, seiner Sehnsüchte und Wünsche vor, daß Bender in aufrichtiges Staunen versetzt wurde. Mit billiger Sterndeuterei hatte das wahrlich nichts zu tun... . Beim Abschied nach dieser ersten Begegnung schenkte ihm Ring das Büchlein „Die Überwindung des Schicksals durch Astrologie"... [das] Bender seitdem wie einen kostbaren Schatz hütete... . Der enge Kontakt zu Thomas Ring aber blieb, und im Laufe seiner Assistententätigkeit ließ er ihn mehrere Gutachten erstellen, die ihn in ihrer Prägnanz immer aufs neue verblüfften... . Thomas Ring hatte es ... in seinen Interpretationen immer verstanden, die Grundlage der individuellen Selbstverwirklichung transparent zu machen, die aus dem Ineinandergreifen von Notwendigkeit und Freiheit die Persönlichkeit bildet."[5]

Die Zwanziger Jahre in Berlin waren für die Astrologie und ihre Erneuerung eine sehr fruchtbare Basis. Wichtige Veröffentlichungen erschienen in rascher Folge. Thomas Ring war wesentlich daran beteiligt. Er schrieb vor 1933 über ein Dutzend Beiträge für „Sterne und Mensch", „Astrologie", „Astrologische Blätter", „Roland", „Die Tat", „Jahrbuch für kosmobiologische Forschung", entwarf das Titelbild für die „Astrologischen Blätter", das auch dem vorliegenden Buch voransteht. Er gehörte zusammen mit M. Erich Winkel, Dr.Wilhelm Moufang, Dr. Rolf Reissmann und Dr. Heinz Artur Strauß zum Vorstand der „Deutschen Kulturgemeinschaft zur Pflege der Astrologie, Wissenschaftliche Gesellschaft zur Durcharbeitung des Problems der Astrologie mit den Mitteln heutiger Erkenntnis". Und in einem Brief schrieb er: „Astrologie wird in den kommenden Jahren die akute wissenschaftliche Streitfrage, nachdem ein Teil der Akademiker angesteckt ist". In Aufsätzen behandelte er damals Themen wie „Die Nationalität in der Mundanastrologie", „Horoskop und Erziehung", „Sexualität und Horoskop", „Zur Vorhersage von Ereignissen in der Astrologie", „Saturn in der Materie".[6]

Während Gertrud Ring sich mehr und mehr an der Beratung von Klienten beteiligte, auch sonst schriftliche Arbeiten für ihn übernahm, blieb ihm mehr Zeit, sein Weltbild zu erweitern. Die Planeten entsprachen Ganzheitskräften, die in allen Lebewesen gemeinsam, aber mit verschiedenen Gewichten und auf allen Seinsstufen wirksam sind. Tierkreis und Häuserkreis wurden für ihn zum kreisläufigen Austausch aller Lebewesen mit ihrer Umwelt. Dabei wurde die Erinnerung an eine Beobachtung in der englischen Kriegsgefangenschaft 1919, als er unter einer Linde lag, zu seinem Schlüsselerlebnis: Er sah damals, wie von oben spiralenförmig die fliegenden Lindensamen zur Erde segelten. „Das ist es", sagte er sich: „Was von oben und unten wie ein Kreis aussieht, ist in Wirklichkeit eine Spirale, mit der Möglichkeit, sich nach oben oder unten zu bewegen".

In all diesen Jahren „erholte ich mich von der einen Arbeit an der anderen Arbeit", betonte er. Er war also immer auch als Schriftsteller, als Maler aktiv und beteiligte sich weiter an Ausstellungen. Astrologisches schlug sich in anderen Arbeiten nieder. „Saturn" war mehrmals Thema eines Bildes. Und in „Rund um die Liebe" zeichnete er zwölf den Tierkreiszeichen entsprechende Frauentypen, die er in ironisch-amüsanter Beschreibung jeweils in Form einer Geschichte portraitierte.[7] Bereits in den zwölf Strophen des Gedichtes „Kreis" von 1921 sind unschwer die zwölf Tierkreiszeichen zu erkennen.[8] Programmatisch war für ihn vielleicht auch die Zeichnung des Kleinkindes Thomas, als er seine erste Schiefertafel bekam: Die Tafel wurde mit dem Griffel über und über weiß angemalt. Danach zeichnete er mit angefeuchtetem Finger erst „Sonne", dann „Mond" und schließlich setzte er die fünf angefeuchteten Fingerspitzen gleichzeitig auf die Tafel und hatte fünf „Sterne", die später als die „inneren" Planeten für ihn bedeutsam werden sollten.

Kurz vor 1933 wurde die politische Situation in Berlin immer gespannter, und wer den Nationalsozialisten entgegentrat, der stand meist ganz links, Thomas und Gertrud Ring auch. Sie schrieben Kurzgeschichten und fuhren u.a. in einer Agitprop-Truppe von

Fabrikshof zu Fabrikshof, spielten in Trainingsanzügen kurze, politische Theaterstücke. Dies und seine Tätigkeit als moderner Künstler bewirkten, daß Ende 1932, als Eingeweihten klar war, was auf Deutschland zukam, Thomas und Gertrud Ring mit ihren beiden Söhnen und zwei Koffern gerade noch rechtzeitig nach Österreich emigrieren konnten.

Die Familie zog sich in das 200 Einwohner zählende Dorf Johnsbach im steirischen Gesäuse zurück. Hier lebte Rings Liebe zum Bergsteigen wieder auf, denn vor dem ersten Weltkrieg hatte er beispielsweise auf einer Fußwanderung von Wien nach Rom mehrere höhere Berge bestiegen. Er malte, von der neuen Umgebung fasziniert und ganz im Gegensatz zur Berliner Zeit, Landschaftsaquarelle. Gertrud Ring wiederum begann unter anderem Planeten- und Tierkreis-Signaturen sowie deren Kombinationen in farbige Bilder zu übersetzen.

Wovon aber konnte die Familie hier leben? Nur wenige Klienten ließen sich schriftlich Diagnosen und Ratschläge geben, nur vereinzelt wagten sich Freunde in diese schöne, aber entlegene Gegend. In dieser Zeit begann Thomas Ring seine „Astrologischen Lehrbriefe“ zu schreiben. Die Bände I bis IV wurden innerhalb von eineinhalb Jahren abgeschlossen und enthielten vieles, was er erst viel später, vor allem in der „Astrologischen Menschenkunde“[9], in Buchform veröffentlichte. Die Lehrbriefe sollten aber nicht nur geschrieben, sondern auch hektographiert und verkauft werden, und so schrieb Gertrud unermüdlich an die vielen Bekannten, bis sich ein kleiner Subskribentenkreis von 33 Personen für diese ca. 200 Seiten umfassenden, engzeilig beschriebenen Blätter ergab.

Typisch für Ring war die Zurückhaltung gegenüber dem 1930 neu entdeckten Planeten Pluto. Während andere rasch ein Deutungsschema bereit hatten, sammelten Thomas und Gertrud Ring zuerst umfangreiches Material. Sie notierten, bei welchen Personen Pluto an einem Eckpunkt des Geburtsbildes stand, wo er wichtige Aspekte mit anderen Planeten bildete usw. Verwendet und vorgeschlagen wurde erst nach längerer Überlegung der geteilte Kreis „⊖“ als passendes Symbol. Noch länger ließ er offen, ob

Pluto die höhere Oktave von Mars ist und ob die Reihe der Nebenregentschaften fortgesetzt wird mit Pluto zu Widder. Es wäre ja auch ein Umsprung zum anderen Marszeichen Skorpion möglich, wofür einiges sprach. Noch in seinem letzten Buch von 1982 diskutiert er diese und ähnliche Fragen.[10]

Weil ich damals bereits zwölf Jahre alt war und eigentlich eine andere als die einklassige Johnsbacher Schule besuchen sollte, übersiedelte die Familie nach Graz. Dort bewohnten wir innerhalb von acht Jahren fünf verschiedene, meist Einzimmerwohnungen mit Kochnische. Rasch hatte Thomas Ring neue Kontakte. Diskussionsabende und Astrologiekurse brachten ihm erneut die Möglichkeit, seine Gedanken und Erkenntnisse weiterzugeben. In der eigenen Wohnung waren solche Abende aber nur zum Teil möglich, nämlich dann, wenn die Vermieterin ihr „schönes" Zimmer zur Verfügung stellte. Oft fanden Diskussionen und Kurse im Hause eines Fabrikanten statt, von seiner Frau, einer temperamentvollen Ungarin inszeniert, oder in der „Morellenburg", dem Wohnhaus einer bekannten Künstlerfamilie, die in Rings Leben eine große Rolle spielte und aus der seine spätere zweite Frau Irmtraut stammt.

In Graz übernahm Gertrud Ring die meisten laufenden Horoskopbesprechungen. Sie traf sich mit Klienten in verschiedenen Cafés und vermochte in den Gesprächen mit großem Geschick sowohl deren Alltagsfragen zu beantworten, als auch die große Linie ihres Mannes weiterzugeben. Thomas erfuhr die Essenz dieser Gespräche, die neuen Erkenntnisse und Anregungen, immer gleich im Anschluß. Gesammelt wurden auch Horoskope und Handschriften bestimmter Personen. Selbst die seltenen Spaziergänge der Familie waren geprägt vom Studium der Planeten-Signaturen in der Natur, von mir damals lieblos als „botanisieren" abgetan. Thomas schrieb in jeder freien Minute an „seinem Buch", und sehr oft ging er morgens erst zu Bett, wenn ich aufstand, um mit dem Rad ins Gymnasium zu fahren. Sein Buch wuchs weit über den Umfang eines einzigen Buches hinaus. Plötzlich, bei einem entsprechenden Stoßseufzer, riß Gertrud die Geduld: „Immer, dein

Buch! Mache doch mehrere Bücher daraus!" Dies veränderte vieles, und nacheinander entstanden zunächst die beiden hier abgedruckten Büchlein von 1938 und 1939, unter denen speziell das mit künstlerischem Blick geschriebene „Planeten-Signaturen" richtungweisend war. Drei umfassende Bücher folgten: „Das Sonnensystem – ein Organismus", „Das Lebewesen im Rhythmus des Weltraums" und vor allem das 560 Seiten umfassende Buch „Der Mensch im Schicksalsfeld" (1941).

Zusätzlich zu den Büchern wurden zwischen 1934 und 1944 auch mehr als ein Dutzend Aufsätze veröffentlicht. In „Sterne und Mensch" und anderen Zeitschriften erschienen Arbeiten über „Planeten-Kombinationen", „Zur Praxis der Aspektedeutung", „Vom lebendigen Sinn der Aspekte", „Kosmos und Seele", „Vom Wesen kosmobiologischer Zusammenhänge", „Das Element der Ökonomie", „Der Umbruch ins organische Denken". Begegnungen mit Bender, Driesch, Francé sowie ein Referat auf dem Parapsychologischen Kongreß in Oslo 1935 fallen in diese Zeit. Vor allem arbeitete er an der Fortsetzung seiner Bücher, denn auf „Der Mensch im Schicksalsfeld", sollte das Buch „Der Stromkreis zwischen dem Ich und der Welt" folgen, das sich ebenso intensiv mit Tierkreis und Häuserkreis wie das vorhergehende mit den Planeten auseinandersetzt. Dieses Buchmanuskript ist aber bis heute nicht veröffentlicht worden.

Die politische Vergangenheit der Berliner Zeit hatte Ring spätestens nach dem „Anschluß" Österreichs 1938 in Graz eingeholt: Es gab keine Paßverlängerung, Verhör bei der Gestapo, Mal- und Schreibverbot folgten. Seine Bücher wurden eingezogen, denn er hatte Angebote, im Ministerium bei Goebbels das Referat „Kosmobiologie" zu übernehmen oder bei Rosenberg an einer Ideologie für den Nationalsozialismus mitzuarbeiten, nicht angenommen. In Berlin verbrannten bei Luftangriffen an die 30 in Kellern versteckte Ölbilder und ca. 200 Zeichnungen. Er sollte zu einer Luftschutzkompanie nach Norwegen eingezogen werden, doch da schalteten sich sein Freund Bender, von der Straßburger Universität sowie deren Gönner, Friedrich Spieser, ein. Sie beriefen ihn zum Leiter des „Paracelsus-Instituts" nach Straßburg, und es ergab sich eine sehr fruchtbare Zusammenarbeit. Astrologisch begannen vor allem interessante Vergleichsexperimente. Mit der Besetzung von Straßburg durch die Alliierten wurden die Arbeiten abgebrochen.

Gemeinsam mit seiner Frau Gertrud wurde er 1944, so wie Professoren der Straßburger Universität und die anderen deutschen Staatsbürger, die Straßburg vor der Einnahme durch die Allierten nicht mehr verlassen konnten, interniert. Thomas und Gertrud Ring kamen in ein Lager nach Südfrankreich, wo Gertrud 1945 starb, und aus dem Thomas Ring erst 1946 entlassen wurde, um eine neue Lebens- und Arbeitsphase zu beginnen.

Anmerkungen

[1] Das 1926 veröffentlichte Horoskop von Otto Dix wurde in den „Werkstattblättern" der Thomas Ring-Stiftung (Wiesliacher 87, CH-8053 Zürich) ebenso wie andere spätere Horoskopdeutungen von Ring veröffentlicht.

[2] Thomas Ring, Mein Alphabet, Thomas Ring-Stiftung, Zürich, 1978, Buchstabe „P". – Zitate von Thomas Ring ohne Quellenangabe stammen aus unveröffentlichten Manuskripten oder persönlichen Gesprächen.

[3] Wie richtig die Wahl der Farbe rot für harmonische oder synthetische Aspekte war, bestätigt sich am besten darin, daß Hofstätter für „rot" und „Liebe" indirekt fast identische Assoziationsstrukturen fand (Fischer Lexikon: Psychologie, S.30f.).

[4] Eine Sammlung von 48 Horoskopzeichnungen Thomas Rings, auch aus frühester Zeit, wurde zu seinem 100. Geburtstag im Faksimiledruck von der Stiftung veröffentlicht.

[5] Gruber E. R., Suche im Grenzenlosen, Hans Bender – ein Leben für die Parapsychologie, Kiepenheuer & Witsch, 1993. S.36f., 87, 201.

[6] Mehrere der frühen Aufsätze wurden in den „Werkstattblättern" erneut veröffentlicht.

[7] Veröffentlicht in V. Pirsich: Thomas Ring, Das Dichterische und bildnerische Werk 1916-1933, Herzberg, 1987, S.163-211.

[8] Veröffentlicht ebda.S. 68ff.

[9] Astrologische Menschenkunde, Bd.1-3, Rascher, Zürich, später Band 1-4, Bauer, Freiburg.

[10] Das Grundgefüge, Die Stellung des Menschen in Natur und Kosmos, Aurum, Freiburg im Breisgau, 1985, S.78, 82ff., 148f.

Thomas Ring

Astrologische Veröffentlichungen bis 1941

(Buchveröffentlichungen hervorgehoben)

Die Überwindung des Schicksals durch Astrologie, Nirvana, Berlin 1925

Das Horoskop von Hugo Stinnes, in: Roland, 23. Jg., 13. August, S.12-16, Roland, Berlin 1925

Das Horoskop des Malers Otto Dix, in: Astrologische Blätter VIII, H.6., S.184-187, Berlin 1926.

Die Nationalität in der Mundanastrologie, in: Astrologische Blätter VIII, H.9, S.288-293; H.10, S.335-341, Berlin 1926/27

Horoskop und Erziehung, in: Sterne und Mensch, Leipzig 1927

Die Erde spricht zum Menschen, in: Die neue Zeit, Berlin 1927

Sexualität und Horoskop, in: Die Astrologie (Fortsetzung von Astrologische Blätter) IX, S.72-78, 82-128, 188-197, Berlin 1927/28; Neuabdruck in: Werkstattblätter der Thomas Ring-Stiftung 1989/2, Zürich

Zur Astrologischen Analyse des Kunstschaffens, in: Sterne und Mensch III, H.12, S.36-38; IV: H.3, S.53-55, Leipzig 1928. Neuabdruck in: Werkstattblätter der Thomas Ring-Stiftung 1994/2, Zürich

Die Organik des Völkerlebens vom Blickpunkt der Astrologie, in: Jahrbuch für kosmobiologische Forschung I, S.67-82, Augsburg 1928

Gestirnsymbol im Mythos der Nibelungensage, in: Die Tat XX, 6.H., S.410-415, Jena 1928

Jugend im Wendepunkt, in: Die Tat XX, S.549-551, Jena 1928

Zur Vorhersage von Ereignissen in der Astrologie, in: Sterne und Mensch IV, H.8, S.150-153; H.9, S.166-167, Leipzig 1928

Das Ich und der kosmische Umraum, in: Sterne und Mensch V, H.4, S.49-52, Leipzig 1929

Saturn in der Materie, in: Sterne und Mensch V, S.130-135, 154-156, Leipzig 1929/30

Astrologie und Dialektik, in: Zeitschrift für Menschenkunde, 8.Jg., H.3., S.125-144, Kampen,Wien/Stuttgart 1932

Verkehrstum für Laienastrologen, von Tom Weller (Thomas Ring), in: Der Querschnitt XII, H.12, S.883-886, Berlin 1932

Entlehnung oder Vertiefung, in: Sterne und Mensch IX. Jg., H.11/12; X. Jg., H. 1, H. 2, Leipzig 1934

Astrologische Lehrbriefe, I-IV, Selbstverlag (hektographiert), Johnsbach 1934

Verhältniswerte im Bau des Sonnensystems, in: Tagespost vom 22.11., S.26, Graz 1936

Planeten-Signaturen, J.C.Huber, Diessen vor München 1938

Vom lebendigen Sinn der Aspekte
in: Sterne und Mensch XIV. Jg., H.9/10, S.66-69, Leipzig 1938

Menschentypen in Bildern des Tierkreises gespiegelt, R.Hummel, Leipzig 1939
Kosmos und Seele, in: Uranus-Kalender, S.111-113, Uranus Verlag, Memmingen 1939
Der Wirkungszusammenhang im Kosmos, in:Weltrhythmuskalender, S.68-71, Kempten 1939
Das Sonnensystem – Ein Organismus, Deutsche Verlagsanstalt , Stuttgart 1939
Das Lebewesen im Rhythmus des Weltraums, Deutsche Verlagsanstalt, Stuttgart 1939
Zur Praxis der Aspekte-Deutung, in: Sterne und Mensch, XV. Jg., H.5/6, Leipzig 1939
Wirken Sonne, Mond und Planeten auf den Menschen? in: Europäische Revue, XV. Jg., H.10., S.304-324, Deutsche Verlagsanstalt, Stuttgart 1939
Planeten-Kombinationen, in: Sterne und Mensch, XV. Jg., H.7/8, H.9/10; XVI. Jg. H.1/2, H.3/4, H.7/8., H.9/10., Leipzig 1939/40
Symbole über Bretter, die die Welt bedeuten, in: Uranus Kalender, Uranus Verlag, Memmingen 1940. Neuabdruck in: Werkstattblätter der Thomas Ring-Stiftung 1982/2, Zürich
Vom Wesen kosmobiologischer Zusammenhänge, in: Neues Deutschland, Aktuelle Zeitung für Fortschritt, Kultur und kosmobiologische Forschung Nr.7, Dresden 1940
Der Mensch im Schicksalsfeld, Deutsche Verlagsanstalt, Stuttgart 1941

Buchveröffentlichungen nach 1941

Astrologische Menschenkunde Bd.I, Kräfte und Kräftebeziehungen, Rascher, Zürich 1956, jetzt: H. Bauer, Freiburg
Tierkreis und menschlicher Organismus, Ebertin, Aalen 1958
Astrologische Menschenkunde, Bd. II, Ausdruck und Richtung der Kräfte, Rascher, Zürich 1959, jetzt: H.Bauer, Freiburg
Astrologische Menschenkunde, Bd. III, Kombinationslehre, Rascher, Zürich 1969, jetzt: H. Bauer, Freiburg
Astrologie ohne Aberglauben, Econ, Düsseldorf 1972 (Neuauflage 1978)
Astrologische Menschenkunde, Bd. IV, Das lebende Modell, Bauer, Freiburg 1973 (wesentlich erweiterte Neuauflage 1985)
Astrologie neu gesehen – Der Kosmos in uns, Aurum, Freiburg 1977
Mein Alphabet, Thomas Ring-Stiftung Romanshorn 1978, jetzt Zürich
Genius und Dämon – Strukturbilder schöpferischer Menschen, Aurum, Freiburg 1980
Das Grundgefüge – Die Stellung des Menschen in Natur und Kosmos, Aurum, Freiburg 1985

ASTRO✱INTELLIGENCE

Horoskopdeutungen

Bei der Entwicklung unserer Analysen arbeiten wir mit führenden astrologischen Autoren zusammen. Die Texte sind ohne astrologische Vorkenntnisse verständlich; mitbringen sollten Sie nur die Bereitschaft, sich auch kritisch mit sich selbst zu beschäftigen.

Psychologische Horoskopanalyse *Liz Greene*

Eine individuelle Textanalyse, die sich einfühlsam und tiefgreifend mit Ihrer persönlichen Lebensproblematik auseinandersetzt. Themen: Ihr psychologischer Grundtyp * Stärken und Schwächen * Haupt- und Schattenfiguren in Ihrer Psyche * Bewußte und unbewußte Aspekte Ihrer Persönlichkeit * Das psychologische Klima Ihrer Kindheit und Familie * Typische Muster in Ihren Beziehungen * Ihr Weg zu Integration und Weiterentwicklung.

Kinderhoroskop *Liz Greene*

Eine überaus wertvolle Verständnis- und Orientierungshilfe – für Kinder von 0 - 99 Jahren.
Thematische Gliederung: Der psychologische Typ Ihres Kindes * Hauptaspekte der Persönlichkeit * Die Beziehung zu den Eltern * Ängste * Perspektiven der Entwicklung.

Beziehungs-Horoskop *Liz Greene*

Liebesbeziehungen gehören zu unseren tiefsten Lebenserfahrungen, aber auch zu unseren geheimnisvollsten ...
Inhalt: Die wesentlichen Kräfte, die zwischen Ihnen und Ihrem Partner wirksam sind * Was zwischen Ihnen entsteht: Ihre Beziehung als eigenständiges Wesen * Wie sich Ihre Beziehung auf Sie und Ihren Partner auswirkt * Welche tiefer liegenden Persönlichkeitsaspekte durch die Beziehung aktiviert werden. – Auch als **Kleines Partnerhoroskop** erhältlich.

Jahresthemen *Robert Hand*

Wofür ist es in Ihrem Leben gerade Zeit? Was bringt das nächste Jahr? Diese Textanalyse behandelt Ihre persönlichen, längerfristig wirksamen Transite – die Themen und Chancen, die auf Sie zukommen. Für 12 Monate, ab einem beliebigen Monatsersten.

Persönlicher Horoskop-Kalender *Robert Hand*

Eine tägliche Analyse der kurzfristigen astrologischen Einflüsse für Sie persönlich – Astrologie für den alltäglichen Gebrauch.
212 S. A5, für 12 Monate, ansprechend illustriert.
Auch einzelne Probemonate lieferbar.

Astrodienst AG • Dammstr. 23 / Postfach Station • CH - 8702 Zollikon
Tel. 01-3921818 (von D: 0041-1-3921818) • Fax 01-3917574 (von D: 0041-1-3917574)

„Von allen Innovationen, die in den letzten Jahren im Bereich der Astrologie stattgefunden haben, gehört die Astrokartographie wohl zu den faszinierendsten und interessantesten Erscheinungen. Ihr grundlegender Ansatz, das individuelle Horoskop über den gesamten Globus zu projizieren, entspricht der gegenwärtigen Bewußtseinsentwicklung des Menschen...“

Harald Mayen: Astro-Landkarten
Orte der Kraft im globalen Geburtsbild

Astro-Landkarten verstehen, deuten und anwenden. Ausführliche Behandlung der Grundlagen, Deutung aller Planetenlinien und Ihrer Kreuzungen (mit Chiron und Mondknoten), Anwendungsregeln, große Kombinationstabelle u.v.a.
Im Buchhandel oder direkt beim Verlag.
ISBN 3-905255-00-6, geb., 184 S., 12 Abb., SFr. 30.-/DM 36.-

Astrodienst Verlag • Dammstr. 23 • CH - 8702 Zollikon